高等职业教育校企合作新形态系列教材·工商管理类

商务谈判实务
（第2版）
（活页式教材）

主　编	滕凤英	冯文静	盛立军	
副主编	宋　晖	张　蕾	叶　霏	
参　编	刘　瑜	聂鑫宇	于　迪	高雯钰
	王靖钧	董礼月	崔英女	王曼霖
	李新志	孙　建	刘　岩	王心语
	秦书昕	刘和亲	滕　飞	任　爽
	吕金秋	仇新红	吕　超	林　萍

北京理工大学出版社
BEIJING INSTITUTE OF TECHNOLOGY PRESS

内 容 简 介

本书以商务谈判人员的基本技能需求为主线，理论与实操相结合，按照学习者的认知规律，安排了走进商务谈判殿堂、备战商务谈判、实战商务谈判、商务谈判签约四个模块内容。按照工作过程系统化，设计模拟演练项目。

本书是面向职业院校各专业"商务谈判"课程的教材，也可作为企业及社会相关从业人员学习商务谈判技能的培训指导用书和参考用书。

版权专有　侵权必究

图书在版编目（CIP）数据

商务谈判实务 / 滕凤英，冯文静，盛立军主编. -- 2版. -- 北京：北京理工大学出版社，2024.3
ISBN 978-7-5763-3689-4

Ⅰ. ①商… Ⅱ. ①滕… ②冯… ③盛… Ⅲ. ①商务谈判-高等学校-教材 Ⅳ. ①F715.4

中国国家版本馆CIP数据核字（2024）第055803号

责任编辑：时京京	**文案编辑**：时京京
责任校对：刘亚男	**责任印制**：施胜娟

出版发行 / 北京理工大学出版社有限责任公司
社　　址 / 北京市丰台区四合庄路6号
邮　　编 / 100070
电　　话 /（010）68914026（教材售后服务热线）
　　　　　（010）68944437（课件资源服务热线）
网　　址 / http：//www.bitpress.com.cn

版 印 次 / 2024年3月第2版第1次印刷
印　　刷 / 河北盛世彩捷印刷有限公司
开　　本 / 787 mm×1092 mm　1/16
印　　张 / 15.75
字　　数 / 360千字
定　　价 / 59.80元

图书出现印装质量问题，请拨打售后服务热线，负责调换

前　言

2019年1月24日，国务院印发了《国家职业教育改革实施方案》（以下简称"职教20条"）。它是新时代职业教育改革的纲领性文件，是全面深化职业教育改革的顶层设计和施工蓝图。"职教20条"明确指出："要落实立德树人根本任务，深化专业、课程、教材改革，提升实习实训水平，努力实现职业技能和职业精神培养高度融合。"

《商务谈判实务》是面向职业院校各专业"商务谈判"课程的教材，也可作为企业及社会相关从业人员学习商务谈判技能的培训指导用书和参考用书。

本教材以商务谈判人员的基本技能需求为主线，理论与实操相结合，突出学生素质的培养和提升。按照学习者的认知规律，安排了走进商务谈判殿堂、备战商务谈判、实战商务谈判、商务谈判签约四个模块、十一个项目。

本教材具有以下特点：

1. 课程思政。本教材落实立德树人的根本任务，通过知识目标、能力目标、素质目标三维学习目标的构建，完成知识体系和价值体系的双轨并建，系统体现课程思政特色，实现对具有商务谈判能力人员进行社会主义核心价值观、职业道德、法律意识与专业素质全方位综合培养的人才培养目标。

2. 系统性。本教材遵循学习者的认知规律，从理论到实践，由浅入深地阐述了商务谈判的策略和技巧，且案例丰富生动，加深了学生对知识的理解。本教材配套微课、视频资源、PPT、案例、习题等相关资源，活页式编制，为新形态一体化教材。

3. 实用性。本教材内容与学习者就业岗位能力需求紧密相连，在注重理论介绍的同时，更注重实操的技能培养。精心设计商务谈判实践项目，通过组建团队开展演练，帮助学习者迅速掌握商务谈判的基本技能。

4. 实战性。本教材设计以一个总项目的商务谈判贯彻始终，课上课下双线并轨形式，按照工作过程系统化，设计模拟演练项目，每个项目以"情境导入"贯穿于商务谈判活动中，并以其为背景，任务演练有角色扮演、团队作战、小组对抗等形式，各环节紧密衔接，环环相扣，培养学生的职业素养和商务谈判实际应用能力，帮助学习者从整体上掌握商务谈判的基本技能。

本教材由吉林省经济管理干部学院具有10年企业经历、15年从教经验的"双师型"教师滕凤英担任主编，具体负责制定编写大纲以及本教材的统筹、校正和部分章节的编写工作；冯文静、盛立军担任主编；宋晖、张蕾、叶霏任副主编。项目一、项目七、项目八、项目九由滕凤英编写，项目二、项目五由盛立军编写，项目三、项目四由张蕾编写，项目六由冯文静编写，项目十由宋晖编写，项目十一由叶霏编写。刘瑜、聂鑫宇、于迪、高雯钰、王靖钧、董礼月、崔英女、王曼霖、李新志、孙建、刘岩、王心语、秦书昕、刘和亲、滕飞、任爽、吕金秋、仇新红、吕超、林萍参与部分章节内容编写、案例提供、校对等工作。

由于编者水平有限，书中难免有待商榷之处，敬请广大专家和读者提出批评意见和建议。

编　者

目录 Contents

模块一　走进商务谈判殿堂

课前思考 ………………………………………………………………… 2
模块简要 ………………………………………………………………… 2

项目一　初识商务谈判 …………………………………………………… 3

学习目标 ……………………………………………………………… 3
重点和难点 …………………………………………………………… 3
项目引例 ……………………………………………………………… 3
实训任务清单 ………………………………………………………… 4
实训指导 ……………………………………………………………… 5
　　任务 1.1　理解商务谈判的内涵 ……………………………… 5
　　任务 1.2　了解商务谈判的动因 ……………………………… 9
　　任务 1.3　明晰商务谈判的内容 ……………………………… 10
　　任务 1.4　掌握商务谈判的要素 ……………………………… 11
　　任务 1.5　了解商务谈判的类型 ……………………………… 13
　　任务 1.6　了解商务谈判的过程 ……………………………… 20
项目小结 ……………………………………………………………… 21
同步综合实训 ………………………………………………………… 22
自我领悟微语录 ……………………………………………………… 24

项目二　领悟商务谈判 …………………………………………………… 25

学习目标 ……………………………………………………………… 25
重点和难点 …………………………………………………………… 25
项目引例 ……………………………………………………………… 25
实训任务清单 ………………………………………………………… 26
实训指导 ……………………………………………………………… 27
　　任务 2.1　领会商务谈判理论 ………………………………… 27
　　任务 2.2　掌握商务谈判原则 ………………………………… 38
　　任务 2.3　评判商务谈判成败标准 …………………………… 45
项目小结 ……………………………………………………………… 46
同步综合实训 ………………………………………………………… 48
自我领悟微语录 ……………………………………………………… 50

模块二　备战商务谈判

课前思考 ………………………………………………………………… 53

目录 Contents

模块简要 53
项目三 合理构建商务谈判队伍 54
 学习目标 54
 重点和难点 54
 项目引例 54
 实训任务清单 55
 实训指导 56
  任务 3.1 商务谈判小组的构建 56
  任务 3.2 商务谈判人员的选择 57
  任务 3.3 谈判人员的素能准备 59
  任务 3.4 谈判人员的心理准备 61
 项目小结 65
 同步综合实训 66
 自我领悟微语录 68

项目四 做好商务谈判的信息准备 69
 学习目标 69
 重点和难点 69
 项目引例 69
 实训任务清单 70
 实训指导 71
  任务 4.1 调研商务谈判环境内容 71
  任务 4.2 解读商务谈判信息收集原则 75
  任务 4.3 掌握商务谈判信息收集方法 75
  任务 4.4 商务谈判信息整理分析 77
 项目小结 80
 同步综合实训 81
 自我领悟微语录 83

项目五 制定商务谈判方案 84
 学习目标 84
 重点和难点 84
 项目引例 84
 实训任务清单 88
 实训指导 89
  任务 5.1 制定商务谈判方案的流程 89

目录 Contents

　　任务 5.2　商务谈判方案的基本内容 …………………………… 90
　　任务 5.3　制定谈判方案的基本要求 …………………………… 99
　　任务 5.4　模拟谈判 ……………………………………………… 99
项目小结 …………………………………………………………… 104
同步综合实训 ……………………………………………………… 105
自我领悟微语录 …………………………………………………… 106

项目六　做好谈判沟通技巧准备 ……………………………… 107
学习目标 …………………………………………………………… 107
重点和难点 ………………………………………………………… 107
项目引例 …………………………………………………………… 107
实训任务清单 ……………………………………………………… 108
实训指导 …………………………………………………………… 109
　　任务 6.1　商务谈判的语言沟通 ………………………………… 109
　　任务 6.2　商务谈判的非语言沟通 ……………………………… 112
　　任务 6.3　商务谈判的沟通技巧 ………………………………… 117
项目小结 …………………………………………………………… 129
同步综合实训 ……………………………………………………… 130
自我领悟微语录 …………………………………………………… 132

项目七　做好筹备商务谈判活动 ……………………………… 133
学习目标 …………………………………………………………… 133
重点和难点 ………………………………………………………… 133
项目引例 …………………………………………………………… 133
实训任务清单 ……………………………………………………… 134
实训指导 …………………………………………………………… 135
　　任务 7.1　商务谈判场所布置 …………………………………… 135
　　任务 7.2　做好商务谈判接待 …………………………………… 137
　　任务 7.3　做好商务谈判宴请 …………………………………… 142
　　任务 7.4　做好商务谈判赠礼 …………………………………… 144
项目小结 …………………………………………………………… 146
同步综合实训 ……………………………………………………… 147

模块三　实战商务谈判

课前思考 …………………………………………………………… 150
模块简要 …………………………………………………………… 150

目录 Contents

项目八　商务谈判开局 ·· 151
　　学习目标 ··· 151
　　重点和难点 ··· 151
　　项目引例 ··· 151
　　实训任务清单 ·· 152
　　实训指导 ··· 153
　　　　任务8.1　营造适当的谈判开局气氛 ····················· 153
　　　　任务8.2　做好开局陈述与倡议 ······························ 161
　　　　任务8.3　做好谈判的摸底 ······································ 166
　　项目小结 ··· 168
　　同步综合实训 ·· 169
　　自我领悟微语录 ·· 169

项目九　商务谈判磋商 ·· 170
　　学习目标 ··· 170
　　重点和难点 ··· 170
　　项目引例 ··· 170
　　实训任务清单 ·· 171
　　实训指导 ··· 172
　　　　任务9.1　确定谈判报价 ··· 172
　　　　任务9.2　展开价格解释与评论 ······························ 180
　　　　任务9.3　进行商务谈判讨价 ·································· 183
　　　　任务9.4　进行商务谈判还价 ·································· 184
　　　　任务9.5　适当的谈判让步 ······································ 190
　　　　任务9.6　破解谈判的僵局 ······································ 202
　　项目小结 ··· 208
　　同步综合实训 ·· 209
　　自我领悟微语录 ·· 211

项目十　商务谈判终结 ·· 212
　　学习目标 ··· 212
　　重点和难点 ··· 212
　　项目引例 ··· 212
　　实训任务清单 ·· 213
　　实训指导 ··· 214
　　　　任务10.1　商务谈判终结方式 ································ 214

目录

　　　任务 10.2　终结前应注意的问题……………………… 215
　　　任务 10.3　谈判结束阶段策略…………………………… 216
　项目小结……………………………………………………… 219
　同步综合实训………………………………………………… 220
　自我领悟微语录……………………………………………… 222

模块四　商务谈判签约

课前思考………………………………………………………… 224
模块简要………………………………………………………… 224
项目十一　签订与履行商务谈判合同………………………… 225
　学习目标……………………………………………………… 225
　重点和难点…………………………………………………… 225
　项目引例……………………………………………………… 225
　实训任务清单………………………………………………… 226
　实训指导……………………………………………………… 227
　　　任务 11.1　合同文本签订与复核……………………… 227
　　　任务 11.2　谈判签约仪式安排………………………… 232
　　　任务 11.3　谈判合同履行……………………………… 234
　项目小结……………………………………………………… 238
　同步综合实训………………………………………………… 239
　自我领悟微语录……………………………………………… 241
参考文献……………………………………………………… 242

模块一

走进商务谈判殿堂

 思维导图

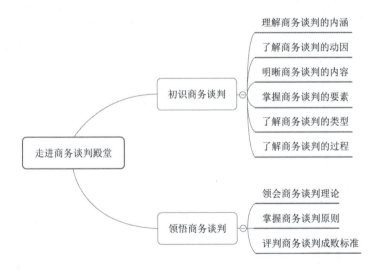

课前思考

世界谈判大师赫伯·寇恩说："人生就是一张大谈判桌，不管喜不喜欢，你已经置身其中了。就像在生活中一样，你在工作中不见得能得到你所想要的，但你能靠谈判得到你所要的。"

中国自古就有"财富来回滚，全凭舌上功"的说法。在现代商业活动中，谈判是交易的前奏曲，谈判是销售的主旋律。可以毫不夸张地说，人生在世，你无法逃避谈判；从事商业经营活动，除了谈判你别无选择。然而，尽管谈判天天都在发生，时时都在进行，但要使谈判的结果尽如人意，却不是一件容易的事。怎样才能做到在谈判中挥洒自如、游刃有余，既实现己方目标，又能与对方携手共庆呢？从本模块开始，我们一起来走进谈判的圣殿，领略其博大精深的内涵，解读其运筹帷幄的奥妙。

模块简要

模块名称： 走进商务谈判殿堂

模块说明： 本模块通过对商务谈判基本理论的讲授和实训，使学生了解商务谈判的类型、内容，掌握商务谈判理论、原则，明晰商务谈判成功的标准，能运用商务谈判理论、原则完成简单的谈判活动，掌握商务谈判团队组建的依据和商务谈判中的沟通。

本模块包含项目：

项目一　初识商务谈判

项目二　领悟商务谈判

实训成果： 组建团队磋商交流表现、购物情景的展示表现。

项目一　初识商务谈判

学习目标

知识目标：
掌握商务谈判的内涵、要素及过程。
理解商务谈判的类型、内容、主体。
熟悉商务谈判产生动因和成败标准。

能力目标：
能按商务谈判过程完成简单谈判活动。
能依照商务谈判成败标准，争取商务谈判成功。

素质目标：
树立双赢理念，培育团队协作精神。
培养认真负责的职业态度与职业道德。

重点和难点

重点：
本项目中的重点是商务谈判的内涵、要素的理解；明晰商务谈判成功的标准。

难点：
本项目的难点是能按谈判过程完成简单谈判活动，评价其所运用的原则和原则，评判谈判成功与否。

项目引例

农夫卖玉米

一个农夫在集市上卖玉米。因为他的玉米棒特别大，所以吸引了很多买主。其中一个买主在挑选的过程中发现很多玉米棒上都有虫子，于是他故意大惊小怪地说："伙计，你的玉米棒倒是不小，只是虫子太多了，你想卖玉米虫呀？可谁爱吃虫肉呢？你还是把玉米挑回家吧，我们到别的地方去买好了。"买主一边说，一边做着夸张而滑稽的动作，把众人都逗乐了。

农夫见状，一把从他手中夺过玉米，面带微笑却又一本正经地说："朋友，我说你是从来没有吃过玉米吧？我看你连玉米质量的好坏都分不清！玉米上有虫，这说明我的玉米在种植中没有施用农药，是天然植物，连虫子都爱吃我的玉米棒。可见你这人不识货！"接着，他又转过脸对其他人说："各位都是有见识的人，你们评评理，连虫子都不愿意吃的玉米棒就好吗？比这小的玉米棒就好吗？价钱比这高的玉米棒就好吗？你们再仔细瞧瞧，这些虫子都很懂道理，只是在玉米棒上打了一个洞而已。玉米棒可还是好玉米棒呀！"

说完了这一番话,农夫又把嘴凑在那位故意刁难的买主耳边,故作神秘地说道:"这么大、这么好吃的玉米棒,我还真舍不得这么便宜就卖了呢!"

解析: 说话要讲究艺术,这似乎是一个非常简单的道理,因为生活中,语言是人与人之间交流的一种最基本的手段。但同样一句话,不同的人说,效果会不同,反过来说和正过来说效果也不同。在本案例中,农夫就充分发挥了语言的艺术,利用不同的表述方式,反映了问题的不同方面,从而使自己的处境由不利转向有利。

 实训任务清单

任务情境	长春某高职院校市场营销专业的学生王天一毕业后应聘到长春博雅会议会展服务有限公司(简称博雅公司)销售岗位工作。这是一家集会议接待、展览展示、商务考察、票务为一体的综合性服务公司。销售岗位的工作离不开商务谈判,公司决定对新入职的员工商务谈判能力进行统一培训。培训讲师先将新员工分成几个学习小组,为了解学员们对商务谈判基础知识的掌握,要先考察一下她们对商务谈判基本概念的认知,准备从商务谈判的内涵、特征、要素、分类等方面进行考察,为对他们进一步培训打下坚实的基础
任务要求	今天,培训讲师分配了一项任务,让王天一带领几名新入职的员工所组成的小组进行案例分析汇报。 案例可选择一个在生活、学习过程中印象最深刻的谈判实例,叙述并结合案例说明商务谈判内涵是什么,并分析谈判产生的动因,辨别案例中的谈判要素属于哪种谈判类型,简要说明商务谈判应包含哪些内容和过程,并回答考察组提出的问题
任务实施步骤	
步骤1	组建团队,任务分工
步骤2	以小组为单位,搜集相关信息,讨论确定分享的谈判案例
步骤3	小组讨论,对案例进行分析,制定案例分析报告
步骤4	团队汇报,汇报时间 5 分钟
任务评价和成绩评定	

任务评价考核内容	考核要求及评分标准	分值	成绩评定(分制)		
			自评 (20%)	互评 (30%)	师评 (50%)
案例分析 报告质量	语言精练	10			
	内容完整	10			
	观点正确	10			
	条理清晰	10			
	排版工整	10			
	制作精美	10			

续表

任务评价考核内容	考核要求及评分标准	分值	成绩评定（分制）		
			自评（20%）	互评（30%）	师评（50%）
团队汇报	汇报者： 仪表整洁端庄 举止动作得体	10			
	声音洪亮 充满自信	10			
	表达有吸引力	10			
团队协作	团队分工明确、合作完成 积极主动回答提问	10			

实训指导

任务1.1 理解商务谈判的内涵

微课：什么是谈判

1.1.1 什么是谈判

（1）理解谈判。

谈判是人们为了消除分歧、改善关系、谋求共同的利益而相互交换意见、进行磋商的行为和过程。一切有关协商、交涉、商量、磋商的活动都是谈判。按照《辞海》的解释：谈的本意为"彼此对话、讨论"，判的本意为"评断"。可见，"谈"意味着过程，"判"意味着结果。

（2）谈判产生的原因。

人们为什么要进行谈判呢？究其原因是利益冲突。这种利益冲突表现为社会资源的有限性与人们对物质需求的无限性之间的冲突。当人们的需求和利益无法得到满足时，就需要通过各种手段去满足，其中之一便是双方或多方通过协商，以利益换取利益，这便产生了谈判，具体原因包括下述三个方面：

①共同利益的寻求是谈判发生的前提。

②对矛盾冲突的协调统一是谈判发生的动力。

③谈判行为的发生是实现利益的保证。

谈判是人们在日常生活中解决矛盾冲突的一种工具。生活与事业上的赢家，永远是那些善于谈判、娴熟解决谈判技巧、拥有谈判能力的人。沉默是金的时代已经过去，现在会谈才会赢。

（3）谈判的要点问题。

通常，谈判之前先要解决7个要点问题，即Why，What，Who，When，Where，How，How much，简称"5W2H"。

第一，明确为什么谈，就是确定谈判的根由。

第二，确定谈什么，就是确定谈判的主题。

第三，确定跟谁谈，即确定谈判的对象。

第四，确定什么时间谈。

第五，确定在什么地点谈。

第六，确定怎样谈，即确定谈判的方法。

第七，确定谈判中数量的多少。

古代谈判成功案例

谈判是人类交往活动中一种广泛而普遍的社会现象，有分歧、有矛盾、有利益冲突就会有谈判。谈判是解决冲突、化解矛盾、平衡利益的必然选择。

翻开历史的画卷，在跌宕起伏的历史进程中，有很多重大历史事件，无不闪烁着谈判者的智慧与谈判技巧。春秋战国时期苏秦、张仪，凭三寸不烂之舌，呈合纵连横之功，开中国说家之先河；晏子出使楚国，扬国威而不辱使命；蔺相如大义凛然，据理力争方能完璧归赵；诸葛亮舌战群儒，促成吴蜀联盟，才能赤壁大战，形成三国鼎立之势。

无论历史上还是在今天，我们都需要掌握谈判技能。

你还知道有哪些谈判成功的案例吗？

同步小实训

举一个生活中你亲身经历的谈判案例，分析一下谈判成功或失败的原因是什么？

1.1.2 什么是商务谈判

（1）理解商务谈判。

商务谈判是经济谈判的一种，是指不同利益群体之间，以经济利益为目的，为了促成买卖成交，或为了解决交易争议或争端，取得各自经济利益而进行的磋商活动。

微课：什么是商务谈判

（2）商务谈判的特征。

①以经济利益为目的。

有句名言说道："世界上没有永远的敌人，也没有永远的朋友，只有永远的利益。"这句话深刻而直接地指出了谈判双方的共同点——利益。谈判活动实质上就是一个利益交换的过程，找到了共同的利益，就找到了双方合作的契机。商务谈判当事人的所有谈判计划、谈判技巧和谈判策略，都是以追求和实现交易的经济利益为出发点和归宿的，不讲求经济效益的商务谈判就失去了价值和意义。因此，商务谈判就是以经济利益为目的的谈判，人们通常以获取经济效益的好坏来评价一项商务谈判成功与否。

②以价格为核心。

商务谈判涉及的因素很多，而价格最直接地反映了谈判双方的利益，价格的高低直接关系实际所能获得的利益的大小。因此，以经济利益为目的必然决定了谈判的核心议题是价格。谈判中除价格之外的其他条件，如商品的质量、数量、交货方式与支付方式等，都与价格条件存在着密不可分的关系，其他条件都可以通过价格的变化表现出来，这也使得价格成为商务谈判的核心条件和核心议题。

③注重合同的严密性与准确性。

商务谈判的结果是由双方协商一致的协议或合同来体现的。合同条款实质上反映了各方的权利和义务，合同条款的严密性与准确性是保障谈判获得各种利益的重要前提。有些谈判者在商务谈判中花了很大力气，好不容易为自己获得了较有利的结果，且对方为了签订合同，也迫不得已做了许多让步，这时谈判者似乎已经获得了这场谈判的胜利。但如果在拟订合同条款时掉以轻心，不注意合同条款的完整、严密、准确、合理、合法，谈判对手就会在条款措辞或表述技巧上引你掉进陷阱。这不仅会把到手的利益丧失殆尽，甚至可能还要为此付出惨重的代价。因此，在商务谈判中，谈判者不仅要重视口头上的承诺，更要重视合同条款的准确和严密。

俗语说："细节决定成败"。交易过程中，往往可能一个细节决定全局，所以谈判人员要注重细节、精益求精。

④以实现双赢为目的。

竞争的法则是优胜劣汰，战争的胜利多数要拼个你死我活，商务谈判的使命却与众不同——提出相互得益的方案，互惠互利，谈判双方都有所得。只有互惠互利，商务谈判的双方才能合作下去。

有道是"己所不欲，勿施于人"（《论语·颜渊》）。追求个人利益是人的原始本能，但这并不等于必须损害他人利益。最浅显的道理是：只有一方赢的谈判就不会有下一次，双赢才能继续下去，才会长久。在谈判中，既要维护己方的利益，尽可能取得对己方有利的条件。同时，又要让对方感觉到，你开出的条件对他们来说，是可以被接受的，也对他们有益处。其间，当然要在不损害对方利益的前提下，确保己方利益的最大化；在不阻碍己方利益最大化的同时，提升对对方有利的条件。

⑤商务谈判具有普遍存在性。

商务谈判在社会经济生活中普遍存在，有分歧、有矛盾、有利益冲突，就会有谈判。商务谈判当事方可涉及经济组织、政府机关、科研院所、医疗机构、文化团体、学校、军队以及个人等；内容可涉及商品买卖、劳务买卖、工程承包、咨询服务、中介服务、技术转让、资金融通、合资合作等方面。

⑥商务谈判具有协调性。

商务谈判当事方都有解决问题和分歧的愿望，通过磋商活动来减少分歧，达成一致意见，达到买卖成交，或者解决争议和争端的目的。

⑦商务谈判具有艺术性与技巧性。

谈判是解决分歧、化解矛盾、平衡利益的必然选择。随着社会交往的迅速发展，谈判已经发展成为一门集艺术性、技巧性于一体的综合性学科。谈判中既要遵循谈判的一般规律，又要掌握谈判的艺术与技巧，因为只有这样才能实现谈判中的有效沟通，才能事半功倍地达到自己想要的谈判目标。

 小案例

谈判的艺术

有两位教徒在祈祷时烟瘾犯了，其中一位问神父："祈祷的时候，我可不可以抽烟？"神父回答："这是对神不尊敬，不行。"另一位教徒也去问神父，说："尊敬的神父，吸烟的时候，我可不可以祈祷？"神父听后非常高兴，回答："这是时刻不忘祷告，可以。"

解析： 为什么两个教徒有着相同的目的，两个人原本表达的是同一个意思、希望达到

同样的效果，却得到了截然相反的结果呢？究其原因就是表达方式的不同，往往会带来意想不到的结果。这虽然是一则笑话，但也告诉我们要注意谈判的艺术。

（资料来源：作者根据网络相关资料编写）

小典故

屡败屡战的典故

清朝的曾国藩曾多次率领湘军同太平军打仗，可总是打一仗败一仗，特别是在鄱阳湖口一役中，连自己的老命也险些送掉。他不得不上书皇上表示自责之意。在上书里，其中有一句是"臣屡战屡败，请求处罚"。曾国藩有个幕僚建议他把"屡战屡败"改为"屡败屡战"。这一改，果然成效显著，皇上不仅没有责备他屡打败仗，反而还表扬了他。

"屡战屡败"强调每次战斗都失败，成了常败将军；"屡败屡战"却强调自己对皇上的忠心和作战的勇气，虽败犹荣。

启示：同样的事情，谈判切入点和语言表达方式的不同往往给谈判双方带来不同的反馈。我们在商务谈判中也要注意语言的表达方式，讲究艺术性。

⑧商务谈判具有博弈性。

商务谈判的过程，也就是谈判者收集信息、研究对方、运用策略和技巧达到谈判目的的过程，尤其是价格谈判的过程，实际上就是博弈的过程。在轮流出价的博弈中，双方具有不完全的信息，都对成交价格有一个预期，也就是他们各方的心理价位。但是，归根结底，只有双方通过合作博弈，才能获得对交易剩余的分享。谈判各方获得的最终利益是谈判博弈的结果。

同步小实训

印度画商为何敢烧画

在比利时某画廊曾发生过这样一件事。一位美国商人看中了印度画商带来的三幅画，标价为2 500美元。美国商人不愿出这么高的价钱，双方各执己见，谈判陷入僵局。终于，那位印度画商被惹火了，怒气冲冲地跑出去，当着美国商人的面把其中一幅字画烧掉了。美国商人看到这么好的画被烧掉，十分心疼，赶忙问印度画商剩下的两幅愿意卖多少钱，回答还是2 500美元。美国商人思来想去，拒绝了这个报价，这位印度画商心一横，又烧掉了其中一幅画。美国商人只好乞求他千万别再烧掉最后那幅画。当美国商人再次询问印度画商愿以多少钱出售时，印度画商说："最后这幅画只能是三幅画的总价钱。"最终，这位印度画商手中的最后一幅画以2 500美元的价格拍板成交。

解析：在这个故事里，印度画商生意得以成功是因为他摸准了那位美国商人是真心喜欢收藏古董字画的心理，整个谈判过程毫不让步，也没有协商的余地，并孤注一掷地烧掉两幅画，目的是刺激那位美国商人的购买欲望。因为印度画商知道那三幅画都出自名家之手，烧掉了两幅，物以稀为贵，不怕美国商人不买最后一幅。这也是双方心理的博弈过程，最后美国商人宁肯出高价也要买下那最后一幅珍宝。

（资料来源：由作者根据相关资料改写）

任务 1.2　了解商务谈判的动因

商务谈判总是以某种利益的满足为目标，是建立在人们需要的基础上的，这是人们进行谈判的动机，也是谈判产生的原因。商务谈判是两方以上的交际活动，只有一方则无法进行谈判活动。而且只有参与谈判的各方的需要有可能通过对方的行为而得到满足时，才会产生商务谈判。商务谈判的动因有以下几点。

1.2.1　追求利益

人们的种种利益需要，有些可以依靠自身及其努力来满足，但是，更多的需要则必须与他人进行交换。显然，这种交换的直接动因是利益需要得到更好的满足。其实，在利益需要的交换中，双方或各方都是为了追求自身的利益目标，就一方而言，当然是要追求自身利益的最大化。但是，这种自身利益的扩大如果侵害或者不能保证对方的最低利益，对方势必退出，利益交换便不能实现。可见在利益交换中，有关各方追求并维护自身利益的实现是谈判的首要动因。

1.2.2　谋求合作

在现实生活中，由于社会分工、发展水平、资源条件和时空制约等因素，人们及各类组织乃至地区或国家之间，往往形成各种各样的相互关系。社会分工日益明显、社会协作日益紧密，在这种社会生活相互依赖关系不断增强的客观趋势下，人们某种利益目标的实现及其实现的程度就越来越不仅取决于自身的努力，而且取决于与自身利益目标相关的各方面的态度和行为，取决于彼此之间的互补合作；相互之间的依赖程度越强，就越需要加强相互的合作；可见社会依赖关系的存在，不仅为相互间的互补合作提供了可能性，同时也是一种必要。正是这种在相互依赖的可能中谋求合作的必要成为谈判的又一重要动因。

1.2.3　寻求共识

要借助他人的资源满足自身的利益需要，必然会出现不同主体利益归属的要求与矛盾。古往今来，强权掠夺、发动战争的确是达到一方利益目标的手段。然而，随着社会文明的发展和社会生活相互依赖关系的增强，人们越来越认识到暴力并非处理矛盾的理想方式。摒弃对抗、谋求合作才是处理日益密切的社会关系和相互依赖关系的明智之举，而谈判正是实现互利的最佳选择。

谈判行为的特征是平等协商，即在相互依赖的社会关系中有关各方的地位平等，并在此基础上通过彼此商讨和相互沟通来寻求互利合作中各方都能认可和接受的交换条件与实施程序。随着社会的进步，利益主体维护自身权益的意识逐渐增强。在这种社会环境下，有关各方通过谈判来寻求合作、达成共识、形成协议，使互助互惠成为客观现实。因此，寻求共识进而实现互利合作，也是商务谈判的动因之一。

综上所述，追求利益、谋求合作、寻求共识是商务谈判的主要动因。其中，寻求共识是谈判中能够使追求利益和谋求合作的必要与可能最终成为现实的有效途径；谋求合作及其所依据的相互依赖关系既是谈判的必要，又是谈判的可能。

任务 1.3　明晰商务谈判的内容

"不打无准备之仗。""凡事预则立，不预则废。"要有充分的准备，方能战无不胜、攻无不克。谈判者在谈判之前要清晰自己要谈哪些内容，才能有的放矢做好谈判内容的准备。

谈判的内容非常广泛，谈判者在谈判之前应熟练掌握谈判内容。谈判内容可分为合同之外的商务谈判和合同之内的商务谈判。

微课：明晰商务谈判的内容

1.3.1　合同之外的商务谈判

合同之外的商务谈判是指合同内容以外事项的谈判。它是谈判的一个重要组成部分，为谈判直接创造条件，影响谈判的效果。它主要包含以下 4 个方面内容。

（1）谈判时间的谈判。

它是关于谈判举行时间的谈判。谈判时间不同对双方的影响是不同的。谈判时间不同，双方准备程度不同，外部环境的状况不同，双方的需求程度不同，进而谈判实力也不同，每天的不同时间段，谈判者的状态也有可能不同，因此，谈判者要尽量争取对己方有利的谈判时间。

（2）谈判地点的谈判。

它是关于谈判举行地点的谈判。一般来说，主场谈判比客场谈判更有利。谈判地点的设定往往由谈判实力强的一方决定，但也可通过协商决定。

（3）谈判议程的谈判。

它是关于谈判议题的谈判。先谈什么、后谈什么，主要谈什么、次要谈什么、不谈什么都对谈判结果有明显影响，其确定往往是双方协商的结果。

（4）其他事宜的谈判。

它包括谈判参加人员的确定、谈判活动的相关规定、谈判场所的布置等，通过协商可以争取到对己方更有利的条件。

1.3.2　合同之内的商务谈判

合同之内的商务谈判是指涉及合同内容有关议题的谈判。商品贸易的合同内容主要包含以下 3 个方面内容。

（1）价格的谈判。

价格直接关系到谈判双方的经济利益，是商务谈判中的核心问题，也是谈判中最敏感、最艰难的部分。价格由单价和总值构成。单价即单位商品的价格，包括计量单位、计价货币、单位金额与价格术语四部分。商品价格的确定与其他交易条件有密切联系。谈判双方在确定最终价格时必须考虑这些因素，如商品品质、交易数量、交货期限、支付条件、运输方式、交货地点等。

（2）交易条件的谈判。

它是围绕价格为中心的相关构成条件的谈判，它们与价格相辅相成、相互影响，是谈判者利益的重要组成部分。这些交易条件主要包括标的的数量、质量、包装、交货、运输、货款支付、商品检验、保险等。

（3）合同条款的谈判。

合同条款是构成一份完整、有效的合同所必不可少的部分，是履行合同的保证。它主要包括双方的违约责任、纠纷处理、合同期限、补充条件和合同附件等。

拓展阅读

技术贸易谈判

技术贸易谈判一般分为两部分，即技术谈判和商务谈判。技术谈判是供受双方就有关技术和设备的名称、型号、规格、技术性能、质量保证、培训、试生产验收问题进行商谈，受方通过谈判可以进一步了解对方的情况，摸清技术和设备是否符合本单位的实际和要求，最后确定引进与否。商务谈判是供受双方就有关价格、支付方式、税收、仲裁、索赔等条款进行商谈，通过商谈确定合理的价格、有效的途径与方法，以及如何将技术设备顺利地从供方转移到受方。

劳务合作谈判

劳务合作谈判是指劳务合作双方就劳务提供的形式、内容、时间、劳务价格、计算方法、劳务费的支付方式，以及有关合作双方的权利、责任、义务关系等问题所进行的谈判。由于劳务本身不是具体的商品，而是一种通过人的特殊劳动，将某种生产资料改变其性质或形状，满足人们的一定需求的劳动过程，因此，劳务合作谈判与一般货物买卖谈判是有明显不同的。

劳务合作谈判的基本内容是围绕着某一具体劳动力供给方所能提供的劳动者的情况和需求方所能提供给劳动者的有关生产环境条件和报酬、保障等实质性的条款，其基本内容有：劳动力供求的层次、数量、素质、职业、工种、技术水平、劳动地点（国别、地区、场所）、时间、劳动条件、劳动保护、劳动工资、劳动保险和福利。

任务1.4 掌握商务谈判的要素

商务谈判的要素是指构成商务谈判活动的必要因素，它是从静态结构揭示商务谈判的内在基础的。一般而言，商务谈判的基本构成要素为商务谈判主体、商务谈判客体和商务谈判背景。

微课：掌握商务谈判的要素

1.4.1 商务谈判主体

商务谈判主体即当事人，可以是人或组织，是商务谈判活动的主要因素，又可划分为关系主体和行为主体。

商务谈判关系主体是指有权参加谈判并承担谈判后果的自然人、社会组织及其他能够在谈判或履约中享有权利、承担义务的各种实体。

商务谈判关系主体具有以下特征：第一，必须是谈判关系的构成者；第二，必须直接承担谈判后果；第三，必须有行为能力和谈判资格。

商务谈判行为主体是实际参加谈判的人，并通过自己的行为直接完成谈判任务。如：有些商务谈判是一种代理或委托活动，代理人充当卖方（或买方）的发言人，在买卖双方中起中介作用，在这种情况下代理人就是行为主体。

商务谈判行为主体具有以下特征：第一，必须是亲自参加谈判的自然人；第二，必须通过自己的行为直接完成谈判任务。

一场荒唐的谈判

据报载,1991年,一位来自伊朗的平民百姓突发奇想,想体味与美国总统谈判的乐趣。于是他便把国际电话打到了白宫,要求与美国总统布什谈关于释放美国人质的问题。美国官方包括联邦调查局虽然觉得事情有些蹊跷,但出于解决人质危机的侥幸心理,还是把该电话接到了总统办公室。就这样,一个世界上最有权威的国家的总统便稀里糊涂地与一位凡夫俗子谈判起来,而且一谈就是一个多小时。结果谈成了什么呢?当然不会有任何结果。那位伊朗平民根本不具备人质危机谈判的主体资格,别说解决人质危机,就连人质在哪里他都不知道。后来他自己也说,只是想和美国总统聊一聊,并没有其他意思,弄得美国朝野很气愤,也很难堪。

(资料来源:毛国涛.商务谈判.北京:北京理工大学出版社,2008)

关系主体和行为主体可以相同,也可以不同。关系主体和行为主体最关键的区别是谁承担谈判后果。

1.4.2 商务谈判客体

谈判的客体是指谈判标的和双方所共同关心并希望解决的问题,即谈判的议题。没有需要解决的问题就没有谈判的必要。要成为商务谈判的客体必须满足以下两个条件:

一是与谈判主体的利益相关。谈判议题必须与谈判主体的利益相关,谈论与谈判主体的利益无关的问题只能称为话题。

二是具有"可谈性"。问题对于谈判主体来说属于"可以商量"范畴,谈判主体首先愿意去谈判,而且通过协商可能达成一致。

谈判客体有属于资金方面的、属于技术合作方面的、属于商品方面的等。谈判活动的内容是由谈判客体决定的。要想取得符合目的的谈判结果,就必须事先深入研究谈判的议题,明确我方和对方的利益,还要明确我方利益的反面,即我方最担心、最害怕的是什么。除此之外,还必须掌握大量与谈判议题有关的信息。

1.4.3 商务谈判背景

商务谈判背景是指谈判所处的环境,也就是进行谈判的客观条件。任何谈判都不可能孤立地进行,而必然处在一定的客观条件之下并受其制约。因此,谈判背景对谈判的发生、发展、结局均有重要的影响,是谈判不可忽视的要件。同样的谈判者,同样的谈判内容,如谈判背景一直在变,商务谈判的结果也会发生变化,即谈判背景不同,结果也会不同。

地摊主的生意为何告吹

大约在1970年,一位老艺术家在一个偏远乡村的集市上,意外地发现了一把17世纪名贵的意大利小提琴。摆地摊的卖主要价10元,老艺术家因一时的庆幸和喜悦竟然连价都没还就爽快地答应了。老艺术家的爽快使卖主心里犯嘀咕:"摆了几年都无人问津的旧琴,怎么这个人连价都不还就决定要?"于是,他试探着将价格提高了一倍。老艺术家也马上答应了。没想到,由此却引起了一连串的提价,价格一直升到了 200 元。这个价格在当时、当地,特别是对于一把旧琴来说可算得上是天文数字。最后,老艺术家还是决定买,但因当时手中没有足够的钱,所以,双方商定过几天交钱取琴。当老艺术家凑足了钱来取琴时,万万没有想到,小提琴被卖主漆得白白的挂在墙上。老艺术家只好十分惋惜地拒绝成交,而此时的卖主既感到莫名其妙又无可奈何。

解析: 摊主生意告吹是因为小提琴被卖主漆得白白的,已不再是原来的小提琴了。在老艺术家看来,这把被漆过的小提琴已经一文不值了,已失去对艺术家的价值,双方谈判的客体消失。这就说明商务谈判的构成要素如有缺失,将会导致谈判不能成立。

(资料来源:孙兆臣,易吉林. 谈判训练. 武汉:武汉大学出版社,2003)

任务 1.5　了解商务谈判的类型

按照一定的标准可将商务谈判划分为不同的类型,这些不同类型的商务谈判活动各有其特点,也有不同的适用范围。

微课:了解商务谈判的类型

1.5.1　谈判的地区范围分类

根据参与谈判的各方所属的国别地区范围不同,可以把商务谈判分为国内商务谈判和国际商务谈判。

(1)国内商务谈判。

国内商务谈判是指参与谈判的各方为国内各种经济组织及个人之间所进行的商务谈判,包括直接媒介商品的交易活动(如从事批发零售的"买卖商"的商品购销谈判)、为"买卖商"直接服务的商业活动(如运输、仓储、加工整理等"辅助商"),如运输谈判、仓储保管谈判等;间接为商业活动服务的"第三商",如金融、保险、信托、租赁等的借款谈判和财产保险谈判等;具有劳务性质的"第四商",如酒店、餐饮、影剧院以及商品信息、咨询、广告等劳务,如广告策划商务谈判等。

国内商务谈判的双方都处于相同的文化背景之中,可避免由于文化背景的差异对谈判所产生的影响。谈判的主要问题集中在怎样调整双方的不同利益,寻找更多的共同点。这就需要商务谈判人员充分利用商务谈判的策略和技巧,发挥谈判人员的能力和作用。

(2)国际商务谈判。

国际商务谈判是指参与谈判的各方在不同国家政府之间及各种经济组织之间所进行的商务谈判。国际商务谈判包括国际产品贸易谈判、易货贸易谈判、补偿贸易谈判、各种加工和装配贸易谈判、现汇贸易谈判、技术贸易谈判、合资经营贸易谈判、租赁业务贸易谈判和劳务贸易谈判等。由于谈判人员来自不同的国家,其语言、信仰、生活习惯、价值观念、行为规范、道德标准乃至谈判的心理都有着极大的差别,而这些方面的因素都会对国际商务谈判的成败有很大的影响。

1.5.2　按商务谈判合同的内容分类

根据商务谈判的内容不同,可以把商务谈判分为商品贸易谈判和非商品贸易谈判。

(1)商品贸易谈判。

商品贸易谈判是指商品买卖双方就商品的买卖条件所进行的谈判。它包括农副产品的购销谈判和工矿产品的购销谈判。农副产品的购销谈判是指以农副产品为谈判客体的明确当事人权利和义务关系的协商。农副产品的范围很广，包括瓜果、蔬菜、粮食、棉花、油料、家禽、水产等，都属于它的范围。这些产品不仅是人们生活的必需品，而且是某些工业生产不可缺少的原料，所以这方面的谈判非常广泛。工矿产品的购销谈判是联系产、供、销各个环节，沟通全国各个部门，是活跃经济的最基本形式。

（2）非商品贸易谈判。

非商品贸易谈判是指除商品贸易之外的商品谈判，包括工程项目谈判、技术贸易谈判、资金谈判等。

工程项目谈判是指工程的使用单位与工程的承建单位之间的商务谈判。

技术贸易谈判是指对技术有偿转让所进行的谈判。技术贸易谈判一般分为两部分：技术谈判和商务谈判。

资金谈判是资金供需双方就资金借贷或投资内容所进行的谈判。资金谈判的主要内容有金额、利率、贷款、保证条件、还款、宽限期、违约责任等。

1.5.3 按谈判的方式分类

（1）纵向谈判。

纵向谈判是指在确定谈判的主要议题之后，逐个讨论议题或条款，逐个谈妥议题，直到全部谈妥。例如，一项产品交易谈判，双方确定出价格、质量、运输、保险、索赔等谈判内容议题后，从某一项目如价格进行磋商，只有价格谈妥之后，才依次讨论其他议题。

纵向谈判方式的优点是：程序明确，把复杂问题简单化；每次只谈一个议题内容，讨论详尽，解决彻底；避免多头牵制、议而不决的弊病。

纵向谈判方式的不足之处在于：议程确定过于死板，不利于双方的沟通与交流，当某一议题陷于僵局后，难以通融、变通，不利于结合其他议题协同解决。

（2）横向谈判。

横向谈判是指在确定谈判所涉及的主要议题后，开始逐个讨论预先确定的议题，在某议题上出现矛盾或分歧时，就把这一议题放在后面，先讨论其他议题。如此周而复始地讨论下去，直到所有内容都谈妥为止。

横向谈判方式的优点是：议程灵活，方法多样；多项议题同时讨论，有利于寻找变通的解决办法；有利于更好地发挥谈判人员的创造力、想象力，更好地运用谈判策略和谈判技巧。

横向谈判方式的不足之处在于：对谈判人员综合统筹能力要求较高；容易使谈判人员纠结在枝节问题上，而忽略了主要问题。

在商务谈判中，采用哪一种形式，主要是根据谈判的内容、复杂程度、谈判的规模来确定。一般来讲，大型复杂的谈判多采用横向谈判的形式，小型简单的谈判多采用纵向谈判的形式。

1.5.4 按谈判所在地分类

（1）主场谈判。

主场谈判是指谈判方以东道主身份在自己所在地进行谈判。主场谈判能为主办方带来"天时""地利""人和"的优势，在商务谈判中比较受欢迎。主场谈判具有以下优点：

①易于建立心理优势。由于是在本企业所在地进行谈判，对谈判环境熟悉，能在谈判

中（特别是国际商务谈判）及时地得到上级或其他人员的指导和支持，能全面、及时地收集己方需要的各种资料，也能方便地按需要调整谈判成员。这样心理上就会拥有一种安全感和优越感，从而很容易使主场谈判方建立心理优势，做到底气十足、心中有数。

②可以以礼压客。由于主场谈判存在主客之分，东道主一方自然要承担对客方的邀请、迎送、接待、组织洽谈等义务。如果东道主在上述活动中能够注意礼节，给客方创造良好的谈判环境，那么无疑会给客方留下良好的印象，使对方在谈判中以一定的让步作为回报。

③容易掌握主动权。由于主场谈判是在本地进行的，所以主办方很容易掌控整个谈判过程的主动权，能在谈判场内外或两个领域同时展开活动，做到内外兼顾，及时发现问题、解决问题，充分发挥主场谈判优势。

主场谈判的不足之处是主场谈判会涉及谈判现场的布置、谈判议程的安排等问题，所以主办方需要承担较大的谈判成本。由于对方会来到本企业所在地，所以容易被对方了解企业虚实、攻破防线等。

(2) 客场谈判。

客场谈判是主场谈判的对称，是指谈判人员到对方所在地进行谈判。在商务谈判中，如果一方为主场谈判，则另一方必为客场谈判。

客场谈判的优势有以下几点。

①客方可进一步了解主办方的虚实。

②当对方索要不便透露的资料或要求己方做出某些承诺时，也可以此为由加以拒绝。在必要的时候可以资料不全或领导未授权为托词，拒绝给出具体答复或拖延谈判时间。

③可以省去烦琐的接待任务，专心于谈判工作。

客场谈判的不足是容易形成一些客观上的劣势，往往存在较大的心理压力和工作、生活上的不便。诸如谈判期限、谈判授权、信息交流以及可能的语言障碍等，在收集资料、请示领导等方面带来不便，对环境不熟悉容易造成水土不服等身体不适。

在客场进行商务谈判时，需要注意把握以下两点。

一是审时度势，灵活应对。例如，根据谈判进程分析市场、主方地位、心理变化等，如果谈判有成功希望则坚持原立场，无成功希望则要把握谈判要诀；对方有签约诚意则灵活调整可提供的优越条件，若无意成交则不必随便降低自己提出的条件。

二是采取客随主便的方式。采用客随主便的策略可以试探对方的虚实。与此同时，要积极进行调查研究，以免因贸然行事而使自己陷入被动。随着谈判的逐步展开，对环境及对方情况的了解逐步加深，使谈判向以我方为主的方向过渡。

(3) 中立地谈判。

中立地谈判是指在谈判双方所在地以外的其他地点进行的谈判。既不在己方也不在对方所在地，在中立地进行谈判，对谈判双方来说没有宾主之分，为谈判提供良好的环境和平等的气氛。这样也就避免了其中的某一方处于客场的不利地位，为双方平等地进行谈判创造了条件。但其缺点是不利于双方实地考察、了解对方的状况。

同步小训练

日本人怎样在谈判中变被动为主动

作为以进口资源为主要发展手段的岛国，日本非常希望能够从澳大利亚购买到足够的钢铁和煤炭，而资源方面占绝对优势的澳大利亚从来都不愁找不到好的贸易伙伴。

　　日本人在与澳大利亚方面谈判前充分研究了对方的特点，他们深知澳大利亚商人过惯了富裕和舒适的生活，对日本的生活环境和习惯很不适应；而且澳大利亚人一般都特别讲究礼仪，不至于过分侵犯东道主的权益。于是，日本人有意识地请澳大利亚商人到日本进行生意谈判，澳大利亚商人欣然前往。

　　果然，澳大利亚商人到日本后对日本当地的饮食、语言、风俗习惯等各方面都相当不适应，没过几天，就着急地想回到澳大利亚别墅的游泳池、海滨丛林，以及自己妻子儿女的身边。

　　作为东道主的日本人，澳大利亚商人的焦躁正是其所预料和期望的。因此，日本人在谈判过程中镇定自如、态度温和、不急不躁，在价格方面和对手展开拉锯战，紧紧咬住自己的价格丝毫都不让步。在谈判过程中，日本方面的这种主动和顽强完全征服了急躁不安的澳大利亚商人，这时所谓的澳大利亚资源优势统统消失了，双方在谈判桌上的地位发生了180度大转变，日本人完全占据了谈判的主动权。经过双方的讨价还价，日本方面仅仅花费了相当小的经济代价做"诱饵"就把澳大利亚这条大鱼顺利捕获了，最终日本人取得了按照常规难以得到的巨大利润。

　　解析： 谈判地的选择对谈判结果有直接的影响。客场谈判易使谈判人员在心理上处于弱势，行为上受制于对方，从而改变双方谈判地位。商务谈判地点的选择要慎重考虑，赴客场谈判必须做好充分的心理及策略准备。

　　（资料来源：庞岳红. 商务谈判. 北京：清华大学出版社，2016）

1.5.5　按谈判的沟通方式分类

　　按谈判的沟通方式，商务谈判可分为口头谈判和书面谈判两种。

　　（1）口头谈判。

　　口头谈判是指谈判双方在会谈时，不提交任何书面形式的文件，而是面对面地洽谈、协商口头提出的交易条件，或者在异地用电话商谈。口头洽谈形式包括邀请外方来访、参加出口商品交易会或国际博览会、派出国推销团组等。

　　随着商品经济的发展，市场日益活跃，出现了各种形式、不同内容的交易会。这种形式一般规模较大、隆重、轰轰烈烈，同时，由于参加交易会的单位很多、便于沟通情况、有利于企业选择，因此谈判成交额较大。正因为这种形式有其独特的优势，所以交易会谈判被广大企业认为是一种较好的口头谈判形式。

　　在口头谈判中，双方面对面地洽谈交易，有利于谈判各方当面提出条件和意见，也便于谈判者察言观色，掌握心理，施展谈判技巧。同时，无论是谈判者在推销滞销商品，还是采购紧俏商品，双方都有说服对方的余地。这是口头谈判的优势。

　　口头谈判具有直接性、灵活性、广泛性，可以利用感情因素等特点。由于谈判双方是面对面地进行洽谈协商，能够察言观色，掌握对方心理；可以全面深入地了解对方的资金、信誉、谈判作风等情况；针对谈判的进程和谈判过程中出现的问题，采取具体、灵活的措施，调整谈判策略和谈判目标。由于谈判双方可以广泛地选择谈判对象和谈判内容，对谈判时间的要求也不严格，可以延长，也可以缩短，对一些可能出现的争议尽快地协商解决。而且是采取先磋商、后签约的方式，通过口头谈判，先摸清对方的底，然后才能承担某些义务。面对面的谈判或多或少地会产生一些感情，谈判人要善于利用这种感情因素来强调自己的谈判条件，使对方接受。同时，口头谈判还可以配合身姿、手势、面部表情、直观材料等，促使谈判成功。

（2）书面谈判。

书面谈判是指谈判者利用文字或图表等书面语言进行交流沟通的谈判。为发挥书面谈判的作用，便于对方了解己方的交易要求，作为卖方，可以把事先印好的具有一定格式的表单寄给客户。表单上对商品名称、规格、价格、装运等条件有较为详细的介绍，让客户对卖方的交易意图有一个全面、清楚的了解，避免因文字表达不周而引起误解。同时，谈判双方都要认真、迅速、妥善处理回函和来函，能达成的交易要迅速通知对方，不要贻误时机，即使不能达成的交易也要委婉地答复，搞好与客户的关系，"生意不成人情在"。书面谈判最忌讳的是函件处理不及时，更不能有求于人时丧失企业的品格，而人求我时冷眼相待，这不仅会影响企业购销活动的持续开展，而且会影响企业的经营作风和商业信誉。书面谈判适用于有经常性经济交往活动的谈判、产品批量大而供应范围广的购销谈判以及远距离谈判等。

书面谈判具有准备充分、谈判成本低及间接性等特点。谈判内容有文字记录，避免了相互之间的扯皮和争吵，但这种形式缺乏感情，比较"生硬"，当文不达意，可能出现理解上的误会和纠纷。

双方事先都以书面形式提供了议事日程、谈判内容、所提建议、愿意承担的义务等，这些都经过详细的研究。这样，双方就有比较充足的时间考虑对方的提议，可促使谈判过程早日完成。由于书面谈判一般不需要谈判人四处奔走，只需花费通信费，而无须花费差旅费和招待费，因此谈判费用开支要比口头谈判费用开支节省得多。由于具体的谈判人员互不见面，双方可以不考虑谈判人员的身份，把主要精力集中在双方条件的洽谈上，从而避免因谈判者的级别、身份不对等而影响谈判的开展和交易的达成。

1.5.6　按参加谈判的人员数量分类

按参加谈判的人数规模不同，商务谈判可以分为单人谈判和团队谈判。

（1）单人谈判。

单人谈判又称一对一谈判，是指谈判各方只派一名代表出席的商务谈判。这种谈判人数少、规模小，灵活、易变通；既有利于谈判双方沟通，又有利于保密和封锁信息；参加谈判的人员一人说了算，可避免小组谈判中成员之间相互配合不力的状况。但由于属单兵作战，所以这种谈判对谈判人员的要求很高，需要具备各方面的知识和能力，面临的压力也较大。

（2）团队谈判。

团队谈判又称小组谈判，是指谈判各方派出两名及两名以上代表参加的商务谈判。

谈判小组人数由谈判的复杂程度和谈判的规模来决定。在这种谈判形式中，参与者可以得到同伴的支持，运用各种谈判战略战术，取长补短，发挥团队优势，从而提高谈判决策的准确程度。但这种谈判中组队本身就有一定的难度，而且谈判过程中要实现彼此的协调难度较大；在操作上也较复杂，责任关系较多，容易相互推诿。

1.5.7　按参与谈判人员规模分类

按照小组人数的不同，小组谈判又可分为小型谈判（2～4人）、中型谈判（5～12人）和大型谈判（12人以上）。

1.5.8 按谈判的态度分类

按谈判的态度与方法，可分为软式谈判、硬式谈判与原则式谈判。

（1）软式谈判。

软式谈判，也称关系型谈判。这种谈判强调的是要建立和维持良好的关系。一般做法是：信任对方→提出建议→做出让步→达成协议→维系关系。当然，如果当事各方都能视"关系"为重，以宽容、理解的心态，互谅互让、友好协商，那么，无疑谈判的效率高、成本低，相互关系也会得到进一步加强。但是，往往由于价值观念和利益驱动等原因，这只是一种善良的愿望和理想化的境界。

实际上，对某些强硬者一味退让，最终往往只能达成不平等甚至是屈辱的协议。在有长期友好关系的互信合作伙伴之间，或者在合作高于局部近期利益、今天的"失"是为了明天的"得"的情况下，软式谈判的运用是很有意义的。

（2）硬式谈判。

硬式谈判，也称立场型谈判。这种谈判视对方为劲敌，强调谈判立场的坚定性，强调针锋相对；认为谈判是一场意志力的竞赛，只有按照己方的立场达成的协议才是谈判的胜利。采用硬式谈判，常常是互不信任、互相指责，谈判也往往容易陷入僵局、旷日持久、无法达成协议。而且，这种谈判即使达成某些妥协，也会由于某方的让步而履约消极，甚至想方设法毁协议、予以反击，从而陷入新一轮的对峙，最后导致相互关系的完全破裂。在对方玩弄谈判工具时，对其阴谋必须加以揭露，在事关自身的根本利益而无退让的余地、在竞争性商务关系、在一次性交往而不考虑今后合作、在对方思维天真并缺乏洞察利弊得失之能力等场合，运用硬式谈判也是有必要的。

（3）原则式谈判。

原则式谈判，也称价值型谈判。这种谈判，最早由美国哈佛大学谈判研究中心提出，故又称哈佛谈判术。原则式谈判，吸取了软式谈判和硬式谈判之所长而避其所短，强调公正原则和公平价值，主要有以下特征。

①当事各方从大局着眼，相互尊重、平等协商。

②谈判中对人温和、对事强硬，把人与事分开。

③以诚相待，采取建设性态度，立足于解决问题。

④处理问题坚持公正的客观标准，提出彼此都受益的谈判方案。

⑤求同存异，互谅互让，争取共同满意的谈判结果。

原则式谈判是一种既理性又富有人情味的谈判态度与方法。这种谈判态度与方法，争取"双赢"，同现代谈判强调的实现互惠合作的宗旨相符，日益受到社会的推崇。

1.5.9 按沟通手段分类

按沟通手段商务谈判可划分为面对面谈判、电话谈判、函电谈判和网上谈判。

（1）面对面谈判。

面对面谈判是指谈判双方直接地、面对面地就谈判内容进行沟通、磋商和洽谈。一般而言，凡是正规的谈判、重要的谈判、高规格的谈判，都以面对面的谈判方式进行。

面对面谈判的优势有以下几点。

一是便于灵活调整谈判策略。面对面谈判不仅是语言的直接交流，而且各方均能直接观察对方的仪容、手势、表情和态度，甚至利用私下接触，进一步了解谈判对手的需要、动机、策略以及主谈人的个性等，能够及时灵活地调整谈判计划和谈判策略。

二是谈判的方式比较规范。商务谈判各方在谈判桌前就座，容易形成正规谈判气氛，参与人产生正式谈判的心境，很快进入谈判角色。

三是谈判的内容比较深入细致。面对面谈判便于各方就某些关键问题或难点、协议的具体条款进行反复沟通、反复磋商和洽谈，从而使谈判目标更容易达成。

四是有利于培养长久的谈判关系。面对面沟通容易产生感情，特别是在谈判工作之余谈论热门话题或文娱活动，可以加深了解、培养友谊，从而建立一种比较长久的贸易合作伙伴关系。

面对面谈判的不足有以下几点。

一是易被对方洞察谈判意图。对方可以从己方谈判人员的举手投足、语言态度甚至面部表情来推测己方所选定的最终目标以及追求最终目标的坚定性。

二是谈判决策时间短。通常在谈判期限内做出成交与否的决定，没有充分的考虑时间，也难以充分利用谈判后台人员的智慧，因而要求谈判人员有较高的决策水平。

三是费用高。谈判各方都要支付一定的差旅费或礼节性的招待费等，从而增加了商务谈判的成本。可以说，在所有的谈判方式中，面对面谈判费用最高。

（2）电话谈判。

电话谈判是指借助电话通信进行信息沟通、协商，寻求达成交易的一种谈判类型。

电话谈判的优点：快速、方便、联系广泛。

电话谈判的不足有以下几点。

一是易被拒绝。双方互相看不见，"不"字更容易说出口。

二是有风险。因不便验证对方的各类文件，有被骗的风险。

三是容易出现失误。多数情况下，电话方式谈判是一次性叙谈，往往是在毫无准备的状态下仓促面对某一话题，甚至进行某一项决策，谈判者有意无意地会出现遗漏，因此容易出现失误。

（3）函电谈判。

函电谈判是指谈判者通过信函、电报、电传等具体方式进行沟通和协商。

函电谈判的优势有以下几点。

一是方便、准确，有利于谈判决策。利用现代化通信手段沟通，能够做到方便、及时、快速。来往的电传、信函都是书面形式，做到了白纸黑字准确无误。

二是思考从容，利于审慎决策。

三是省时、低成本。谈判人员无须四处奔波，一来省时，二来省去了差旅费等费用。

函电谈判的不足有以下几点。

一是函电谈判用书面文字沟通，有可能出现词不达意的情况，使谈判双方不能准确理解对方意图。如果因此造成谈判双方各自做出了不同的解释，就会引起争议和纠纷。

二是谈判双方代表不见面，就无法通过观察对方的语气、表情、情绪以及习惯性动作等来判断对方的心理活动，从而难以运用语言与非语言技巧，讨论问题往往不够深入、细致。

（4）网上谈判。

网上谈判是借助互联网进行协商、对话的一种特殊的谈判方式。网上谈判为买卖双方的沟通提供了丰富的信息和低廉的沟通成本,因而有强大的吸引力。

网上谈判的优势有以下两点。

一是网上谈判具有谈判快速、联系广泛、可以备查的特点,既可使企业、客户掌控他们需要的最新信息,又能使谈判双方有时间进行充分的分析,加强了信息沟通,有利于慎重决策。

二是网上谈判降低了成本。采用网上谈判的谈判方式,企业大大降低了人员开销、差旅费、招待费以及管理费等,降低了谈判成本。

网上谈判的不足有以下两点。

一是商务信息公开化导致竞争对手的加入。

二是互联网的故障、病毒会影响商务谈判的开展。

任务1.6 了解商务谈判的过程

商务谈判的过程共分为6个部分:收集信息、制订洽谈计划、建立洽谈关系、达成洽谈协议、履行洽谈协议、维持良好关系。

微课:了解商务谈判的过程

1.6.1 收集信息

收集信息一般指收集谈判环境信息,共包含以下三个层次。

第一层次,宏观环境信息。如相关的政治、经济、文化、科技、自然等宏观环境信息。

第二层次,行业信息,又称中观环境信息。如同类或替代产品市场供求关系及动态;市场需求状况及价格变化趋势;主要生产厂商的供货能力、产品质量、特色、服务、销售价格等。

第三层次,微观环境信息。如谈判对手的实力、资信、需求、诚意、期限、谈判代表、履约担保;竞争者的类型、数量、资金、成本、价格、目标、服务措施、营销手段;客户的购买动机、购买习惯、市场供求状况;企业自身的生产规模、资金状况、库存状况、新产品开发状况以及产品的产量、品种、质量、成本、价格、销售量、信誉、售后服务等方面的数据、资料。

1.6.2 制订洽谈计划

通过对收集信息的分析,明确谈判双方的谈判地位、双方寻求的各自利益以及利益满足的可能途径。确定谈判主题、谈判目标、谈判地点、谈判议程、谈判组成员、谈判策略、谈判风险、谈判费用等,形成具有可行性的谈判方案。

1.6.3 建立洽谈关系

在正式洽谈前,谈判者通过表现出本方的诚意,利用自己的实际行动让对方相信自己。要与对方建立良好的关系,取得对方一定的信任,从而实现降低谈判的难度,增大谈判成功的可能性。

1.6.4 达成洽谈协议

谈判中,对彼此意见一致的问题加以确认,而对彼此意见不一致的问题通过双方充分的磋商、互相交流意见等方式,寻求双方利益均能得到满足、双方都能够接受的方案来解决问题,最终达成一致协议。

1.6.5　履行洽谈协议

达成了协议并不意味谈判已经结束，获得双方利益的关键在于协议的履行。履行洽谈协议，首先要认真履行协议规定己方的相关义务，向对方证实己方的诚实守信。其次，对对方遵守协议约定的行为应适时地、恰当地给予赞赏与肯定。

1.6.6　维持良好关系

谈判结束后并不意味着双方关系的结束，还要注意维持与对方的良好关系，因为开发新客户的成本要远远大于维系老客户的成本。如果不积极地、有意识地对双方关系加以维持，双方关系就会逐渐地淡化、疏远起来，有时甚至出于某些外因还会导致关系的恶化，给竞争者可乘之机。要注意保持与对方的接触和联系，特别应注意个人之间的接触，因为不管什么规模的经济实体，都是由人来构成的，良好的人际关系为未来的合作或谈判成功提供了有利条件。

关于西瓜的谈判

一位法国人，他家有一片小农场，种的是西瓜。他的家里经常有人打来电话，要订购他的西瓜，但是每一次都被他拒绝了。有一天，来了一位客人，是个小男孩，约有12岁，说他要订购西瓜，也被这个法国人回绝了。可是，这个小男孩却不走，法国人做什么，他都跟着。小男孩在法国人身边，专谈自己的故事，一直谈了近一个小时。站在瓜田里的法国人听完小男孩的故事，开口了："说够了吧？"他对小男孩说，"喏，那边那个大西瓜给你好了，一个法郎。""可是，我只有一毛钱。"小男孩说。"一毛钱？"那个法国人听了，便指着瓜田里的另一个西瓜说，"那么，给你那边那个较小的绿色的瓜，好吧？"他一面说，一面对旁边站着的小男孩眨了眨眼睛。"好吧，我就要那一个"，小男孩说，"请不要摘下来，我弟弟会来取。两个礼拜以后，由我弟弟来取货。先生，你知道，我只管采购，我弟弟负责运输和送货。我们各有各的责任。"

启示：坚持不懈和建立与谈判对手的关系是谈判成功的重要条件。

（资料来源：刘文广．商务谈判．北京：高等教育出版社，2002）

项目小结

随着商品经济的发展，越来越多的人认识到商务谈判能力是当今社会人们必备的基本能力之一。世界像一张巨大的谈判桌，要想取得经济利益就要进行商务谈判。

商务谈判是经济谈判的一种，是指不同利益群体之间，以经济利益为目的，为了促成买卖成交，或是为了解决交易争议或争端，取得各自经济利益而进行的磋商活动。其主要动因包括追求利益、谋求合作、寻求共识。

商务谈判的要素是指构成商务谈判活动的必要因素。就一项具体的商务谈判而言，商务谈判由谈判主体（谈判关系主体和谈判行为主体）、谈判客体和谈判背景构成。商务谈判关系主体必须具备：是谈判关系的构成者、直接承担谈判后果、有行为能力和谈判资格三个条件。商务谈判行为主体必须是亲自参加谈判的自然人。商务谈判客体必须与谈判主体的利益相关且具有"可谈性"。

商务谈判内容包括合同之外的商务谈判和合同之内的商务谈判。

同步综合实训

一、知识夯实闯关考验

1. 多选题

1）商务谈判的要素包括（　　）。
　　A. 商务谈判的主体　　　　　　　B. 商务谈判的客体
　　C. 商务谈判的背景　　　　　　　D. 商务谈判的地点

2）商务谈判的类型按谈判所在地分类（　　）。
　　A. 主场谈判　　B. 客场谈判　　C. 中立地点谈判　　D. 函电谈判

3）商务谈判类型按谈判人员数量可分为（　　）。
　　A. 单人谈判　　B. 多人谈判　　C. 团队谈判　　D. 小型谈判

4）商务谈判的类型按谈判的态度分类有（　　）。
　　A. 软式谈判　　B. 硬式谈判　　C. 原则式谈判

5）商务谈判的类型按沟通手段划分为（　　）。
　　A. 面对面谈判　　B. 电话谈判　　C. 函电谈判　　D. 网上谈判

2. 判断题

1）商务谈判的要素是指构成商务谈判活动的必要因素。（　　）

2）商务谈判的主体分为关系主体和行为主体。（　　）

3）商务谈判的类型按商务谈判合同的内容分类：商品贸易谈判和非商品贸易谈判。（　　）

4）商务谈判的类型按谈判的方式分类：纵向谈判和横向谈判。（　　）

5）商务谈判的类型按谈判的沟通方式分类口头谈判和书面谈判。（　　）

二、技能提升综合实训

1. 案例分析

泳池里谈生意

英国某啤酒公司的副总裁在去南美商务旅行时，接到总部的传真，要他在归途顺便去牙买加和当地一家甜酒出口公司的经理谈生意，但问题是他没有去牙买加公务旅行的签证，临时办一个时间又来不及。于是，他只好以旅游者的身份来到金斯敦的诺尔曼雷机场。在检查护照的关口，移民官从他皮包里的工作日志及来往信函中判明他是在公务旅行，所以不许他入境。他反复向移民官声明，自己不过是在返回伦敦前来这儿做短暂的休整，这才勉强被允许入境。

他一到旅馆安顿好，便打电话和那位甜酒出口商联系。刚打完电话，就来了位移民局的官员，说他是怀着商务目的来到此地，而没有取得应有的签证，他将受到有关方面的严密监视；一旦发现从事商务活动，便将立即驱逐出境，并处以高额罚款。

足足两天，他身边总有一位警察，像个影子似的，使他不得不像个旅游者一样打发时光，看来此行只能白费时间和金钱了。

但是在他离开之前，却在警察的眼皮底下与那位出口商谈成了生意。

旅馆设有游泳池，池旁有个酒吧供客人喝喝饮料，稍作休息。监视的警察只见他与一位身着比基尼泳装的妙龄女郎正在酒吧前喝酒，还有一搭没一搭地和酒吧服务员聊天。

谁知那位服务员是甜酒出口商装扮的，而那名妙龄女郎则是他的女秘书。

解析： 只为成功想办法，不为失败找理由。只要想办法，问题总会解决。任何地方、任何场合都可以用来谈生意。在国内，很多企业老板会利用与客人吃饭的时间做生意，也有很多人会在陪客人游玩时把生意谈成。

2. 课下实战训练

购 物 谈 判

【实训目标】

通过实际的购物谈判活动，加深对商务谈判特征、要素、过程、内容的理解，并形成以成功商务谈判标准要求自己谈判行为的意识，并树立谈判双赢理念。

【实训内容】

以小组为单位，选择确定拟购买的商品，通过与对方谈判达成交易，总结谈判体会。

【实训步骤】

（1）小组讨论确定要购买的商品（商品品种不限，可以是日常生活用品，也可以是代购产品）。

（2）初步调查市场，选择确定谈判对象。

（3）分析谈判对手心理及寻求的利益。

（4）小组讨论制订谈判计划。

（5）与谈判对象展开谈判。

（6）撰写一份总结。

（7）课堂交流，教师点评。

【成果形式】

（1）谈判过程记录影像。

（2）×××商品购买谈判总结报告。

【实训考核】

小组实训成绩评分表

实训小组：_____　　　　　　　　　　实训名称：_____

实训评价考核内容	考核标准	分项评分	得分
实训准备	市场调查充分 对谈判对手分析透彻	20	
谈判表现	态度镇定 动作得体 随机应变 协调配合 意志顽强 表达清晰	25	

续表

实训评价考核内容	考核标准	分项评分	得分
总结报告质量	语言流畅 内容完整 观点正确 条理清晰 制作精美	25	
交流讨论表现	代言人 仪表整洁端庄 举止动作得体 阳光自信 声音洪亮 表达流利 富有吸引力	15	
团队合作	组员相互协作配合 积极主动回答提问	15	
总成绩			
教师评语		签名： 年　月　日	
学生意见		签名： 年　月　日	

🎯 自我领悟微语录

_____

_____

_____

项目二　领悟商务谈判

学习目标

知识目标：
掌握商务谈判理论、原则和谈价标准。
自学社会主义核心价值观的基本内容。

能力目标：
能运用商务谈判理论和原则来开展商务谈判活动。
能依据商务谈判成败标准评判商务谈判成功与否。

素质目标：
培育和践行社会主义核心价值观。
养成认真负责的职业态度。
增强团队合作、沟通能力。

重点和难点

重点：
本项目中的重点是商务谈判理论、原则的理解；明晰商务谈判成功的标准。

难点：
本项目的难点是能运用商务谈判理论、原则开展商务谈判活动。能按照商务谈判成败标准评判商务谈判成功与否。

项目引例

谈判专家与小贩之间的故事

美国著名的谈判家荷伯·科恩曾与妻子去墨西哥城旅游。一天，他们正在马路上观光，妻子突然对他说道："我看到那边有什么东西在闪光！""唉，不，我们不去那儿。"荷伯解释道："那是一个坑骗旅游者的商业区，我们来游玩并不是要到那儿去。我们来这里是领略一种不同的文化风俗，参观一些未见过的东西，接触一些尚未被污染的人性，亲身体会一下真实，逛逛这些人如潮涌的街道。如果你想去那个商业区，你就去吧，我在旅馆里等你。"

妻子走了，荷伯独自朝旅馆走去。当他穿过人潮起伏的马路时，看到在相距很远的地方有一个真正的当地土著居民。当荷伯走近时，看见他在大热的天气里仍披着几件披肩毛毯，并大声叫卖："1 200比索①！"

---

① 1比索=0.138元人民币。

"他在向谁讲话呢?"荷伯问自己:"绝对不是向我讲!首先,他怎知道我是一个旅游者呢?其次,他不会知道我在暗中注意他。"荷伯加快脚步,尽量装出没有看见他的样子,甚至用他的语言说:"朋友,我确实敬佩你的主动、勤奋和坚持不懈的精神。但是,我不想买披肩毛毯,请你到别处卖吧。你听懂我的话吗?"

"是。"他答道,说明他完全听懂了。荷伯继续向前走,却听到背后仍然有脚步声。土著人一直跟着荷伯,好像他俩系在一条链条上了。他一次又一次叫道:"800比索!"荷伯有点儿生气,开始小跑。但是土著人紧跟着一步不落。这时,他已降到600比索了。到了十字路口,因车辆横断了马路,荷伯不得不停住脚步,土著人却仍在他的身边唱着他的独角戏:"600比索?500比索?好吧,400比索!"

当车辆过尽后,荷伯迅速横过马路,希望把他甩在路那边。但是荷伯还未来得及转过身,就听到他笨重的脚步声和说话声了:"先生,400比索!"这时候,荷伯又热又累,身上一直冒汗,土著人紧跟着他使他很生气。荷伯气呼呼地冲着土著人从牙缝里挤出这句话:"妈的,我告诉你我不买!别跟着我了!"

土著人从荷伯的态度和声调中听懂了他的话。"好吧,你胜利了。"他答道,"只对你,200比索!""你说什么?"荷伯叫道。此时,荷伯对自己的话也吃了一惊,因为他压根没想过要买一件披肩毛毯。

"200比索!"土著人重复道。"给我一件,让我看看。"荷伯说。又是一番讨价还价,小贩最终的要价是170比索。荷伯从小贩那里得知,在墨西哥城的历史上以最低价格买到一件披肩毛毯的人是一个来自加拿大温尼培格的人,他花了175比索。而荷伯买的这件只花了170比索,使他在墨西哥历史上创造了用最低价格买走披肩毛毯的新纪录。

那天天气很热,荷伯一直在冒汗。尽管如此,他还是把披肩毛毯披到了身上,感到很洋气。在回旅馆的路上,他一直欣赏着从商店橱窗里映出来的自己的身影。

当荷伯回到旅馆房间,妻子正躺在床上读杂志。"嗨!看我弄到了什么!"他有点儿得意。"你弄到什么了?"她问道。"一件漂亮的披肩毛毯!""你花了多少钱?"她顺口问道。"是这么回事",他充满自豪地说,"一个土著谈判家要1 200比索,而一个国际谈判家,就是周末有时间同你住在一屋的这个人,花170比索就买到了。"她讪笑道:"嗤。太有趣了。我买了同样一件,花了150比索,在壁橱里。"

(资料来源:张翠英.商务谈判理论与实训.北京:首都经济贸易大学出版社,2008)

实训任务清单

任务情境	王天一在新入职的员工商务谈判能力培训时,展现出自己深厚的商务谈判专业知识,对商务谈判的内涵、特征、要素、类型等方面讲解出色,得到了培训讲师和新入职员工的一致认可,为他未来工作奠定良好的基础。 今天,培训讲师提出了模拟演练任务
任务要求	以小组为单位,运用商务谈判原理和原则,完成购物谈判经历的情景再现
任务实施步骤	
步骤1	以小组为单位讨论确定要进行情景再现的谈判经历内容

续表

任务实施步骤	
步骤2	对小组成员进行扮演角色分配,任务分工
步骤3	进行谈判经历内容情景再现的演绎
步骤4	小组派代表陈述情景再现里体现的商务谈判原理和原则

任务评价和成绩评定					
任务评价考核内容	考核要求及评分标准	分值	成绩评定(分制)		
			自评(20%)	互评(30%)	师评(50%)
情景再现前准备	小组成员积极参与讨论	10			
	谈判所用道具准备充分	10			
	在规定时间内完成讨论	10			
谈判表现	语言流畅	10			
	声音洪亮	10			
	表达清楚	10			
	条理清晰	10			
	举止得体	10			
陈述表现	能准确剖析谈判中所运用的原则	10			
团队协作	全体成员积极参与 组员相互协作配合	10			

任务2.1 领会商务谈判理论

微课:领会商务谈判理论

2.1.1 层次需要理论

需要是人的一种心理行为,这种心理行为会推动人的外在行为,支配其行动。心理学认为,人们的所有行动都有形成其动因的需要,不论是有意识的还是无意识的,一直都在发挥着作用。谈判活动是基于谈判人员个人或者组织的某种需要而进行的,谈判各方在各自需要的驱动下,通过谈判来满足这种需要的方式。需要具有不同的特征,不同的人有不同的需要,同一个人在不同时期也有不同的需要。虽然需要的满足具有相对性,但是从长期来看,需要却是持续的。在满足了较低层次的需要之后,个人有短暂的满足,但接下来可能是对更高目标的需要。

根据马斯洛的需要层次理论可将商务谈判的需要分为以下5个层次。

（1）生理需要。

生理需要是指谈判者在谈判过程中衣、食、住、行等维持生存方面的需要。谈判者必须吃得可口营养，住得舒适安静，穿得整洁得体，行动自由方便，才能保证谈判的顺利进行。如果这方面的需要得不到满足，就会产生消极情绪或精神、体力不支，就会影响到谈判结果。

在谈判中，人的生理需要体现为对吃、穿、住、行等方面的要求，作为东道主的谈判一方一定要十分注意给对方的吃、住、行提供一切可能的支持与帮助，这样做可以减轻对方因环境陌生所带来的种种不适与压力，以及由此导致的急躁、怀疑、敌对的情绪，争取为谈判创造一个友好、信任、合作的气氛。俗话说："投之以桃，报之以李"，给对方的吃、住、行提供支持和帮助，对方在谈判中往往会有所回报，至少不会增加敌意。

谈判者应避免在恶劣的环境或疲劳状态下谈判，在客场谈判时，出行前要了解谈判地的气候状况，备好衣服、雨具等物品。较正式的谈判应准备适宜谈判场合的正装。住处宜选择离谈判场所较近、步行可到达的宾馆，避免因交通阻塞影响谈判。食物宜保证新鲜、营养丰富，可准备少量治疗水土不服的药物。若没有专车随行，宜迅速熟悉当地交通状况，必要时可预约出租车。

（2）安全需要。

安全需要是指谈判者希望在谈判中不出现重大失误、不被欺骗，以及保障谈判者本人的人身、财产安全等的需要，主要体现在人身安全、地位安全、信用安全等方面。

在客场谈判时，由于对当地民情、风俗习惯、社会治安、交通状况缺少了解，行动常常感觉缺少安全感，而陷入孤独的氛围中。所以，作为东道主的谈判一方，应该尽力在谈判之余多做陪伴，如专车接送、陪同参观游览等。这样做，不知不觉地使对方把你作为可以接受、可以依赖的人来看待，这无疑对谈判是有利的。

谈判者每次谈判都可能影响其在公司和同事心目中的地位，能否顺利完成谈判任务，关系到谈判者原有职位的保持或晋升。谈判者会小心谨慎、极力争取己方的利益，有时也可能会为避免空手而归、无法交差而让步并签订较差交易条件的协议。

谈判者通常愿意与老客户打交道，如果必须面对新客户，则应对对方的资信做全面的调查，达到知己知彼。

（3）爱和归属感需要。

爱和归属感需要是指谈判者追求社会交往中人际关系协调的需要。具体体现为：对友谊、对建立双方友好关系的希望；谈判期间，不但己方谈判小组内部要建立和谐合作的关系，而且应与谈判对手建立融洽、友好的关系。

谈判小组应该保持内部的高度团结协作。如果一个谈判小组内部意见不合，有排斥某个人的倾向，这就损害了这个人对组织归属的需要。他就会游离于组织之外，与组织离心离德，而对方就会乘虚而入，接近他，设法与之结成无形的同盟，这将会给本组织带来极大的损害。谈判人员在谈判组内应能畅所欲言、受到尊重、得到支持和关心，团队凝聚力的形成，将提高谈判组的谈判力量。

谈判人员通常不愿意在紧张和对立的气氛中谈判，而希望在友好合作的气氛中达成协议，实现双赢。谈判人员应该持有一种友好合作的心态，利用一切机会促成和发展与对方的友情。为增进友谊，双方可互赠礼品，邀请对方进行联欢，举行宴会、舞会、游览观光等活动，还要注意帮助对方解决实际困难。一旦谈判双方产生了友情，让步与达成协议就迎刃而解了。

(4) 尊重需要。

尊重需要是指谈判者要求在人格、地位、身份、学识与能力方面得到尊重和欣赏，主要体现在受人尊重和自尊两个方面。

获得尊重的需要在谈判中具体体现为：不仅要求在人格上得到尊重，而且在地位、身份、学识与能力上得到尊重和欣赏。谈判中对人格的尊重主要是：不能使用侮辱性的语言，言辞有礼貌，不能对谈判人员的人身进行攻击，谈判中的问题对事不对人。对身份、地位的尊重主要是：处事、接待的礼节要符合一定的规格要求，特别是在双方谈判人员的级别、职务上，要讲究对等。对学识与能力的尊重主要是：当在谈判中占到上风，或者获得部分利益时，不要喜形于色、乐不可支，甚至讥讽对方的无能；要承认对方学识与能力可能并不比自己差，只不过是自己的运气比较好。

(5) 自我实现需要。

自我实现需要是指谈判者充分发挥其潜能，用出色的业绩来证明自己的工作能力，体现自我价值的需要。

在谈判中具体体现为：追求谈判目标的实现，为我方争取尽可能多的利益，以谈判中取得的成就或成绩来体现自己的价值。而在谈判中，要放弃自身的利益去满足对方自我实现的需要是非常难的。在我方获取较多利益、对方只获取较少利益的情况下，我们可以通过强调种种客观上对他不利的条件，赞赏他主观上所做的勤奋努力和过人的能力，使他在面子上和内心里得到平衡，从而也使自我实现的需要得以满足。

拓展阅读

如何才能更好地满足谈判各方的需要

满足谈判各方的需要还可以从以下几个方面来考虑。

(1) 理性谈判。

谈判行为的理性在很大程度上来源于对非理性谈判者的常见错误的观察和总结。所以就可以发现一些谈判错误的认识根源，学会如何避免这些错误。巴泽尔曼和尼尔（Max Bazerman and Margaret Neale）在理性谈判中说道："理性谈判是能够做出使收益最大化的最佳决策的谈判。"

(2) 换位思考。

谈判参与各方在认真思索自己需要和利益的同时应该站在对方的角度考虑一下对方所希望获得的利益。比如在医药销售谈判中，医药销售代表不仅要熟悉所供药品的情况，而且要从医生的角度出发，多介绍新的医药信息和医生的病人的情况，这样才能得到医生的信任并与之建立良好的关系。如果只是一味地自私自利，可能最后什么也得不到。比如价格谈判中的"轮番压价式"，你用A公司的价格压B公司的价格，又用B公司的价格压C公司的价格，用C公司的价格压A公司的价格，最后你可能一时获得不错的价格，但是很容易造成对方的联合抵制，使自己丧失未来的利益和发展的机会。

(3) 运用战略眼光，满足商务谈判需要。

要从全局出发，"谈判议题整合法"就是一个很好的方法，它告诉我们不要在一个事情上讨价还价，要将许多议题同时拿出来谈，这是一个规避"零和谈判"的很好方法。同时，我们要用发展的眼光来看问题，要充分考虑以后双方或者多方的关系，如果为了未来长远的利益，暂时做出一些牺牲和让步有时也是非常必要的。

（4）把蛋糕做大。

一场好的谈判不是把蛋糕一分为二，而是应该注意在蛋糕切分之前把蛋糕做大，在现实生活中，扩大双方的总体利益是可能的，而发掘这些潜在的利益需要双方的合作精神和高超的技艺。比如，降低风险使得双方的利益都扩大，或者减少开支使得双方都可以获得较高的回报等，现实生活中有很多把蛋糕做大的方法。

在商务谈判活动中，谈判者往往同时具有多种需要，并且一般会有一种或几种需要占主导地位。了解、分析对手的需要，并有针对性地诱导和满足是获得谈判成功的重要条件。

探测谈判对手的需要方法

想要知道谈判对手的需要，可以从以下几个方面入手。

（1）收集有效信息。在谈判前要尽可能多地收集谈判对手的有关资料，如谈判对手的资质、实力、企业规模、财力状况、性格特点、社会关系、目前状态、喜好习惯等，这些是在谈判中发现需要、了解需要、满足需要的基础，也是谈判成功的条件。

（2）适时恰当提问。在谈判中可在适当的时机向对方提问，可以多提一些问题，在对方讲话时要注意分析其中的内在含义，借此发现了解对方的潜在需求和真正需要。可直截了当地试探，也可当买主对产品犹豫不决时，卖主提出一些具有诱导性、启发性的问题，从中发现买主的真正需要，促成交易。

（3）认真倾听。谈判者之间的谈话往往有多层次的含义，悉心倾听对方吐露的每一个字，可以发现对方的真正需求。对方做出一项陈述，在第一层次可以表明要交换的意见；在第二层次上，可以根据对方的表达方式和措辞推断出某些信息；在第三层次上，则能根据对方探讨问题的方式得知对方的真正要求。

（4）善于察言观色。虽然人的心理状态是隐秘的，但总会通过一定的形式表现出来。谈判过程中要通过对方的形体语言发现需要。如你想向对方提出一项建议，在你开始解释时，你看到谈判对手两眼盯着窗外的一根电线杆，就应该明白你所谈的内容不能满足他的需要，应该进行必要的调整；相反，如果谈判对手非常专心地注视着你，身体向前尽可能地倾向于你，这就说明你所讲的内容正是他所需要的。

（5）利用非正式谈判渠道沟通。对于一些在谈判过程中无法了解到、但对谈判又非常重要的需要，可以采取私下的形式或其他的渠道获得。比如，与谈判对手一起吃饭时闲聊，与谈判对手的相关机构或人员进行交往、交涉。总之，在谈判进行中要通过一切可能、可行的方法和渠道，尽可能全面地了解谈判对手多方位、多层次的潜在需要，并想方设法予以满足。

大部分的客户都是属于潜在的需求群（并非明显需求），因此找出客户的潜在需求，成交也就变得很容易。

老太太买李子

一位老太太去楼下的菜市场买水果，她来到第一个小贩的水果摊前问道："这李子怎么样？""我的李子又大又甜，特别好吃。"小贩回答。老太太摇了摇头没有买。

她向另外一个小贩走去，问道："你的李子好吃吗？""我这儿是李子专卖，各种各样的李子都有。您要什么样的李子？""我要买酸一点儿的。""我这几篮李子酸得咬一口就流口水，您要多少？""来一斤吧。"

老太太买完李子继续在市场上逛，又看到一个小贩的摊上也有李子，看起来又大又圆，便停下来问："小伙子，你的李子多少钱一斤？"小贩没有直接回答，而是问："您问哪种李子？""我要酸一点儿的。""别人买李子都要又大又甜的，您为什么要酸的李子呢？""我儿媳妇要生孩子了，想吃酸的。""老太太，您对儿媳妇真体贴，她想吃酸的，说明她一定能给您生个大胖孙子。您要多少？""我再来一斤吧。"老太太被小贩说得很高兴，便又买了一斤。

小贩一边称李子一边继续问："您知道孕妇最需要什么营养吗？""不知道。"

"孕妇特别需要补充维生素。您知道哪种水果含维生素最多吗？""不清楚。"

"猕猴桃含有多种维生素，特别适合孕妇。您要给您儿媳妇天天吃猕猴桃。她一高兴，说不定能一下给您生出一对双胞胎。""是吗？好啊，那我就再来一斤猕猴桃。""您人真好，谁摊上您这样的婆婆，一定有福气。"小贩开始给老太太称猕猴桃，嘴里也不闲着："我每天都在这儿摆摊，水果都是当天从批发市场找新鲜的批发来的，您儿媳妇要是吃着觉得好了，您再来。""行。"老太太被小贩说得高兴、提了水果边付账边应承着。

在这个故事中，三个小贩对着同一位老太太，为什么销售的结果完全不一样呢？

解析：差别就在于是否会挖掘老太太的隐性需求。第一个小贩没有了解深层的需求，所以没有成交。第二个小贩只掌握了表面的需求，却没有了解真正的深层需求，所以只是小有成交。第三个小贩善于提问，所以掌握了老太太的隐性需求，不但做成了李子生意，还做成了猕猴桃生意，更重要的是可能赢得了一个回头客。

解析：客户要买产品这只是表面需求，客户遇到的问题才是深层次的根本需求。客户有问题，要善于发现，并帮他找到深层次的原因，提出解决方案。潜在需求决定表面需求，引导和说服客户购买的学问很大，值得我们好好学习和思考。有一句话说：任何采购背后都有客户的燃眉之急，这是销售的核心出发点。假如你的产品解决了客户的燃眉之急，还用愁卖不出去吗？

总而言之，需要是谈判的心理基础，没有需要，就没有谈判。在谈判中，谁能更全面、更准确、更清楚地了解谈判对方的需要，谁就可能在竞争和谈判中获胜。

船长劝跳海

有一天，来自各国的实业家们正在一艘游艇上，一边观光，一边开会。突然船出事了！船身开始慢慢下沉。船长命令大副立刻通知实业家们穿上救生衣跳海。几分钟后，大副回来报告说没有一个人愿意往下跳。于是船长亲自出马。一会儿工夫，只见实业家们一个接一个地跳下海去。

大副请教船长道："您是如何说服他们的呢？"船长说："我告诉英国人，跳海也是一项运动。对法国人，我就说跳海是一种别出心裁的游戏。我警告德国人说——跳海可不是闹着玩的！在俄国人面前，我认真地表示——跳海是一种革命的壮举。我对日本人说，跳海是命令。"

"您又是怎样说服那个美国人的呢?"

"太容易了!"船长得意地笑道:"我只说已经为他办了人寿保险。"

启示:要"看人说话",把握对方心理,精心地选择说话的内容和方式,有助于取得谈判的成功。

2.1.2 谈判黑箱理论

在控制论中,通常把所不知的区域或系统称为"黑箱",而把全知的系统和区域称为"白箱",介于黑箱和白箱之间或部分可察黑箱称为"灰箱"。

在商务谈判过程中,对手仿佛是一个既不透明且又密封的盒子(黑箱),其谈判的意图与谋略隐藏其中,令人难以捉摸。谈判的过程,也是黑箱被逐渐打开的过程。举例说明:某公司公关部与某装修公司商谈会议室装修问题。对方将报价单传真过来,说这间会议室的装修费用需要 30 万元。公关部认为这个价钱还算是个老实价,但是,并不清楚对方最终会以什么样的价格成交。而装修公司也并不清楚公关部最终会接受什么样的价格,成交价对双方而言,是"黑箱",而为了确保各自利益,双方都不抢先打开黑箱。公关部看到对方的报价单,只回了一句:价格太高,难以接受。装修公司又发了一纸传真:您能接受什么样的价格呢?公关部回道:我只能接受最优惠的价格。装修公司调整了价格后回复:28 万元。公关部再提出要求:据我所知,这不是最优惠价格。装修公司再问:您所指的最优惠价格是多少?公关部终于亮出接受点:多于 22 万元免谈……装修公司回复:22 万元我们亏本,少于 24 万元这笔生意就不能做了。公关部见好就收:23 万元,立刻成交!装修公司:好吧,希望以后常合作!这个案例中的公关部和装修公司都是黑箱方法的实践者,可见这种策略技巧是商务谈判中应用最普遍、效果最显著的方法。谈判双方依据各自对黑箱的猜测,努力防备对方攻破黑箱从而占领上风,惜字如金,各不相让,最终达成妥协,完成了接受点由"黑箱"(未知)、"灰箱"(30 万元、28 万元、22 万元)到"白箱"(23 万元)的谈判过程。在谈判中,对黑箱的控制能力决定着谈判的胜负。

爱迪生电报发明转让谈判

在爱迪生发明电报以后,西方联合公司表示愿意买下爱迪生的这个新发明。爱迪生对这个新发明究竟应该要多少钱犹豫不决。他的妻子建议开价两万美元。"这么高!"爱迪生听了不觉目瞪口呆,他觉得妻子把这个新发明的价值看得太高了。

谈判是在西方联合公司的办公室进行的。

"爱迪生先生,你好!"西方联合公司的代表热情地向爱迪生打招呼,接着就直率地问爱迪生:"对你的发明,你打算要多少钱呢?"

爱迪生欲言又止,因为两万美元这个价格实在高得离谱,很难说出口。但究竟开个什么价比较好呢,他陷入了思考。办公室里没有一点儿声响,陷入沉默。

随着时间的推移,沉默变得十分难熬。西方联合公司的代表开始急躁起来,然而爱迪生仍然没有开口。场面十分尴尬,西方联合公司的代表失去了耐心,终于按捺不住试探性地问道:"我们愿意出 10 万美元买下你的发明,你看怎么样?"

(资料来源:范银萍,刘青. 商务谈判. 北京:北京大学出版社、中国林业出版社,2007)

解密商务谈判的"黑箱",首先需要谈判者在谈判之前进行充分的准备,大量地收集信息,通过科学分析使"黑箱"转变为"灰箱",再由"灰箱"转变为"白箱"。其次,在谈判过程中应善于运用各种谈判技巧和谈判策略探寻对方的意图,逐步将"黑箱"转变为"灰箱"甚至"白箱"。

2.1.3 谈判信息理论

商务谈判是建立在一定信息基础上的,谈判的过程就是各方进行信息沟通和交流、减少分歧、达成一致的过程。商务谈判过程中,掌握信息较多或掌握稀缺信息、重要信息的一方往往占据主动地位。

松下为什么在寒暄中失去先机

日本松下电器公司创始人松下幸之助先生刚"出道"时,第一次到东京找批发商谈判,刚一见面,批发商就友善地对他寒暄说:"我们第一次打交道吧?以前我好像没见过你。"松下先生缺乏经验,恭敬地回答:"我是第一次来东京,什么都不懂,请多关照。"正是这番极为平常的寒暄答复却使批发商获得了重要的信息:对方原来只是个新手。批发商问:"你打算以什么价格卖出你的产品?"松下又如实地告知对方:"我的产品每件成本是20元,我准备卖25元。"批发商了解到松下在东京,人地两生、又暴露出急于要为产品打开销路的愿望,因此趁机杀价,"你首次来东京做生意,刚开张应该卖得更便宜些。每件20元,如何?"结果没有经验的松下先生在这次交易中吃了亏。

解析:松下被对手以寒暄的形式了解自己的重要信息,被摸清了底细,因而使自己产品的销售大受损失。

一个有经验的谈判者,能通过与对手的谈话去掌握谈判对象的背景材料:他的性格爱好、处事方式、谈判经验及作风等,进而找到双方的共同语言,为相互间的心理沟通或博弈做好准备,这对谈判成功有着积极的意义。

商务谈判者在谈判前应多渠道收集和提炼有价值的信息;在谈判过程中也要细心观察对手的言谈举止,洞察对手的真实意图,同时应注意对己方信息的保密。为规避谈判信息风险,谈判尽量将双方利益捆在一起,通过担保、试用等方式约束对方。

看似无关紧要的"归期"

20世纪80年代初,日本某电脑公司和美国某电脑公司根据双方高层人士达成的合作意向,决定对一项计算机软件的专利购销进行谈判。日本派出的代表是技术部的两位主任经理山田圭和片冈聪,是久经沙场的谈判老手。美方的代表则是总经理助理高寒。

高寒带着一堆分析日本人心理的书籍和该公司情况的资料飞抵大阪机场,山田圭和片冈聪恭恭敬敬地把高寒请上一辆大轿车的丝绒正座上,他俩却挤在折叠椅上正襟危坐。高寒很欣赏对方的这一待客之礼。山田圭和片冈聪一直把高寒送到高级宾馆预订的房间,询问高寒的返程时间,并帮高寒办好入住手续。

高寒性急地问:"什么时候开始谈判?"山田圭笑吟吟地说:"早点开谈当然很好,可这并不重要。我们是贵公司的老客户,从来都没有使贵公司任何一位贸易代表感到为难。

请放心,凡是可以做出的让步,我们一定会说服董事长同意的。"高寒非常安心地先住了下来。

第二天一大早,高寒就被山田圭和片冈聪带到各个景区游玩,晚上又随着他们出入各种娱乐场所。就这样不知不觉地过了十天,双方才坐到谈判桌前。一开始是例行公事地寒暄,扯东扯西说了一上午,实质性内容一点没提。下午各方报价,高寒的卖价是1000万美元,山田圭和片冈聪的买价是800万美元,双方的差额达到200万美元。双方的正式谈判刚刚开始就不得不结束了,因为主人安排的打高尔夫的时间到了。高寒至此才感觉自己被捉弄了,但却无力回天。

接下来,双方继续谈判,距离归期只有两天的高寒干脆让了一步,用900万美元的报价把双方的差价降低为100万美元。双方继续交锋,山田圭和片冈聪却丝毫不肯让步。高寒的回国时间到了,山田圭和片冈聪开车送高寒到机场,把路上的短暂时间变为谈判的时刻。山田圭异常恳切地说:"为了促成我们之间首次交易的成功,我自作主张地将报价提高到880万美元,您如果同意,我们现在就签合同。不过,请您回到美国之后,给我们董事长打个电话替我说说情好吗?"于是在大轿车上,双方继续谈判合同条款。就在轿车抵达机场之前,双方以880万美元完成了这笔交易。高寒回到美国,总经理劈头盖脸地说道:"日本人最低报价应是950万美元!"

解析:高寒因无意中泄露自己的预定回国时间,在日本被对方牵着鼻子走,处处被动。

(资料来源:作者根据网络资料编写)

在商务谈判活动中,有经验的谈判者在谈判中常常采取故布疑阵的策略,有意向对方传递导致他判断错误的信息,释放一些烟雾来干扰对方,使对方的计划被打乱或接受误导,使谈判对其有利。

散布虚假信息,最重要的一点是要做的一切都合乎情理。否则,被对方识破真相,就会落个聪明反被聪明误的结果。不管你的资料是真是假,能够使对方深信不疑的最佳办法,便是故意把机密泄露给他。所谓的机密,对于己方只不过是一些无足轻重的虚假的诸如备忘录、便条、文件等信息。你可以把这些东西遗忘在走廊中,或者把它们放在对方容易发现的废纸堆里。不过要注意,运用这种策略需要两个条件:一是为对方创造获取机密的有利条件;二是使对方相信并惊喜,因为无意中得到的情报对他们来说太重要了。

2.1.4 谈判博弈理论

博弈其实是一种智慧的竞争。"博弈论"译自英文Game Theory,其中Game一词英文的基本含义是游戏。游戏都有这样一个共同特点,即策略或计谋起着举足轻重的作用。当确定了游戏的基本规则之后,参与游戏各方的策略选择将成为游戏结果的关键因素。

拓展阅读

囚徒的两难选择

一天,一位富翁在家中被杀,财物被盗。警方在侦破此案的过程中,抓到两个犯罪嫌疑人,斯卡尔菲丝和那库尔斯,并从他们的住处搜出被害人家中丢失的财物。但是,他们矢口否认曾杀过人,辩称是先发现富翁被杀,然后只是顺手牵羊偷了点东西。于是警方将两人隔离,分别关在不同的房间进行审讯,由地方检察官分别和每个人单独谈话。

检察官说,"由于你们的偷盗罪已有确凿的证据,所以可以判你们1年刑期。但是,我可以和你做个交易。如果你单独坦白杀人的罪行,我只判你3个月的监禁,但你的同伙要被判10年刑。如果你拒不坦白,而被同伙检举,那么你就将被判10年刑,他只判3个月的监禁。但是,如果你们两人都坦白交代,那么,你们都要被判5年刑。"

斯卡尔菲丝和那库尔斯该怎么办呢?他们面临着两难的选择——坦白或抵赖。显然最好的策略是双方都抵赖,结果是大家都只被判1年。但是两人处于隔离的情况下无法商量。所以,按照亚当·斯密的理论,每个人都是从利己的目的出发,他们选择坦白交代是最佳策略。因为坦白交代可以期望得到很短的监禁——3个月,但前提是同伙抵赖,显然要比自己抵赖坐10年牢好。这种策略是损人利己的策略。不仅如此,坦白还有更多的好处。如果对方坦白了而自己抵赖了,那自己就得坐10年牢。太不划算了!因此,在这种情况下还是应该选择坦白交代,即使两人同时坦白,至多也只判5年,总比被判10年好吧。所以,两人合理的选择是坦白,原本对双方都有利的策略(抵赖)和结局(被判1年刑)就不会出现。这样两人都选择坦白的策略以及因此被判5年的结局被称为"纳什均衡",也叫非合作均衡。因为,每一方在选择策略时都没有"共谋"(串供),他们只是选择对自己最有利的策略,而不考虑社会福利或任何其他对手的利益。也就是说,这种策略组合由所有局中人(也称当事人、参与者)的最佳策略组合构成。

(资料来源:作者根据网络资料编写)

"囚徒的两难选择"有着广泛而深刻的意义。在竞争与合作中,我们应该常常想到如何采取整体利益最大化的策略,实现共赢、多赢。因为除了你死我活、非胜即败之外,还有可能大家都赢,而且每个人都赢得更多的可能。

2.1.5 谈判公平理论

公平感是一种支配人们行为的重要心理现象。每个人对谈判结果都有不同的理解和感受,谈判各方认为谈判的结果是公平的,能够接受,则交易可顺利实现。当谈判方有不公平感产生时,协议往往难以达成,即使达成,也难以保证协议如约履行。

公平理论的启示是:在商务谈判中,必须找到一个双方都能接受的客观标准,根据这一标准来进行谈判。人们对公平的理解是多种多样的,公平没有统一的标准,不应盲目地追求所谓的绝对公平,而应该寻找对双方都有利的相对公平。只要谈判各方感到满意,觉得公平即可。

杰克车险赔偿

杰克的汽车因为一场意外事故而被撞毁,由于他事前为汽车买了保险,于是保险公司派出理赔员与他磋商具体的赔偿金额。让我们看看杰克是怎样拿到他预期的赔偿金额的。

理赔员:我们研究过你的案件,我们决定采用保险单的条款。这表示你可以得到3 300美元的赔偿。

杰克:你们是怎么算出这个数目的?

理赔员:我们是依据这部汽车的现有价值。

杰克:我了解,可是你们是按什么标准算出这个数目的?你知道现在我要花多少钱才能买到同样的汽车吗?

理赔员：你想要多少钱？

杰克：我想得到按照保单应该得到的钱，我找到一部类似的二手车，价钱是3 500美元，加上营业税和货物税之后，大概是4 000美元。

理赔员：4 000美元太多了吧。

杰克：我所要求的不是某个数目，而是公平的赔偿。你不认为我得到足够的赔偿来换一部车是公平的吗？

理赔员：好，我们赔你3 500美元，这是我们所能付出的最高价。公司的政策是如此规定的。

杰克：你们公司是怎么算出这个数目的？

理赔员：要知道，3 500美元是你能得到的最高数，你如果不想要，我就爱莫能助了。

杰克：3 500美元可能是公道的，但是我不敢确定。如果你受公司政策的约束，我当然知道你的立场。可是除非你能客观地说出我得到这个数目的理由，否则我想还是最好诉诸法律。我们为什么不研究一下这件事，然后再谈？星期三上午11点我们可以见面谈谈吗？

理赔员：好的。我今天在报上看到一部1978年的菲亚特汽车，出价是3 400美元。

杰克：噢，上面有没有提到行驶里程数？

理赔员：4 900公里。为什么你问这件事情？

杰克：因为我的车只跑了25 00公里，你认为我的车价应该比它多值多少钱？

理赔员：让我想想。

杰克：假设50美元是合理的话，那么就是3 550美元了。广告上面提到收音机没有？

理赔员：没有。

杰克：你认为一部收音机值多少钱？

理赔员：125美元。

杰克：冷气呢？

…………

两个半小时之后，杰克如愿以偿地拿到了4 012美元的支票。

从这则案例中我们可以看出，在谈判中双方遵循公平原则的好处是：可以变"对方是否愿意做"为"问题该如何解决"，化剑拔弩张的竞争为坦诚友好的沟通。

（资料来源：作者根据网络资料编写）

如何在谈判中掌握好公平的"度"与"量"呢？通常应该从以下几个方面着手。

1. 寻找客观标准，以此作为公平谈判中协定的基础。不同的谈判有不同的标准，商务谈判涉及产品市场、成本等因素。政治谈判包含有政见、局势、民心等要素。外交谈判涉及国家的尊严、民族的独立、领土的完整。总之，在林林总总的谈判中，客观标准选择得越好，越有利于达成公平协定。

2. 寻找的客观标准必须得到谈判双方的认同，切忌独立于双方认知之外。

3. 双方共同努力，在谈判桌上寻求公平的客观标准。

 小典故

100 块金币的判决

一个穷人和一位富人在海边钓鱼,不幸的是他们的鱼钩搅在一起,两人只好合力将鱼钩拉了上来。意想不到的情况发生了,在两个鱼钩上竟挂着一个沉甸甸的钱袋,钱袋里装了 100 块黄灿灿的金币。两人喜出望外,都想独吞这笔钱,从互不相让到大动干戈,最后只得诉诸法院。在这笔钱的分配问题上,四位法官做出了四种截然不同的裁决。

法官甲的裁决是以不同经济能力的人所具有的不同心理承受能力为依据,按 7:3 的比例对这笔钱进行了分配,富人得 70 块金币,穷人得 30 块金币。在他看来,30 块金币对穷人来说是一个大数目,穷人失去 30 块金币要比富人失去 70 块金币更加伤心。

法官乙以补偿原则作为裁决的标准,分配的比例不变,只是交换了受益的对象,富人得 30 块金币,穷人得 70 块金币。在他看来,法官甲的裁决好比乌龟和兔子赛跑,二者如果同时起步,那么兔子将会把乌龟越甩越远,真正的公正是让乌龟先跑一程然后让兔子起步,通过对乌龟的"补偿"达到公平。

法官丙的裁决是尊崇一种绝对公平的原则,就是按 5:5 的比例平均分配,既然是两个人合力钓上来的,那么理所当然应该各得一半。

法官丁从税务的角度考虑,做了新的裁决。他以纳税的标准作为分配的原则,将二人分到的钱以完税的数目做基准,给富人 68 块金币,给穷人 32 块金币,纳税后富人和穷人一样多。

四位法官的裁决各有各的道理,人们对裁决结果的评判也会因每个人标准的不同而不同。事实上,在复杂多变的世界处理事情,公平原则也是多种多样。

(资料来源:作者根据网络资料编写)

2.1.6 谈判期望理论

期望理论又称作"效价—手段—期望理论",是管理心理学与行为科学的一种理论。是由北美著名心理学家和行为科学家维克托·弗鲁姆(Victor H. Vroom)于 1964 年在《工作与激励》中提出来的激励理论。

这个理论可以用公式表示为:激励力量=期望值×效价。

式中:激励力量为调动一个人积极性、激发人内部潜力的强度;

期望值为根据经验判断实现目标的可能概率;

效价为目标对于满足个人需要的价值。

该公式说明,假如一个人把目标的价值看得越大,估计能实现的概率越高,那么激发的内部力量也就越大。

期望理论运用到商务谈判中可以表述为:交易力量=效价×期望值。

交易力量是调动一个人交易积极性的强度,效价为达成交易对于满足个人需要的价值,期望值为交易成功的可能性。假如一个人把达成交易的价值看得越大,估计交易成功的可能性越高,那么激发交易的力量也就越大。

运用谈判期望理论实现商务谈判的成功关键取决于效价和期望值两个指标。

(1) 提高效价的途径。

①深入调查了解顾客,摸清顾客的需求状况,从需要的五个层次出发,分析顾客需求,

全面地满足顾客需求。

②深入了解己方交易的产品，找到与顾客需求的契合点。

③深入了解竞争产品，找到其满足顾客需求的薄弱点。

④当好顾客的参谋，提高顾客对己方产品的价值认知。

⑤要引导顾客重视我方的交易条件，争取交易利益最大化。

（2）提高期望值的途径。

①全面客观地认识自己，充分认识和肯定自己的长处，相信自己的产品能够真正满足顾客需要，增强对自己及产品的自信心，让对手对交易成功产生较高期望。

②要想方设法让双方多接触、了解自己，拉近双方距离，建立互信。

如迪巴诺公司是纽约有名的面包公司，该公司的面包远近闻名。可是附近一家大饭店却一直未向他们订购面包。迪巴诺一次又一次地同他们进行谈判，但均未成功。后来，迪巴诺通过调查发现大饭店经理是美国饭店协会的会长，而且热衷于协会的事业。当他再拜访饭店经理时，不谈面包只以协会为话题，果然引起经理的极大兴趣。该经理表示协会给他带来无穷的乐趣，还欣然邀请迪巴诺参加。从此，迪巴诺顺利地取得了该饭店的长期订单。

③商务谈判中诚信、诚恳是交易的基础。我方要表现出合作诚意、以诚动人，以理服人，以情感人，使顾客选择我方为其交易伙伴，放心愉快地与我方合作。

④维持良好关系。

双方维持好关系，继续交易的可能性就很大，并且交易花费的时间和精力也较少。

任务 2.2　掌握商务谈判原则

商务谈判原则是谈判中各方应遵循的指导思想、基本准则，是商务谈判内在的、必然的行为规范，是商务谈判的实践总结和制胜规律。它决定了谈判人员在谈判中将采用什么谈判策略和谈判技巧，以及怎样运用这些策略和技巧，正确认识和把握商务谈判原则，有助于维护谈判各方的利益，提高谈判成功率。

微课：掌握商务谈判原则

2.2.1　守法原则

在进行商务谈判时，合法是第一位的。商务谈判必须遵守国家的有关法律、政策。涉外谈判，还应当遵守国际法则并尊重对方国家的有关法规、惯例等。那种认为"只要有了策略技巧，便可顺利进行谈判，并可无往不胜"的想法，显然是片面的。谈判中不仅要考虑双方的利益，还必须考虑到国家的整体利益，否则，即使协议达成了，但终究会因不合法而付诸东流。

遵纪守法原则主要体现在三个方面：一是商务谈判的主体合法，即参与商务谈判的各方组织及谈判人员都应具有合法的资格；二是谈判议题合法，即所要磋商的交易项目是合法的，对于法律不允许的（如买卖毒品、贩卖人口、走私货物等）进行谈判显然违法；三是谈判手段合法，即应通过公平、公正、公开的手段达到谈判目的，而不能采取违法的手段（如行贿受贿、暴力威胁）来达到谈判目的。

2.2.2 平等协商原则

平等协商原则要求商务谈判双方在地位平等、自愿合作的条件下建立商务谈判关系，并通过互相协商、公平交易来实现双方的权利和义务的对等。

商品经济条件下，作为交易双方的企业虽然从事经济活动的职能、规模、范围及经营方式、经营能力各不相同，但他们的法律地位是平等的。因此，在谈判桌前，无论企业大小、强弱都要平等对待。任何一项交易都应在双方平等协商的基础上达成。我国《合同法》规定，凡是通过强迫命令、欺诈、胁迫等手段签订的合同，在法律上是无效的。

2.2.3 诚信原则

诚信，是诚实信用的简称。据《商君书》记载，诚信与礼乐、诗书、修善、孝悌、贞廉、仁义、非兵、羞战并称"六虱"。另据《新唐书·刑法志》记载，唐太宗于贞观六年"亲录囚徒，闵死罪者三百九十人，纵之还家，期以明年秋即刑。及期，囚皆诣朝堂，无后者。太宗嘉其诚信，悉原之。"这里出现的"诚信"即诚实信用，皆指人际关系中的诚实不欺。

诚，就是真实、不欺骗；信，就是守信，真心实意地遵守、履行诺言。商务谈判过程中，双方都应抱有合作的诚意、高度重视信用问题，以诚相待、信任对方、遵守诺言，在双方之间建立一种互相信任的关系，这样才能建立一种诚挚和谐的谈判氛围，从而促使交易成功。

诚信首先要真诚对待顾客，不能欺诈。其次，价格要合情合理，对自身及产品的不足也不能隐瞒、欺骗，要实事求是、坦诚面对。

一盏工夫茶的故事

1957年岁尾，李嘉诚预测到塑料花市场必会兴起，开始生产从意大利偷师学艺的塑料花产品，一时间生意火爆。由于产品供不应求，出现了降低产品质量来应付订单的情况。结果许多客户对低质量的产品要求退货，银行追债，客户追款，塑胶厂顿时陷入困境，濒临破产。

李嘉诚的母亲庄碧琴是佛门的一位居士。一天，她把李嘉诚叫过来，说道："儿啊，给妈妈泡一道工夫茶。"李嘉诚用地道的凤凰单丛茶给妈妈泡上一道潮汕工夫茶。

庄碧琴吩咐李嘉诚坐下来，品了几口茶后，问："你认识老家潮州开元寺法号叫元寂的那个主持吗？"未等李嘉诚回答，庄碧琴继续说道："元寂年事已高，希望找个合适的接班人。候选人是他的两个徒弟，一个法号一寂，另一个法号二寂。"李嘉诚静静地听着母亲说，并不插话，只是给母亲满上一杯凤凰茶。庄碧琴呷了一口工夫茶，又接着说："元寂把这两个徒弟都叫到跟前，说：'我现在给你俩每人一袋稻谷，明年秋天以谷为答卷，谁收获的谷子多，谁就是我的接班人。'第二年秋天到了，一寂挑来满满的一担谷子，二寂则两手空空。元寂却当众宣布二寂担当接班人。这是为什么？"李嘉诚打断母亲的话："不是说好谁收获的谷子多，就选谁当接班人吗？"庄碧琴笑了笑，说："是的。"

原来，当元寂宣布二寂为接班人时，一寂听了不服气地说："分明我收获了一担谷子，二寂颗粒无收，怎么能够让他担任住持啊！"元寂微微一笑，高声地对众人说："我给一寂和二寂的谷子,都是用开水煮熟的,用煮熟的谷子是种不出来新的稻谷的。显然,二寂是诚实的,理应由他来当主持。"于是,众人悦服。讲到这里,庄碧琴忽然话锋一转:"经商如同做人,诚信当头,则无危而不克了。"李嘉诚听罢母亲的话,深有感悟。不久,李嘉诚的诚信打动了银行、供货商和员工,即使资金紧缺,也保证为工人发工资以保证人才不外流,为日后的东山再起做准备。他的努力、他的诚信让形势因之好转,危机成就了商机,李嘉诚从此在商界站稳了脚跟,用他的诚信建立了庞大的商业网。

(资料来源:作者根据网络资料编写)

 小案例

李嘉诚的"诚"之道

当初,曾有一位外商希望大量订货。为确证李嘉诚有供货能力,外商提出必须有富裕的厂家做担保。李嘉诚白手起家,没有背景。他跑了几天,磨破了嘴皮,也没有人愿意为他做担保。无奈之下,李嘉诚只得对外商如实相告。李嘉诚的诚实感动了对方。外商对他说:"从你坦白之言中可以看出,你是一位诚实的君子。诚信乃做人之道,亦是经营之本,不必用其他厂商做担保了。现在我们就签合约吧。"没想到,李嘉诚却拒绝了对方的好意。他对外商说:"先生,能受到您如此信任,我不胜荣幸!可是,因为我资金有限,最近虽竭尽全力也未获得贷款,无法完成您这么多的订货。因此,我还是很遗憾,不能与您签约。"李嘉诚的实话实说使外商内心大受震动,他没想到,在"无商不奸,无奸不商"的说法为人们广泛接受的今天,竟然还有这样一位"出淤泥而不染"的诚实商人。于是,外商决定,即使冒再大的风险,他也要与这位具有罕见诚实品德的人合作一回。李嘉诚值得他破一次例。他对李嘉诚说:"你是一位令人尊敬的可信赖之人。为此,我预付货款,以便为你扩大生产提供资金。"外商的鼎力相助,使得李嘉诚既扩大了生产规模,又拓宽了销路。李嘉诚由此发展成为"塑胶花大王",后来成了世界华人首富。

李嘉诚成功的秘诀只有一个字:诚。正如他所说:"我绝不同意为了成功而不择手段,如果这样,即使侥幸略有所得,也必不能长久。"

(资料来源:作者根据网络资料编写)

特别提醒:诚信原则指的是我们不欺诈对方。我们运用诚信原则是指我们要讲诚信、守信用,但并不意味着我们要将自己的一切都向对方袒露,我们要注意自己信息的保密,特别是保护好自己的商业机密。

 小案例

日方的谈判人员犯了哪些禁忌

中国某公司与日本某公司就有关技术问题进行谈判。中方将日方代表邀请到中国,中方商务人员利用谈判休息时间对日方技术人员表示赞赏:"技术熟悉,表述清楚,水平不一般,我们就欢迎这样的专家。"该技术人员很高兴,表示他在公司的地位重要,知道的事也多。中方商务人员顺势问道:"贵方主谈人是你的朋友吗?""那还用问,我们常在一起喝酒,这次与他一起来中国,就是为了帮助他。"他回答得很干脆。中方又挑逗了一句:"为什么非要你来帮助他,没有你就不行吗?"日方技术员迟疑了一下:"那倒也不是,但这次他希望成功,这样他回去就可升职当部长了。"中方随口跟上:"这么讲,我也得帮助

他了，否则，我就不够朋友。"在此番谈话后，中方认为对方主谈为了晋升，一定尽力想取得谈判的结果——合同。于是，在谈判中巧妙地加大压力，谨慎地向前推进，成功地实现了目标。

（资料来源：作者根据网络资料编写）

2.2.4 合作原则

双方正是因为需要合作才可能走到谈判桌前，切不可把谈判对手看成是敌人，把谈判看成一场纯粹的竞技或战斗，非要论个输赢。即使你成了谈判桌上的赢家，对方作为输者在合同履行过程中也会寻找各种理由和机会，拖延合同的履行，以挽回自己的损失，其结果等于是两败俱伤。

坚持合作的原则，首先要着眼于谈判是为了满足双方的利益；其次是要坚持以诚相待、信誉为本，努力取得对方的信任是谈判成功的基础；最后，要相互理解，求同存异，彼此适当让步，在维护各自根本利益的前提下，要准备适度牺牲局部利益。

关心对方的利益

美国钢铁大王戴尔·卡耐基曾经有过这样一次谈判。有一段时间，他每个季度都有10天租用纽约一家饭店的舞厅举办系列讲座。在某个季度开始时，他突然接到这家饭店的一封要求提高租金的信，饭店欲将租金提高2倍。当时举办系列讲座的票已经印好了，并且都已经发出去了。卡耐基当然不愿意支付提高的那部分租金。几天后，他去见饭店经理，说："收到你的通知，我有些震惊。但是，我一点也不埋怨你们。如果我处在你们的地位，可能也会写一封类似的通知。作为一个饭店经理，你的责任是尽可能多地为饭店谋取利益。如果不这样，你就可能被解雇。如果你提高租金，那么让我们拿一张纸写下将给你带来的好处和坏处。"接着，他在纸中间画了一条线左边写"利"，右边写"弊"，在利的一边写下了"舞厅，供租用"。然后说："如果，舞厅空置，那么可以出租供舞会或会议使用，这是非常有利的，因为这些活动给你带来的利润远比办系列讲座的收入多。如果我在一个季度中连续20个晚上占有你的舞厅，这意味着你失去一些非常有利可图的生意。"

"现在让我们考虑'弊'。首先你并不能从我这里获得更多的收入，只会获得的更少，实际上你现在取消这笔收入，因为我付不起你要求的租金，所以我只能被迫改在其他的地方办讲座。其次，对你来说，还有一弊。这个讲座吸引了很多有知识、有文化的人来你的饭店。这对你来说是个很好的广告，是不是？实际上，你花了5 000美元在报上登个广告也吸引不了比我讲座更多的人来这个饭店。这对于饭店来说是很有价值的。"

卡耐基把两项"弊"写了下来。然后交给经理说："我希望你能仔细考虑一下，权衡一下利弊，然后告诉我你的决定。"第二天，卡耐基收到一封信，通知他租金只提高原来的1.5倍，而不是2倍。

卡耐基一句也没有讲自己的要求和利益，而始终在谈对方的利益以及怎样做才对对方更有利，但却成功地达到了自己的目的。关心对方的利益，站在对方的角度设身处地地为对方着想，指出他的利益所在，对方会欣然与你合作。成功的、合作的谈判必须关心对方真正的需要。

（资料来源：作者根据网络资料编写）

2.2.5　互利共赢原则

在谈判中有意见上的分歧，甚至发生争议，这都是自然的和不可避免的。重要的是双方应本着互惠的精神，协商解决分歧和争议。坚持协商的原则，并非意味着满足于一团和气，混淆相互对立的利益关系，也不排除在谈判中使用各种谈判的策略和技巧。关键是谈判的双方在相互立场和观点的不同中，找到相同或相似之处，从而努力向一致靠拢，共享达成一致所带来的利益。对于暂时不能解决的利益问题，允许搁置一旁，不必急于求成，勉强成交。俗话说："追着赶着不是买卖"。这样做的结果，往往事与愿违，让对方占尽便宜。

2.2.6　立场服从利益原则

在商务谈判过程中，有时我们处于不同的立场，谈判双方在处理立场与利益的关系中，应立足于利益而在立场方面做出一定的让步。如果双方就各自的立场讨价还价，他们通常会抱着立场不放。你越是声明自己的原则、保护自己的立场，你的立场就越坚定，直到你把你的自我形象当成你的立场。保存自己的脸面——把今后的行为和过去的立场联系起来，这就使得谈判越来越不可能就双方的最初利益达成共识，所以当我们的立场和利益出现矛盾时，以利益为主。

2.2.7　对事不对人原则

在商务谈判中，应把对人（谈判对手）的态度和对所讨论问题的态度区分开，就事论事，不要因人误事，也不要针对人去攻击，而应针对事寻求解决之道。因为和某个谈判人员谈判时出现一些不愉快，就将原因归咎于对方谈判人员，从而对对方人员使用一些不礼貌的语言，这是不可取的；要具体问题具体分析，坚持对事不对人原则。具体来说，谈判双方要做到：注重礼仪，尊重对方；站在对方的角度思考问题，理解对方的难处；具体分析问题出现的原因，双方共同努力以解决问题。

小案例

真正做到"对事不对人"容易吗

一家开关厂的生产部门完成了一个订单，但品质部认为产品品质没有达到规定的要求，坚持不放行，不允许货品出厂。生产经理软磨硬泡，品质经理却认为都不行，最后生产经理甩下话说："你怎么这么不信任我呢？如果产品到了客户那里被客户投诉，责任由我一人承担！"品质经理也气呼呼地说："如果出了问题，这个责任你负得起吗？你有这么大的能力吗？"

解析： 如果产品质量确实达不到规定的标准，品质部不让产品出厂是完全正确的。错误在于双方沟通的最后，争论的不再是产品的标准与价值，而是信不信任的问题以及当事人的能力，这已经远远超出了议题的范围。谈判过程中，如果加入对人的成分则会使谈判达成协议的难度大大增加。

（资料来源于网络）

2.2.8　求同存异原则

求同存异原则就是寻求共同的利益，可以保留各自的不同观点，谁也不强迫谁改变。求同存异原则要求谈判双方在谈判过程中，要将能暂时放下的分歧放在一边，而从双方共

同利益出发。

小幽默

是"烤",还是"煮"

两个饿极了的猎人在荒无人烟的草地上突然发现了一只徘徊的大雁,它好像掉队了。猎人甲一边张弓搭箭,一边欣喜若狂地说道:"这回可有美味了,我最喜欢吃烤得香喷喷的雁肉了!"听了这话,猎人乙好像觉得有什么不对:"哎,老兄,干吗要烤呢?我喜欢煮的!"猎人甲放下了手中的弓箭,跟他的兄弟较上了劲:"不行,我就要烤的!"

就这样,两人你一言我一语地吵了起来。最后,不知谁的脑子中闪出了一丝理智,他们达成协议:等射下大雁,一半烤着吃,一半煮着吃。但当他们再次拿起弓箭时,大雁早已飞得没影了。

启示:只有求同存异,谈判才可能有结果,否则将陷入无休止的争论。

(资料来源:乔淑英,王爱晶. 商务谈判. 北京:北京师范大学出版社,2007)

同步小训练

互动游戏推荐——求同存异的谈判

准备:

1. 两人一组,可在不受干扰的情况下多组同时进行。
2. 双方只能通过谈话形式交换信息,不允许交换阅读对方纸条。
3. 谈判时间控制在十分钟左右,以意向达成时间长短定各小组排名。
4. 提前作适当背景介绍,避免触及核心信息点。

A先生

你了解到有一批恐怖分子掌握了一种核爆炸技术,并且他们欲利用"9·11"周年之际,再次对美国的A城实施恐怖袭击,引爆这种核弹。其威力足以炸平A城,并使该城100年内无法种植、无法建筑,并会引起不确定的核辐射,伤亡人数将大于500万。

你是一位核弹专家。你掌握一项全球专有技术,可以利用一种元素Z,来预防这种核物质的爆炸。但是这种元素只能通过一种生长在极地的"冷果"的果仁提炼而成,至少需要2斤的冷果,才能提炼到足够多的Z元素。根据现有资料,全球只有2斤冷果,并且正在由YC公司以拍卖的形式进行销售,起拍价格为300万美元。

此时,你听说有一个B先生要和你竞买这2斤冷果。但是你只有300万美元的经费,而且,为了保护A城不受恐怖分子的袭击,你必须参加这次竞买。于是,你决定约见B先生,和他协商……

B先生

B城在2周前,有一种传染病突然在3~6岁的儿童中流传。目前已经造成28名儿童死于这种传染病,疑似病例已有294例,并且每天都在增加死亡人数和疑似病例人数,情况十分危急。

你是一位资深医生,你发现一种Q物质可以治疗这种传染病。但是Q物质,只能通过一种生长在极地的"冷果"果皮提炼而成。要治疗和预防这种传染病,你至少需要2斤冷果。根据现有资料,全球只有2斤冷果,并且正在由YC公司以拍卖的形式进行销售,起拍价格为300万美元。

此时，你听说有一个A先生要和你竞买这2斤冷果。但是你只有300万美元的经费，而且为了挽救B城数以万计的儿童不受此传染病的危害，你必须去参加这次竞买。于是，你决定约见A先生，和他协商……

解析：当双方有足够耐心本着求同存异的原则耐心沟通，一定会发现双方有着不冲突的需求——A先生需要果仁，B先生需要果皮。

（资料来源：百度文库）

2.2.9 利益最大化原则

商务谈判过程实际上就是不断沟通、创造价值的过程。在谈判过程中，不但要想着自己的利益，还要顾及对方的利益，在此基础上，双方寻求更有利的解决方案，通过充分交流，想方设法寻求彼此利益最大化的方案。

两个孩子分一个橙子故事的启发

一个在犹太人中广为流传的经典故事是这样的。有人把一个橙子给了两个孩子，于是，这两个孩子便为了如何分这个橙子而争执起来。此时那个人就提出一个建议：由一个孩子负责切橙子，而另一个孩子先选橙子。

结果，两个孩子各自取了一半橙子，高高兴兴地回家了。第一个孩子回到家，就把果肉挖出扔掉，橙子皮留下来磨碎，混在面粉里烤蛋糕吃；另一个孩子把果肉放到榨汁机上打果汁喝，把皮剥掉扔进垃圾桶。

从这个故事中我们可以看出，虽然两个孩子各自拿到了看似公平的一半，可是他们的东西却没有物尽其用，他们并没有得到最大的利益。这说明，他们在事先没有声明各自的利益所在，没有进行沟通与谈判，从而导致盲目追求形式上和立场上的公平，结果双方的利益并未在谈判中达到最大化。

我们试想，如果两个孩子充分交流各自所需，或许会有多个方案和情况出现。可能的一种情况就是遵循上述情形，两个孩子想办法将橙子皮和果肉分开，一个拿到果肉去喝汁，另一个拿皮去做烤蛋糕。然而，也可能经过沟通后是另外的情况，恰恰有一个孩子既想要皮做蛋糕，又想喝橙汁。这时，如何能创造价值就非常重要了。

结果，想要整个橙子的孩子提议可以将其他的问题拿出来一块谈。他说："如果把这个橙子全给我，你上次欠我的棒棒糖就不用还了。"其实，他的牙齿被蛀得一塌糊涂，父母上星期就不让他吃糖了。

另一个孩子想了一想，很快就答应了。他刚刚从父母那儿要了五块钱，准备买糖还债。这次他可以用这五块钱去打游戏，才不在乎这酸溜溜的橙汁呢。

两个孩子的谈判思考过程实际上就是不断沟通、创造价值的过程。双方都在寻求对自己最大利益方案的同时，也满足对方最大利益的需要。

解析：商务谈判的过程实际上也是一样。好的谈判者并不是一味固守立场，追求寸步不让；而是要与对方充分交流，从双方的最大利益出发，创造各种解决方案，用相对较小的让步来换得最大的利益；而对方也是遵循相同的原则来取得交换条件。在满足双方最大利益的基础上，如果还存在达成协议的障碍，那么就不妨站在对方的立场上，替对方着想，帮助扫清达成协议的一切障碍。这样，最终的协议是不难达成的。

（资料来源：作者根据网络资源编写）

任务 2.3　评判商务谈判成败标准

微课：评判商务谈判成功标准

在商务谈判中，追求谈判的成功是每个谈判人员的最终目的，但他们对谈判成功标准的认识却不一定相同。有的谈判人员只把自己在商务谈判中能否获得最大利益作为谈判是否成功的评价标准，而不顾及对方的利益；有的谈判人员则只把谈判中是否维系了双方关系作为谈判是否成功的评价标准，而忽略了自身是否得到了应有的利益。

商务谈判有其价值评判标准，成功的谈判应该是双赢的。一般来讲，成功的谈判最少应该具有以下 3 个价值评判标准。

2.3.1　目标实现标准

目标实现标准即要看商务谈判目标的实现程度。谈判的最终结果是否达到预期的目标，当谈判结束时，我们就要看一下自己规划的谈判目标有没有实现，在多大程度上实现了预期谈判目标，这是人们评价业务洽谈成功与否的首要标准。需要指出的是，不要简单地把谈判目标理解为利益目标，这里所指的谈判目标是具有普遍意义的综合目标。不同类型的商务谈判，不同的参谈者，其谈判目标均有所不同。

2.3.2　成本优化标准

成本优化标准即要看谈判的成本优化的程度。任何商务谈判都是要付出一定成本的。谈判成本可以从以下 3 个部分加以衡量计算。

第一部分成本是为了达成协议所做出的所有让步之和，其数值等于该次谈判预期谈判收益与实际谈判收益之差值。

第二部分成本是指为洽谈而耗费的各种资源之和，其数值等于为该次谈判所付出的人力、物力、财力和时间的经济折算值之和。

第三部分成本是指机会成本。由于企业将部分资源投入该次谈判中，即该次谈判占用和消耗人力、物力、财力和时间，于是这部分资源就失去了其他的获利机会，因而就损失了可望获得的价值。这部分成本的计算，可用企业在正常生产经营情况下，这部分资源所创价值的大小来衡量；也可用事实上由于这些资源的被占用和耗费，某些获利机会的错过所造成损失的大小来计算。

以上 3 部分成本之和构成了该次谈判的总成本。通常情况下，人们往往认识到的成本只是第一部分，即对谈判桌上的得失较为敏感，而对第二部分成本则常常比较轻视，对第三部分成本考虑更少。

2.3.3　人际关系加强标准

人际关系加强标准即看谈判后人际关系加强的程度如何。在评价一场谈判成功与否时，不仅要看谈判各方市场份额的划分、出价的高低、资本及风险的分摊、利润的分配等经济指标，而且还要看谈判后双方人际关系如何，即通过本次谈判双方的关系是得以维持还是得以促进和加强，抑或得以破坏。商务谈判实践告诉我们，一个能够使本企业业务不断扩大的优秀谈判人员，他往往将眼光放得很远，而从不计较某场谈判的得失。因为他知道，良好的信誉、融洽的关系是企业得以发展的重要因素，也是商务谈判成功的重要标志。任何只盯眼前利益，并为自己某场谈判的所得大肆喝彩者，这种喝彩也许是最后一次，至少有可能与本次谈判对手是最后一次，结果是"捡了眼前的芝麻，丢了长远的西瓜"。

一个谈判人员应具有战略眼光，不计较也不过分看重某一场谈判的得失，而是着眼于长远和未来。

综合以上3个评价指标，我们认为一场成功的或理想的商务谈判应该是这样的——通过谈判，双方的需求都得到了满足，而且这种较为满意的结果是在高效率的节奏下完成的，同时双方的友好合作关系得以建立或进一步发展和加强。

A公司的谈判究竟是成功还是失败了？

美国约翰逊公司的研究开发部经理从一家有名的A公司购买了一台分析仪器，但使用几个月后，一个价值2.95美元的零件坏了，约翰逊公司希望A公司免费调换一只。A公司却不同意，认为零件是因为约翰逊公司使用不当造成的，并特别召集了几名高级工程师来研究，寻找证据。双方为这件事争执了很长时间，几位高级工程师费了九牛二虎之力终于证明了责任在约翰逊公司一方，取得了谈判的胜利。但此后整整20年时间，约翰逊公司再从未在A公司买过一只零件，并且告诫公司的职员，今后无论采购什么物品，宁愿多花一点钱、多跑一些路，也不与A公司发生业务交往。

解析： A公司表面取得本次谈判胜利，但却只因2.95美元零件花费了大量的人力、物力，谈判成本远高于收益。同时，由于此次的谈判使得与约翰逊公司的关系不但没有改进反而变得紧张，约翰逊公司20年间从未买过一个零件，这当中失去多少收益谁也无法估算，综合来看，A公司谈判失败了。

（资料来源：作者根据网络资料编写）

项目小结

随着商品经济的发展，越来越多的人认识到商务谈判能力是当今社会人们必备的基本能力之一。世界像一张巨大的谈判桌，要想取得经济利益就要进行商务谈判。

商务谈判是经济谈判的一种，是指不同利益群体之间，以经济利益为目的，为了促成买卖成交，或是为了解决交易争议或争端，取得各自经济利益而进行的磋商活动。其主要动因包括追求利益、谋求合作、寻求共识。

商务谈判的要素是指构成商务谈判活动的必要因素。就一项具体的商务谈判而言，商务谈判由谈判主体（谈判关系主体和谈判行为主体）、谈判客体和谈判背景构成。商系主体必须具备：是谈判关系的构成者、直接承担谈判后果、有行为能力和谈判资格三个条件。商务谈判行为主体必须是亲自参加谈判的自然人。商务谈判客体必须与谈判主体的利益相关且具有"可谈性"。

商务谈判内容包括：合同之外的商务谈判和合同之内的商务谈判。

商务谈判理论是商务谈判活动运用的基本原理，包括谈判需要理论、谈判黑箱理论、谈判信息理论、谈判博弈理论、谈判公平理论、谈判期望理论。

商务谈判应坚持守法原则、平等协商原则、诚信原则、合作原则、互利共赢原则、立场服从利益原则、对事不对人原则、求同存异原则、利益最大化原则。成功的商务谈判应该是这样的：双方的需求都得到了最大限度的满足，而且这种较为理想的结果是在高效率的谈判中完成的，同时双方的友好合作关系得到了改善和发展。

商务谈判成败的评判标准有：目标实现标准、成本优化标准、人际关系加强标准。

买 项 链

王先生想为他的女朋友买一条项链。他已经攒了大约2 000元，并且每星期还继续攒200元。一天，他在东方明珠珠宝店，一下子被一条标价4 000元的项链吸引住了。他认为这就是他想送给女朋友的礼物，但他买不起。该店老板说："你可以几个星期后来买，但我不能保证这条项链还在。"王先生很沮丧。随后，他偶然进入另一家珠宝店，看见有一条项链与东方明珠的那枚很相似，标价2 000元。他想买，但仍惦记着东方明珠那条4 000元的项链。几个星期后，东方明珠的那条项链仍未售出，还降价20%，标价为3 200元。但王先生的钱仍然不够。他把情况向老板讲了。老板很乐意帮助他，再向他提供10%的特别优惠现金折扣，现付2 880元。王先生当即付款，并怀着喜悦的心情离开了。

其实两家珠宝店的项链是完全相同的，都是从批发商那里以每条1 800元进的货。东方明珠获纯利1 080元；而另一店标价虽低，却未能吸引王先生。王先生为自己等待数星期后获得降价好处的明智之举而感到愉快，还为与老板讨价还价后又得到10%的特别优惠而高兴。

由此可见，商务谈判中把握顾客心理和利益诉求，巧妙加以诱导，才能使己方利益得到实现，也使谈判对方感到满意，从而获得谈判成功。

同步综合实训

一、知识夯实闯关考验

1. 多选题

1）谈判需要理论指出谈判者存在哪些需要？（　　）
   A. 生理需要　　B. 安全需要　　C. 爱和归属需要
   D. 自尊需要　　E. 自我实现需要

2）衡量商务谈判成功标准有什么？（　　）
   A. 目标实现标准　　　　　　　B. 成本优化标准
   C. 人际关系加强标准　　　　　D. 谈判策略运用

3）谈判成本有哪些？（　　）
   A. 直接成本。为洽谈而耗费的各种资源之和，也就是所付出的人力、物力、财力和时间的经济折算值之和
   B. 基本成本。为了达成协议所作出的让步之和，也就是预期谈判收益与实际谈判收益的差值
   C. 机会成本。因参加该项谈判而占用了资源，失去了其他获利机会，损失了可望获得的价值
   D. 边际成本。指的是每一单位新增生产的产品（或者购买的产品）带来的总成本的增量

4）合法原则主要体现在哪三个方面？（　　）
   A. 商务谈判的主体合法　　　　B. 商务谈判的议题合法
   C. 谈判手段合法　　　　　　　D. 谈判地点合法

2. 判断题

1）商务谈判者往往同时具有多种需要。了解、分析对手的需要结构，有针对性地诱导和满足才能获得谈判的成功。（　　）

2）对谈判对手激励力量如果可实现概率非常大，则实现交易的激励力量就一定大。（　　）

3）要想知道对手的真实意图就要把自己信息的秘密告知对方。（　　）

4）同18岁有行为能力的人签定的合同是合法的。（　　）

5）我们运用诚信原则是指我们要讲诚信、守信用，我们要将自己的一切都向对方袒露。（　　）

二、技能提升综合实训

1. 案例分析

夫 妇 买 钟

有一对夫妇，收入并不高，却非常追求生活的格调。有一天，在翻阅杂志的时候，看到了一只作为广告背景的古玩钟，他们立刻被它迷住了。

"亲爱的，这难道不是你所见过的钟里面最漂亮的吗？把它摆在咱们的客厅里一定很美！"妻子说道。

"确实非常漂亮！"丈夫完全赞同妻子的观点，"只是不知它卖什么价钱，广告上没有

标价。"

  这对夫妇太爱那只钟了，他们决定去寻找它。鉴于家庭的经济状况，他们决定以 500 元作为钟的最高价格，只要不超过 500 元，他们就买下来。功夫不负有心人，经过三个月的寻找，他们终于在一个古董展销店发现了目标。

  "就是它！"妻子兴奋极了。

  "没错，跟杂志上一模一样，真是美极了！"丈夫显然没有忘记自己钱包的状况，"一定要记住，我们不能超过 500 元！"

  他们走进展厅，发现古老挂钟的标价是 750 元。

  "算了，咱们回去吧，咱们说过不能超过 500 元的。"妻子说道。话是这么说，丈夫并没有死心："我们可以试着让他们降点价，我们已经找了这么久，好不容易找到了，怎能轻易放弃呢？"

  他们商量了一阵，决定由丈夫出面和售货员商谈。他们都知道 500 元成交的希望非常渺茫，丈夫甚至认为，既然已经寻找了这么长时间，那只挂钟又确实漂亮，如果能有 600 元买下来，也可以。

  丈夫整整自己的领带，挺起胸脯走到售货员面前，说道："我看到你们一只小挂钟要卖，我也看到了它的标价。现在我告诉你我想干什么，我要给你的钟出一个价，只出一个价。我肯定你会感到震惊！"他停顿了一下，观察效果，然后鼓起勇气宣布："我的出价是 250 元。"出乎他的意料，钟表售货员没有被吓倒在地上爬不起来，他连眼睛都没眨一下："给您，卖啦！"

  居然在 1 秒内做成生意，售货员感到很满意地说："老板整天教导我们要满足顾客的需要，并以此作为发展长期顾客的前提。你们很有诚意，我以这么低的价格把挂钟卖给你们。虽然这次没赚到什么钱，但只要你们满意，觉得我们店是不会欺骗顾客的，那以后就是我们的长期顾客了。没准还会介绍别的顾客来呢？这次老板肯定会表扬我了！"

  听到售货员的回答，丈夫第一反应是什么？兴高采烈呢？他决不会对自己感到满意的。"我真傻，我应该只出 150 元。"他的第二个反应是："是不是我的耳朵出毛病了？要不就是这只钟有毛病！"

  尽管如此，他还是把钟挂在客厅。挂钟美丽极了，与客厅的环境也非常和谐，但他总感觉这里面有什么不对头。每天晚上，他和妻子都会想起来看看钟是不是还在走。他们一天到晚忧心忡忡，以为这只挂钟很快就会散架，因为那该死的钟表售货员居然以 250 元的价格把这只钟卖给了他们。

  案例分析：

  这对夫妻以超乎想象的低价格轻易购得心仪已久的老式挂钟，没有欣喜庆幸，而是感到惶惑不安、后悔不迭。其关键问题在于售货员没有顾客寻求购买安全的心理，并针对性地给予满足。售货员正确的做法应是夸赞这对夫妻的眼力，并展示时钟的技术资料及商家对其质量的保证承诺，经过反复讨价还价最终将时钟售给这对夫妇。

  2. 课下实战训练

对话销售谈判专家

【实训目标】

  通过与销售谈判专家交流，学习他们的谈判实战经验和技巧，提升对谈判的理解和感悟。

【实训内容】

联系销售专家,开展一次交流活动。

【实训步骤】

(1) 联系学校所在地较知名企业的谈判专家。

(2) 请谈判专家讲述谈判经历和感悟。

(3) 谈判专家与学生互动交流。

(4) 学生完成一篇总结体会。

【成果形式】

(1) 总结体会。

(2) 做好笔记。

【实训考核】

小组实训成绩评分表

实训小组:＿＿＿＿＿＿＿＿＿　　　　　　　　　　实训名称:＿＿＿＿＿＿＿＿＿

实训评价考核内容	考核标准	分项评分	得分
实训准备	笔记本、笔 问题(1~2个)	20	
现场表现	遵守纪规 举止文明 积极提问	20	
总结体会	语言流畅 逻辑严谨 内容充实 版面规范	60	
总成绩			
教师评语		签名: 年 月 日	
学生意见		签名: 年 月 日	

自我领悟微语录

模块二

备战商务谈判

思维导图

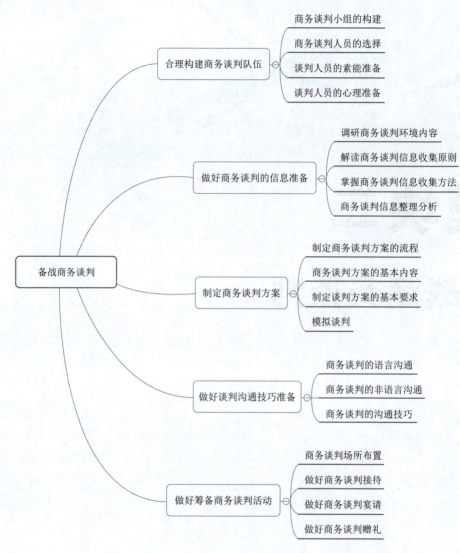

课 前 思 考

"凡事预则立,不预则废"进行商务谈判也是这样,前期准备工作非常重要。商务谈判的前期工作,占了谈判的很大一部分,不仅是整体的一小部分,而且是很重要的一部分。要做好商务谈判工作,必须做好前期准备工作。做好选择适当的谈判人员、收集相关的信息,制定谈判方案,做好谈判前的会场布置、接待、宴请、赠礼,以及掌握与对方沟通的技巧等。

古语云:"知己知彼,百战不殆。"商务谈判的成败,谈判者地位的强弱,往往取决于其中一方对信息资料的掌握程度。掌握信息资料越多,在谈判中越容易驾驭谈判的进程。通过这些了解和分析,对双方在谈判中所处的地位,各自最大的需求和让步的范围、幅度、谈判的时限等有一个清醒的认识。对信息的充分掌握和分析,才能拟定可行有效的谈判方案,这样,在谈判中就能做到审时度势、进退自如。

只有事先做好充分准备,谈判者才会充满自信,从容应对谈判中出现的突发事件、矛盾冲突,才能取得事半功倍的谈判结果。只有做好充分准备,才能胸有成竹地独自或陪同上司坐在谈判桌前,与对方就共同感兴趣的事情讨价还价。才能在谈判中处于主动地位,使各种矛盾与冲突大多化解在有准备之中,进而获得"双赢"的结局。

模 块 简 要

模块名称: 备战商务谈判

模块说明: 本项目通过对商务谈判基本理论的讲授和实训,使学生能够组建合适的谈判团队,了解商务谈判信息收集整理分析的方法。掌握商务谈判方案制定的程序和方法。能运用商务谈判场所布置、接待和宴请礼仪知识,完成简单商务谈判的筹备活动。

本模块包含项目:

项目三　合理构建商务谈判队伍

项目四　做好商务谈判的信息准备

项目五　制定商务谈判方案

项目六　做好谈判沟通技巧准备

项目七　做好筹备商务谈判活动

实训成果:

团队组建、信息收集的成果(纸质)、谈判方案(纸质)、情景模拟、角色扮演的展示表现。

项目三　合理构建商务谈判队伍

学习目标

知识目标：
了解谈判小组构建的原则。
了解谈判人员选择的依据。
掌握合格的谈判人员应具备素质。
掌握商务谈判人员的心理禁忌。

能力目标：
能构建谈判小组，选择合适人员，完成任务工分。
能以良好的心理状态开展商务谈判活动。

素质目标：
培育团队协作、人际沟通能力。
培养中华民族传统文化，培养文化自信。
培养正确的价值观、坚定的政治思想素养。

重点和难点

重点：
本项目中的重点是掌握商务谈判应具有素质、掌握商务谈判人员的心理禁忌。

难点：
本项目的难点是能运用商务谈判的心理技巧开展商务谈判活动。

项目引例

谈判女杰的智慧

中国经济改革初期，广东省珠海特区光纤公司（简称珠海光纤公司）与美国 TT 公司进行了一场成功的国际谈判，双方正式签署了一份重要的合同。根据这份合同，珠海光纤公司引进的 TT 型光导纤维成套设备及购买的技术专利达到同期世界先进水平，更为引人注目的是把美方的报价压到 186 万美元的最低价，中方谈判代表庄敏女士也因此被商界誉为"谈判女杰"。为了获得谈判成功，庄敏及珠海光纤公司的有关人员对谈判过程中的各种环境都做了精心而周密的准备和安排。为了掌握行情，庄敏及同伴先后同 12 家公司进行了试探性谈判，在此基础上最后选定与 TT 进行实质性谈判。TT 代表团的业务能力相当高，特别是主谈莫尔先生，谈判几乎全部用数字，而非文字语言，并且所有关于计算的数据极其精确、无一差错。由于谈判双方精心策划和准备，一场复杂而重大的国际商务谈判圆满完成。在本案例中，庄敏在谈判中发挥了重要的作用。由此可以看出，谈判人员的安排、谈判人员的准备工作和心理情况对谈判的成败具有重要的影响。

实训任务清单

任务情境	长春某高职院校市场营销专业的学生王天一毕业后应聘到长春博雅会议会展服务有限公司（简称博雅公司）销售岗位工作，这是一家集会议接待、展览展示、商务考察、票务为一体的综合性服务公司。一转眼，王天一已经入职快一个月了，他顺利通过公司的岗前培训，对公司的业务和组织架构有了一定的了解，掌握了商务谈判有关的基础知识。根据王天一培训期间的表现，现他被安排到庆典服务部进行实习。 今天，主管把王天一叫到办公室，分配给他一项任务，中国平安保险长春市分公司将在近期举行成立三十周年的庆典活动，让王天一思考一下组建一支去拜访中国平安长春市分公司的谈判队伍，帮助公司拓展庆典业务，需要相关部门的配合提前告知主管，主管负责与相关部门的协调工作
任务要求	分析此次拜访工作的任务，谈判需要哪些人员组成，确定人员具体的分工和职责，形成书面的汇报材料

任务实施步骤

步骤1	分析此次拜访中国平安长春市分公司的目的
步骤2	以小组为单位，搜集相关信息，讨论确定谈判所需要的人员
步骤3	小组讨论，对谈判人员角色分工，确定其工作内容，形成书面汇报材料
步骤4	团队汇报，汇报时间5分钟

任务评价和成绩评定

任务评价考核内容	考核要求及评分标准	分值	成绩评定（分制）		
			自评（ %）	互评（ %）	师评（ %）
汇报材料质量	语言精练	10			
	内容完整	10			
	观点正确	10			
	条理清晰	10			
	排版工整	10			
	制作精美	10			
团队汇报	仪表整洁端庄 举止动作得体	10			
	声音洪亮 充满自信	10			
	表达有吸引力	10			
团队协作	团队成员积极参与，分工明确	10			

实训指导

任务 3.1　商务谈判小组的构建

建立一支高素质的谈判队伍，是做好商务谈判工作的前提和保证。谈判小组的成员是如何构成的呢？需要多大的规模呢？

在确定谈判队伍的规模和构成时，应从谈判项目的复杂程度、谈判项目的重要程度、谈判主题的大小以及主谈人员的素质等方面来决定参与的人数。

如果是一对一的谈判，对谈判人员的素质要求很高，但也有以下优点：可以避免对方对己方较弱的成员发动攻势；可避免谈判对手对己方成员制造意见分歧；可当机立断地让步、接受对手的让步、签订协议等。

微课：商务谈判小组的构建和选择

但是当项目很大、靠一个人的力量难以完成谈判任务时，就要选择小组谈判。小组谈判的好处在于以下几点。可以组织不同背景与专长的人员参加谈判，能够集思广益；可以相机运用诸如"红白脸"策略等战术，有利于掌握谈判的主动权；主谈人员可以用无法获得全体成员的支持为借口来促使对方做出让步或拒绝做出让步；可以有效地分散对方的注意力，使之不至于将进攻的矛头对准己方一个人，从而可以大大减轻己方某一个人的压力。

小组谈判通常由谈判负责人、主谈人及其他有关人员（营销专家、工程技术专家、法律专家、金融专家、翻译人员等）构成。主谈人与负责人可以是同一个人，当两者不是同一人时，谈判负责人虽然不是主要发言人，但也有发言权。谈判负责人负责管理谈判组成员，协调谈判组成员意见；调控谈判进程与策略，在授权范围内决定谈判过程中的重要事项；向上级汇报谈判进展情况，贯彻执行上级决策方案；审核合同，获得授权可代表企业签约；谈判总结汇报。

小案例

谈判人员不同，结果不同

我国某油系厂欲从英国一公司引进设备，中方人员赴英考察并进行第一轮谈判，确定引进 2 台卷簧机、1 台测试仪器、1 台双端面磨床，当时总价格为 59 万英镑。回国后经专家论证，以 59 万英镑的代价购买上述 4 台设备贵了一些，然而价格已经敲定不宜更改，唯一的补救方式是争取在 59 万英镑的价位上增加设备。

第二轮谈判在国内举行，由油泵厂长出任主谈。在充分调查了解谈判对手情况的基础上，油泵厂长利用各种谈判技巧，据理力争，经过几天的激烈较量，在维持原价格的基础上，又为中方争得价位数万英镑的配套设备、免费的技术资料及六年内在英国的产品返销权等。

（资料来源：作者根据网络相关资料编写）

任务3.2　商务谈判人员的选择

3.2.1　谈判人员的组成

(1) 主谈人员。

主谈人员是指谈判小组的领导人或首席代表。在谈判中，主谈人员起着协调沟通或决定的作用，应有效地调动小组成员的积极性、创造性，发挥每个成员的能力与智慧。

多数情况下，主谈人员也是谈判组长，承担管理谈判组成员、协调谈判组成员意见；调控谈判进程与策略，在授权范围内决定谈判过程中的重要事项；向上级汇报谈判进展情况，贯彻执行上级决策方案；审核合同，获得授权可代表企业签约；谈判总结汇报等工作。

主谈人员应具有谈判这种高度竞智活动所要求的能力和素养，应当精通商务或国际市场营销实务，富有谈判经验，具有娴熟的谈判技能；知识广博，思维敏捷，表达能力强；善于随机应变，处事果断，能应付变幻莫测的环境，在极大的压力下仍能做出正确的决定；兼备领导才能，能使谈判小组成为一个团结一心的坚强集体。

主谈人应逐个向其他成员交代个人的任务和所扮演的角色，班子的成员必须服从主谈人的指挥。

(2) 专业人员。

谈判班子应根据谈判的需要配备有关专家，选择既专业对口又有实践经验和谈判本领的人。视谈判的内容，专业人员大致可分为以下4个方面。

第一方面：商务方面。如确定价格、敲定交货的时间与方式、明确风险的分担等事宜。

第二方面：技术方面。如评价商品的质量、价格、包装和工艺等事项。

第三方面：法律方面。负责谈判中合同条款的法律解释；确认对方经济组织及谈判代表的合法资格；检查法律文件的真实性和完整性；审查合同条款，对合同的合法性、完整性、公正性负责。

第四方面：财务方面。如决定支付方式、信用保证、证券与资金担保等事项。

(3) 其他人员。

其他人员是指谈判必需的工作人员，如记录人员或打字员，他们的具体职责是准确、完整、及时地记录谈判内容，一般可委派专人担任，也可由上述各类人员中的某人兼任。另外，在国际商务谈判中，还需要技术过硬的翻译人员，虽然不作为谈判的正式代表，却是谈判组织的工作人员。

谈判班子的组成人数并无一定限制，在力求精干的原则下，可根据谈判项目的大小、工作的难易程度等情况来确定班子的规模，少的一人身兼数职，多的达十几人至几十人，可分成小组，如商务小组、技术小组、法律小组等，负责自己专业领域的谈判。

3.2.2　谈判人员的分工

当挑选出合适的人员组成谈判班子后，就必须根据谈判内容和个人专长在成员之间做出适当的分工，明确各自的职责。

谈判人员在分工上包括下述3个层次。

（1）第一层次的人员。

第一层次的人员是谈判小组的领导人或首席代表，即主谈人。根据谈判的内容不同，谈判队伍中的主谈人也不同：购买产品原材料的谈判，可由原料采购员、厂长或生产助理担任；购买工厂设备的重要零部件，可由采购部经理、总工程师、有关部门经理担任；重要销售合同的谈判，可由销售部经理，或资历较深的业务总管，或指定担任此合同谈判的项目经理担任；对合同的争议，则由项目经理、销售部经理、合同执行经理或其他曾参加过谈判的有关部门经理担任。

主谈人的主要任务是领导谈判班子的工作。其具体职责是：

①管理谈判组成员。

②协调谈判班子成员的意见。

③监督谈判程序。

④掌握谈判进程与策略。

⑤听取专业人员的说明、建议。

⑥决定谈判过程的重要事项。

⑦贯彻执行上级决策方案。

⑧代表单位签约。

⑨向上级汇报谈判进展情况，汇报谈判总结。

（2）第二层次的人员。

第二层次的人员是懂行的专家和专业人员。他们凭借自己的专长负责某一方面的专门工作，是谈判队伍中的主力军。各专业人员要能适应谈判工作的需要，促进谈判的顺利进行。既要有熟悉全部生产过程的设计、技术人员，也要有基层生产或管理人员，更要有了解市场信息、擅长经营的销售和管理人员。其具体职责有以下几点。

①阐明己方参加谈判的意愿、条件。

②弄清对方的意图、条件。

③找出双方的分歧或差距。

④同对方进行专业细节方面的磋商。

⑤草拟、修改谈判文书的有关条款。

⑥向主谈人提出解决专业问题的建议。

⑦为最后决策提供专业方面的论证。

在第二层次的人员中，翻译扮演着特殊的角色。通过翻译可以了解和把握对方的心理和发言的实质，既能改变谈判气氛，又能挽救谈判失误，同时在增进双方了解、合作和友谊方面可起相当大的作用。

（3）第三层次的人员。

第三层次的人员是谈判工作所必需的工作人员，如速记员或打字员，其具体职责是准确、完整、及时地记录谈判内容，包括以下几点。

①双方讨论过程中的问题。

②提出的条件。

③达成的协议。

④谈判人员的表情、用语、习惯等。

任务 3.3　谈判人员的素能准备

微课：商务谈判人员的素能准备

高素质的商务谈判人员是一场谈判取得成功的根本保证。这是因为商务谈判是智慧、能力的较量，谈判人员在谈判中不仅要应付各种压力、诱惑，还要分辨出机会和挑战。所以，商务谈判人员是"营销人才中的奇才"，要求比一般营销人员有更高的能力和素质，具体包括以下几个方面。

3.3.1　谈判人员应具备的知识

（1）基础知识。一名合格的谈判人员，必须具备完善的相关学科的基础知识，要把自然科学和社会科学统一起来，在具备贸易、金融、营销等一些必备的专业知识的同时，还要对心理学、经济学、管理学、财务学等一些学科的基础知识广泛摄取，为我所用，这也是谈判人员综合素质的体现。商务谈判中，谈判者的知识技能单一化已成为一个现实的问题，技术人员不懂商务、商务人员不懂技术的现象大量存在，这给谈判工作带来了很多困难。因此，谈判者必须具备多方面的基础知识，才能适应复杂的谈判活动的要求。

（2）专业知识。一般情况下，商务谈判者应具备的专业知识包括三个方面：一是商品、市场、价格、仓储、运输、商检、保险、财务、支付条件等商务方面的基础知识；二是生产工艺、工程技术等方面的专业知识；三是有关政策、法律方面的专业知识。此外，作为国际贸易的商务谈判人员，还应具备语言翻译知识等。

（3）人文知识。随着经济的全球化，在国际商务谈判中，免不了要和来自不同国家、不同地区、不同民族的商务人员打交道，要了解不同国家的文化。谈判者要了解、尊重和迎合对方的各种不同的风俗习惯、礼仪礼节等情况，否则就会闹笑话，甚至导致谈判破裂。正所谓"百里不同风，千里不同俗"，只有提前了解并掌握这些不同的风俗习惯和礼仪礼节，才能够在商务谈判中灵活运用谈判技巧，做到因人而异、有的放矢，最终取得良好的谈判效果。

3.3.2　谈判人员应具备的能力

要想成为一名优秀的谈判人员，需要具备的能力有以下几点。

（1）寻找更多信息的能力。

优秀的谈判人员经常会通过各种方式更好地了解自己的对手，更加重要的是，他们从来不会对对手做出太多的假设和预期。新闻记者往往都是展开调查的天才，在进行谈判之前，不妨也像一名记者那样更多地去搜集信息，更好地了解谈判对手。

（2）恰当提出问题的能力。

要敢于提出一些比较大胆的问题，甚至那些对方肯定不会回答的问题。因为即便他们没有给出答案，我们也可以通过他们在听到这个问题时的反应来掌握一些重要信息。可能的话，不妨向不同的人提出同一个问题，看看他们的反应是否相同。此外，在谈判的过程中，还可以多次向不同的人提出同一个问题，并比较一下他们所给出的回答是否一致。

（3）要有勇气向对手挑战的能力。

亨利·基辛格曾经说过："谈判桌旁的结果在很大程度上取决于一个人夸大自己要求时的能力。"

当你购买一件东西时，可以把自己的报价压得很低，至少应该低于你所能接受的价格。而如果你是卖方，就应该把价格抬得很高，至少应该高于你所能接受的价格。

在谈判开始时，一定要找到一个既合情合理，又对己方最有利的报价位置。有时候做到这一点并不容易，很多人会因为害怕遭到嘲笑而不愿意提出过于夸张的报价。事实上，在生活中正是这种心理让我们没能做成很多事情。但要想成为一名谈判高手，首先必须克服这一恐惧心理。

（4）要会聆听对手的能力。

只有优秀的聆听者才能成为一名真正的谈判高手。因为只有优秀的聆听者才能在谈判的过程中发现对方的真正需要。

要把聆听当成一种互动过程，提高注意力。身体要前倾，稍微低一下头，让对方看到己方在注意聆听。要提出问题，给对方以反馈，并思考对方的话。要把注意力集中到对方所讲述的内容上，而不是他或她的讲话风格上。当对方讲述时，一定要专注，让自己的大脑不至于走神。

要想更好地理解对方的谈话，不妨从一开始就对双方的谈话进行记录。这样可以帮助我们节省大量时间，而且也会让对方感觉到己方非常关心他所讲的内容。除此之外，一旦对方看到我们在做记录，他们在说话时就会变得更加精确。还有，一定不要轻易打断别人的谈话，更不要在别人还没有说完时发表评论。因为一旦开始做出评论，对方就会停止讲话。所以一定要保持耐心，等到对方说完之后再发表评论。

（5）要有较强的判断能力。

要想提高我们的判断能力，不妨让对方先给出结论。如果并不完全同意对方的结论，不妨请对方详细解释一下。这时候一定要保持一个积极的心态认真聆听，要消除个人偏见，要意识到偏见很可能会影响我们的反应。

（6）具有较强的实际技能。

实际技能包括记忆力和观察力、组织与谋划能力、分析问题与解决问题能力、决策能力、应变能力、形象思维与语言表达能力、交际与应变能力、控制与协调能力以及学习与创新能力。

拓展阅读

谈判中 5 种类型的角色

1. 首席代表。首席代表主要负责调动谈判资源，由具有专业水平的人员担任，但不一定是谈判小组中职位最高的人。首席代表的责任是指挥谈判，安排谈判小组中的其他人尽自己的职责，需要时召集相应人员加入谈判之中。

2. 白脸。白脸实际上是老好人，在谈判双方意见分歧较大、陷入僵局、谈判进行不下去的时候，白脸可以发挥"和事佬"的作用。白脸一般由被对方大多数人认同的人担当。

3. 红脸。红脸又叫黑脸，红脸的作用是让对手感到压力，在谈判较激烈或者对方来势较凶猛的时候使谈判中止或暂停，这样可以削弱对方提出的观点和论据，把对方的优势降低，红脸的另一个责任是胁迫对方尽量暴露出他们的弱点。

4. 强硬派。强硬派的作用是在每件事情上都采取非常强硬的态度，把简单的问题复杂化，让其他组员服从他。强硬派的责任是采用延时战术阻挠整个谈判进程，允许他人撤回已经出的报价；另一个责任是观察并记录谈判的全过程，使谈判小组的注意力集中在谈判的目标上，避免跑题。

5. 清道夫。将所有的观点集中，作为综合体提出来。他的责任是设法使谈判走出僵局，如强硬派把谈判延迟或者停止，此时就需要清道夫把谈判带出僵局。清道夫的责任之二是防止讨论离题太远，这和强硬派有异曲同工之处。同时，指出对方论据中自相矛盾之处，削弱对方的优势，也是清道夫的责任。

（资料来源：作者根据网络相关资料编写）

3.3.3 谈判人员应具备的素质

作为一种从事商务活动的人员，谈判人员需要具备一定的职业道德。

（1）谈判人员要具备正确的价值观、坚定的思想政治素质。只有具备正确的价值观和坚定的思想政治素质，才能在关键时刻保持头脑清醒，把握谈判的正确方向。

（2）具有强烈的敬业精神、高度的责任感与开拓进取的精神。这包括强烈的成就感、明确的目标达成意识、强烈的事业心、坚强的克服挫折的意志、强烈的工作信心。

（3）谈判人员要有良好的团队意识。无论是一对一谈判还是小组谈判，谈判人员往往都是代表团队与对方谈判的。作为谈判人员，必须自觉遵守组织纪律，维护组织利益；必须严守秘密，不能自作主张，毫无防范，口无遮拦；要一致对外，积极主动。

（4）谈判人员应有良好的道德情操，具备以礼待人的谈判诚意和态度，尊重对方，对等交涉，职位相应，存公去私，取义蔑利，信守诺言，履行合约。

任务 3.4　谈判人员的心理准备

商务谈判心理是指商务谈判活动中谈判者的各种心理活动。

微课：商务谈判人员的心理准备

3.4.1 谈判人员应具备的基本心理素质

商务谈判中，谈判人员应具有健康的心理素质，做好谈判的心理准备。耐心、毅力是一个谈判人员应该具备的基本素质。作为谈判人员，应有"三心"。

（1）耐心。

耐心是谈判高手所共有的特点。真正的谈判高手往往都非常有耐心，绝对不会因为时间压力而仓促结束谈判，从而做出一些对各方都没有好处的决定。

有时谈判是一项马拉松式的工作，在长时间的谈判中要始终如一地保持镇静与机敏。周恩来总理是一位举世公认的谈判高手。虽然经常夜以继日地工作，但只要一到谈判场合，他总是精神抖擞。在谈判中，人们有时发现女服务员会不时地给他递送上一块热毛巾，这时，他身边的同志就会明白总理一定是连续几夜不眠了。他宁愿以热毛巾擦脸醒脑，也不愿中断谈判休息片刻。

（2）信心。

在商务谈判中，有些对手会拖延时间来试图消磨己方的意志，以求获取更好的谈判条件，对付这种手段需要坚定的信心。

（3）诚心。

在很多情况下，一旦发现对手的弱点，谈判者很可能会趁机发动攻势，一举摧垮对手。有时候己方可能掌握一些对方并不知道的信息，而一旦对方知道了这些信息，他们很可能就不会那么迫不及待地想要达成协议了。遇到这种情况时，谈判者仍然要考虑对方的利益，寻求达成一种双赢的结果。也就是说，即便是在己方占优势的情况下，也要设法在不损害自身利益的前提下做出一些有利于对方的让步。

当然，"金无足赤，人无完人"。要选择完全符合以上条件的商务谈判人员或许是不可能的。然而，常识和经验告诉我们：在商务谈判中，那些训练有素的谈判人员总是比较有把握得胜而归，而那些素质欠缺的谈判人员却常令人失望。所以，选择商务谈判人员时，要坚持求人之所长而不求其人之为完人的原则，进行慎重、周密的考虑。

3.4.2 商务谈判人员的心理禁忌

商务谈判心理上的禁忌谈判是一项艰巨、复杂的脑力劳动，在这个过程中，是谈判取得成功的重要条件。

（1）忌盲目谈判。

商务谈判涉及谈判各方的利益，对待商务谈判要做到"不打无准备之仗"。谈判人员应在谈判准备阶段做足情报资料搜集、整理的功夫，对谈判对手的情况做到心知肚明，应就具体问题对谈判对手可能做出的反应进行分析研判，形成几套可靠度较高的谈判预案。在此基础上，谈判参与者应对谈判进程中可能遇到的关键问题和瓶颈进行沙盘推演，并在谈判开始前确定本方谈判的策略，统一己方谈判参与者的心理节奏，以期通过良好的团队配合达到预期谈判目标。否则，若不做任何准备盲目上场谈判，谈判者将非常容易丧失谈判的主动权，让谈判对手抓住己方的弱点和软肋，丧失己方的底线。一个更加常见的后果是谈判最终走向破裂，无法达成任何有实际意义的共识，空耗谈判各方的时间和精力。

（2）忌失去耐心。

商务谈判是加深谈判各方相互理解的过程，谈判各方对待谈判事务的态度应遵循从分歧走向共识的趋势。但由于牵扯各方利益，这种共识的达成往往需要时间，这就使商务谈判容易出现各方长期周旋的情况。这要求商务谈判参与者胆大心细，切忌受到急躁情绪的影响，一味图快追求协议速成，在具体谈判过程中应时刻保持耐心，认真倾听谈判对手意见，妥当表达己方立场观点。冒进急躁、失去耐心会增加谈判失误的风险，对己方利益造成不必要的割让与损失。

（3）忌掉以轻心。

对于谈判参与者而言，商务谈判关乎企业或组织的利益，每一次表达、沟通都可能蕴含着对己方利益产生深远影响的内容，特别是对于一些重大问题的探讨。这要求谈判参与者在谈判过程中时刻保持注意力的高度集中。虽然谈判中所涉及的事务确实有轻重缓急之分，但对待任何事务都应抱有谨慎小心的态度，不能总将问题大而化之，更不能掉以轻心，要避免对看似"不重要"的问题处理失当，积少成多，进而威胁谈判目标的达成。

（4）忌缺乏信心。

在激烈的商务谈判中，特别是同强者的谈判中，如果缺乏求胜的信心，是很难取得谈判成功的。"高度重视—充分准备—方法得当—坚持到底"，这是取得谈判胜利的普遍法则。在谈判中，谈判各方为了实现自己的目标，都试图调整自己的心理状态，从气势上压倒对手。所以，成功的信念是谈判者从事谈判活动必备的心理要素，谈判者要相信自己的实力和优势，相信集体的智慧和力量，相信谈判双方的合作意愿，具有说服对方的信心。

自信心的获得是建立在充分调研的基础上，而不是盲目地自信，更不是固执自己错误的所谓自信。

（5）忌缺乏创新。

经验对商务谈判来说具有十分重要的作用。一个富有经验的谈判者，往往能依据多年积累的经验迅速对谈判对手的心理、风格作出判断，利用对己方资源的充分把握快速提出谈判方案。但凡事都不绝对，经验毕竟是谈判参与者在对过往谈判经历进行复盘基础上得来的，其来源于过去的谈判。虽然能对当下乃至未来的谈判有指导借鉴意义，但终归不能完全照搬，拘泥于经验。商务谈判参与者应立足于新问题，有创造力地提出观点、陈述观点，只有这样才能快速推进谈判的进程。

（6）忌主观臆断。

臆断：以主观地判断、推测做出决定。

你所要做的，就是从对方嘴里、眼睛里、脸部表情里、身体姿态里，探索、获得、善用最真实的信息。而不是依靠错得离谱的臆断+在错的离谱的臆断基础上得出的自以为是的结论+神经质的推销话语＝一个疯子。

没有经验的谈判者总是会不由自主，甚至是自动自发去预先判断客户的反应并坚定不移地相信自己的判断。

你会想：

嗯，这个价格客户一般会接受。

嗯，这个方案对方一定会喜欢。

嗯，如果我拒绝对方这个要求，那这笔生意保证泡汤。

真的如此吗？或许是，或许不是。而真相只有一个，那就是你根本无法提前判断对方到底在想什么。

在谈判中，"臆断"最容易滋生。要对付这个大问题，办法就是给自己心中留一块"白板"，专门用于接收对方的信息。

（7）忌感情用事。

商务谈判的过程是谈判各方进行策略性沟通的过程，谈判进行期间很难永远保持永远对己方有利的局面。若商务谈判参与者对待谈判中出现的情况不能保持客观理性，将很容易发生决策失误。需要强调的是，有些商务谈判者往往会利用这一弱点，利用语言信息和非语言信息（如肢体动作）等故意激发谈判对手的不良情绪，使其自乱阵脚。在这种情况发生时，作为一名专业的谈判者，应保持沉着淡定，不要让情绪化的表达代替理性的思考。还有一种常见的情况是，坐在谈判桌对面的人曾与你产生过冲突和矛盾，但请记住，作为谈判参与者应将精力时刻聚焦于谈判议题，而不是其他因素上。只有这样做才能专注于事实，达成有利于己方的谈判成果。

（8）忌安于现状。

商务谈判的目的是解决现有问题，在各方充分了解的情况下，尽最大可能达成共识，实现双赢的结果。因此，是否解决现有问题是商务谈判能否顺利进行下去的关键一环。现有问题就像滑坡过后散落在山区公路上的巨石，若不快速清除便会极大地阻碍道路的通行能力，导致车辆堵塞无法向目的地行进。因此，在商务谈判中，谈判者应主动扮演清道夫的角色，快速清理道路上的障碍物，打破现有窘境，为共识的达成开辟道路。在实际操作中，商务谈判参与者经常受自身职级权限的阻碍，面对问题会下意识地采取拖延战术而拘泥于现状，对此谈判者应提高与自身上级的沟通频次，公司或组织也应根据实际情况适当下放权力，以推动商务谈判的顺利进行。

（9）忌过分贬低自我。

商务谈判需要谈判各方都拿出足够的诚意才有可能达成最终的共识，但向谈判对手传递包括诚意在内的各种信息应做到不卑不亢。在现实商务谈判中，有很多谈判者为缓和紧张的谈判氛围，选择在谈判开始阶段一味赞美对方，甚至拿出阿谀奉承的态度来向谈判对手"致意"。在商务谈判中对谈判对手进行适度的、恰当的赞美确实能缓和气氛，放松谈判对手的警惕心理，但这种善意、诚意的传递应以谈判各方的平等地位为限度，商务谈判只有在平等的前提下才有可能达成有利于各方的共识。而过分贬低自我、无限度地抬高对方，只能激发谈判对手的信心和意志。另一种情况是，在商务谈判中，己方由于资源禀赋的原因确实处于较为被动的地位，此时更应杜绝对谈判对手的过分抬高，谈判者应从具体资源或领域找到己方具有相对优势的点与谈判对手进行周旋和博弈，力争在不利局面下获得最好的结果。

（10）忌意气用事。

商务谈判要求一个人沉稳、从容、镇定地表现，很忌讳意气用事。笔者在开始参与商务谈判时，总是容易激动起来，现在想来都觉得自己很搞笑。笔者的意气用事，换来的是谈判的不欢而散，或者是给自己造成各种被动局面。

3.4.3 商务谈判心理的应用技巧

（1）正确利用谈判期望心理。

谈判期望是指商务谈判者根据以往的经验在一定时间内希望达到一定的谈判目标或满足谈判需要的心理活动。

期望水平影响期望者潜能的发挥。期望水平有其两面性。谈判人员的期望目标及其水平需要事先加以掩饰，一般不宜过早暴露。

（2）正确运用自己的感知觉。

感觉和知觉都是外界事物作用于人的感觉器官所产生的反应。

感觉是人的大脑凭借感官对事物个别属性（如颜色、气味、温度）的反映，是人对客观事物认识的最简单形式，但它是一切复杂心理活动的基础。

知觉则是人对事物各种属性所构成的整体的反映。

在同一时间，有许多客观事物同时作用于人的感官，人不能同时反映这些事物，而只对其中的某些事物有清晰的知觉，这就是知觉的选择性。

谈判人员要正确运用自己的感知觉，克服第一印象、晕轮效应、先入为主、刻板印象等不良知觉习惯。

（3）调控好谈判时的情绪。

情绪是人脑对客观事物能否满足自己的需要而产生的一定态度体验。人的情绪对人的活动有着相当重要的影响。

商务谈判情绪是参与商务谈判各方人员的情绪表现。谈判人员不仅对自己的情绪要加以调整，对谈判对手的情绪也应做好相应的防范和引导。

商务谈判时，因为大家的认识高度不同，对问题的态度不同是很自然的事情，如果不注意控制好自己的情绪，保持相对理性平和稳重的状态，流露出年轻气盛、感情用事和急于求成的态度，就会让对方感觉到我们比较单纯和青涩，从而容易利用我们的这些特点，达到对其更有利的谈判目标。

项目小结

在确定谈判队伍的规模和构成时，应从谈判项目的复杂程度、谈判项目的重要程度、谈判主题的大小以及主谈人员的素质等方面来决定参与的人数。当挑选出合适的人员组成谈判班子后，就必须根据谈判内容和个人专长在成员之间做出适当的分工，明确各自的职责。

作为一种从事商务活动的人员，需要具备一定的职业道德。谈判人员应具备基础知识、专业知识和人文知识，要有耐心、信心和诚心。

商务谈判心理上的禁忌谈判是一项艰巨、复杂的脑力劳动，在这个过程中，是谈判取得成功的重要条件。

谈判中忌盲目谈判、忌失去耐心、忌掉以轻心、忌缺乏信心、忌缺乏创新、忌主观臆断、忌感情用事、忌安于现状、忌过分贬低自我、忌意气用事。

商务谈判心理的应用技巧包括三种：正确利用谈判期望心理、正确运用自己的感知觉、调控好谈判时的情绪。

同步综合实训

一、知识夯实闯关考验

1. 多选题

1）谈判小组通常由（　　）人员组成。

A. 专业人员　　B. 主谈人员　　C. 营销专家　　D. 法律专家

2）下列属于主谈人的主要任务有（　　）。

A. 监督谈判程序

B. 掌握谈判进程

C. 阐明己方参加谈判的意愿、条件

D. 为最后决策提供专业方面的论证

3）谈判人员中的专业人员具体包括（　　）方面的人员。

A. 商务方面　　B. 技术方面　　C. 法律方面　　D. 财务方面

4）谈判人员应具备的能力有（　　）。

A. 寻找更多信息的能力　　　　B. 恰当提出问题的能力

C. 较强的判断能力　　　　　　D. 聆听对手的能力

2. 判断题

1）谈判是一项很艰巨的工作，所以谈判队伍的规模越大越好。（　　）

2）谈判队伍中主谈人和负责人必须是同一个人。（　　）

3）谈判人员在商务谈判中需要智慧和能力的较量，所以要求比一般营销人员的能力和素质更高。（　　）

4）只有优秀的倾听者才能成为一名真正的谈判高手。（　　）

二、技能提升综合实训

1. 案例分析

谈判人员对谈判结果的影响

1992年，上海甲公司引进外墙防水涂料生产技术，日本乙公司与中国香港丙公司报价分别为22万美元和18万美元。经调查了解，两家公司技术与服务条件大致相当，甲有意与丙公司成交。在终局谈判中，甲公司安排总经理与总工程师同乙公司谈判，而全权委托技术科长与丙公司谈判。丙公司得知此消息后，主动大幅降价至10万美元与甲签约。

问题：

（1）如何评论甲公司安排谈判人员的做法？

（2）如何评论丙公司大幅降价的做法？

案例分析：

（1）商务谈判人员的安排对于谈判结果具有重要的影响。对方也会根据谈判人员的安排揣测己方谈判的诚意。甲公司谈判人员的安排，让丙公司认为甲公司无意和他合作，主动降价，以期更低的价格达成交易。

（2）丙公司的做法在商业谈判中是不可取的，因为丙公司没有坚持自己的底线。

2. 课下实战训练

谈判人员的介绍

【实训目标】

通过谈判人员的介绍，加深对谈判小组人员选择知识的理解，明确谈判人员分工和职责，锻炼各位谈判人员做好知识和心理的准备。

【实训内容】

以小组为单位，构建商务谈判小组，分角色扮演主谈人员、专业人员和其他人员，主谈人员介绍自己的谈判团队成员。

【实训步骤】

（1）小组讨论确定此次谈判模拟的场景。
（2）根据谈判场景，角色谈判人员分配。
（3）设计介绍的台词，包括介绍时机、次序和介绍口气等的设计。
（4）设计模拟谈判的开场白。
（5）营造良好的气氛。
（6）完成600~800字的脚本。
（7）现场模拟谈判人员介绍，教师点评。

【成果形式】

（1）谈判过程记录影像。
（2）谈判人员介绍脚本。

【实训考核】

小组实训成绩评分表

实训小组：_____   实训名称：_____

实训评价考核内容	考核标准	分项评分	得分
实训准备	市场调查充分 对谈判对手分析透彻	20	
现场展示	态度镇定 动作得体 随机应变 协调配合 意志顽强 表达清晰	25	
介绍脚本	语言流畅 内容完整 观点正确 条理清晰 制作精美	25	

续表

实训评价考核内容		考核标准	分项评分	得分
交流讨论表现	代言人	仪表整洁端庄 举止动作得体 阳光自信 声音洪亮 表达流利 富有吸引力	15	
	团队	组员相互协作配合 积极主动回答提问	15	
		总成绩		
教师评语			签名： 年　月　日	
学生意见			签名： 年　月　日	

 自 我 领 悟 微 语 录

_____

_____

项目四　做好商务谈判的信息准备

学习目标

知识目标：
了解商务谈判环境调查的内容。
理解商务谈判信息收集的原则。
掌握商务谈判信息收集及加工整理的方法。

能力目标：
能运用进行商务谈判信息的收集、整理和分析，有助于完成商务谈判活动。

素质目标：
培养认真负责的职业态度。
树立商务谈判双赢的理念。
培养敏锐观察力和洞察力。
培养随机应变和抗压能力。

重点和难点

重点：
本项目的重点是掌握商务谈判信息收集的原则和方法。

难点：
本项目的难点是能及时、准确收集信息，并进行分析和在谈判中运用。

由卖阿司匹林到卖钓鱼船

下班的时候，商场经理问其中一个营业员接待了几位客户，当得知这个营业员一天只接待了一位客户时，经理很生气，因为其他营业员都接待了好几位客户。之后经理继续问，你的营业额是多少，营业员说58 000美元。经理觉得很奇怪，就问这位营业员究竟是怎么回事。

这个营业员说客户买了一辆汽车，又买了一艘钓鱼船，还买了不少其他东西，一共花了58 000美元。刚开始这位客户是来买阿司匹林的，他说他的太太头疼，需要安静地休息。营业员在卖给客户药的同时与客户聊天，得知客户一直很喜欢钓鱼，营业员就不失时机地给他推荐了鱼竿。接下来营业员问客户喜欢在哪儿钓鱼，客户说他家附近的河流、池塘鱼太少，他喜欢到大概开车需要3个多小时的海边去钓鱼。营业员又问客户是喜欢在浅海钓鱼还是喜欢在深海钓鱼，客户说他喜欢在深海钓鱼。营业员又问客户怎么去深海钓鱼，之后建议客户买艘钓鱼船，并向他推荐了商场里卖的钓鱼船。客户买了船后，营业员又问客户，去海边需要3个小时的路程，船怎么运过去，他现在的车是否能够把船拉过去。客户后来一想，他现在的车拉不了这艘船，需要一辆大车。聪明的营业员又不失时机地给客户推荐了一辆大卡车，建议客户用这辆大卡车把刚买的钓鱼船拉过去。就这样，客户前前后后从这个营业员手里买了58 000美元的东西。当然，这个营业员也得到了经理的赏识。

从这个例子可以看出，营业员实际上已经拥有了一个成功的谈判者的核心技能，凭借对客户的详细了解，唤起客户的购买潜能。

故事启发：在谈判正式开始前，了解对方参加谈判人员的所有信息非常重要。了解谈判对象的信息越多，把握谈判契机的能力就越强，有些重要的信息往往就是在无意的聊天中获得的。因此，有时候在正式谈判前，通过聊天了解谈判对象的有关信息，效果很好，而这些信息又为交易的深入进行提供了契机。正所谓谈判的高明之处不在谈判本身，一切尽在自然中，这才是谈判追求的最高境界。

实训任务清单

任务情境	长春某高职院校市场营销专业的学生王天一毕业后应聘到长春博雅会议会展服务有限公司（简称博雅公司）销售岗位工作，这是一家集会议接待、展览展示、商务考察、票务为一体的综合性服务公司。在庆典服务部实习的王天一上次组建拜访中国平安长春市分公司的谈判队伍的工作任务完成得非常好，在主管的帮助下，已经与相关部门打好招呼，谈判团队组建完成，计划于下周到中国平安长春市分公司进行正式的拜访。主管要求王天一继续跟进此次庆典活动的谈判工作，选派他作为专业人员参与此次谈判，要求提前做好相关准备工作
任务要求	作为谈判的专业人员，需要在谈判前收集多方面的信息，还需要对信息进行整理和分析，并形成书面的汇报材料，为确定谈判方案做好准备
任务实施步骤	
步骤1	确定收集哪些方面的信息
步骤2	以小组为单位，分头搜集相关的信息
步骤3	小组讨论，对收集的信息进行整理和分析，形成书面的汇报材料
步骤4	团队汇报，汇报时间5分钟

任务评价和成绩评定					
任务评价考核内容	考核要求及评分标准	分值	成绩评定（分制）		
			自评（ %）	互评（ %）	师评（ %）
汇报材料质量	语言精练	10			
	内容完整	10			
	观点正确	10			

续表

任务评价考核内容	考核要求及评分标准	分值	成绩评定（分制）		
			自评（ %）	互评（ %）	师评（ %）
汇报材料质量	条理清晰	10			
	排版工整	10			
	制作精美	10			
团队汇报	汇报者： 仪表整洁端庄 举止动作得体	10			
	声音洪亮 充满自信	10			
	表达有吸引力	10			
团队协作	团队分工明确、合作完成 积极主动回答提问	10			

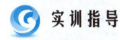

实训指导

任务 4.1　调研商务谈判环境内容

微课：调研商务谈判环境内容 1

4.1.1　政治状况

（1）国家对企业的管理程度。这涉及参加谈判的企业自主权的大小问题。如果国家对企业管理程度较高，那么政府就会干预或限定谈判内容及谈判过程，关键性问题可能要由政府部门人员做出决定，企业人员没有太多的决定权；相反，如果国家对企业的管理程度较低，企业有较大的自主权，那么企业人员就可以自主决定谈判的内容、目标，以及敲定关键性问题。例如，企业能否进口某些商品，限制采购某些商品等。

微课：调研商务谈判环境内容 2

（2）国家对企业的领导形式。如果是中央集权制，那么中央政府权力较集中；如果是地方分治制，那么地方政府和企业权力较大。在计划管理体制下，企业只有争取到了计划指标，才可能在计划范围里实施谈判，灵活性较弱；在市场经济条件下，企业建立起独立的管理机制，有较大的经营自主权，谈判的灵活性较强。

（3）对方对谈判项目是否有政治上的关注。如果有，程度如何？哪些领导人对此比较关注？这些领导人各自的权力如何？商务谈判通常是纯商业目的的，但有时可能会受到政治因素的影响，如政府或政党为了政治目的参与到商务谈判中，政治因素将影响甚至决定谈判的结果，而商业因素或技术因素要让步于政治因素。如果谈判涉及关系国家大局的重要贸易项目，涉及影响两国外交的敏感性很强的贸易往来，都会受到政治因素的影响。尤其在集权程度较高的国家，领导人的权力将会制约谈判结果。

（4）谈判对手当局政府的稳定性。在谈判项目上马期间，政局是否会发生变动？总统大选是否在谈判期间举行？总统大选是否与所谈项目有关？谈判国与邻国关系如何？是否处于敌对状态？有无战争风险？国家政局的稳定性对谈判有重要的影响，一般情况下如果政局发生动乱，或者爆发战争，都将使谈判被迫中止；或者已达成的协议变成一张废纸，对方不能履行合同，造成极大的损失。这是事先必须搞清楚的问题。

（5）双方政府之间的政治关系。如果两国政府关系友好，那么买卖双方的贸易是受欢迎的，谈判将是顺利的；如果两国政府之间存在敌对、矛盾，那么买卖双方的贸易会受到政府的干预甚至被禁止，谈判中的障碍很多。

（6）该国有没有将间谍手段运用到商务谈判中。在国内外市场竞争较为激烈的今天，有些国家和公司会在商务谈判中采取一些间谍手段，如在客人房间安装窃听器，偷听电话、偷录谈话内容，或者设局来陷害对方等。谈判人员应该提高警惕，防止对方采用各种手段窃取信息、设置陷阱，造成己方陷入被动局面。

4.1.2 宗教信仰

（1）该国占主导地位的宗教信仰。世界上有多种宗教信仰例如佛教、伊斯兰教、基督教等。宗教信仰对人的道德观、价值观、行为方式等都有直接影响。首先要搞清楚该国占主导地位的宗教信仰是什么，其次要研究这种占主导地位的宗教信仰对谈判者的思想行为会产生哪些影响。

（2）该宗教信仰的影响力。在政治事务方面，要研究该国政府的施政方针、政治形势、民主权力是否受该国宗教信仰的影响。在法律制度方面，某些宗教色彩浓厚的国家，其法律制度的制定不能违背宗教教义，甚至某些宗教教规就是至高无上的法律。在国别政策方面，由于宗教信仰不同，一些国家在对外贸易上制定国别政策：对宗教信仰相同的国家实施优惠政策，对宗教信仰不同的国家，尤其是有宗教歧视和冲突的国家及企业施加种种限制。在社会交往与个人行为方面，宗教信仰对社会交往的规范、方式、范围都有一定的影响；对个人的社会工作、社交活动、言谈举止也有种种鼓励或限制。这些都会形成谈判者在思维模式、价值取向、行为选择上的宗教痕迹。在节假日与工作时间方面，不同宗教信仰的国家都有自己的宗教节日和活动，谈判日期不应与该国的宗教节日、祷告日、礼拜日相冲突，应该尊重对方的宗教习惯。

4.1.3 法律制度

（1）该国的法律制度。该国的法律制度是依据何种法律体系制定的，是英美法还是大陆法？

（2）法律的执行程度。法律执行情况不同将直接影响到谈判成果能否受到保护。有法可依，执法必严，违法必究，将有利于谈判按照法律原则和程序进行，也将保证谈判签订的协议不会受到侵犯。

（3）该国法院受理案件的时间长短。法院受理案件时间的长短直接影响谈判双方的经济利益。当谈判双方在交易过程中以及合同履行过程中发生争议，经调解无效时，就要递交法院。法院受理案件的速度越快，对谈判双方解决争议就越有利，损失就越小。

（4）该国执行国外法律仲裁判决的程序。要了解跨国商务谈判活动必然会涉及两国法律适用问题，必须清楚该国执行国外法律仲裁判决需要哪些条件和程序。

(5) 该国当地是否有完全独立于谈判对手的可靠的律师。

如果必须在当地聘请律师,一定要考虑能否聘请到公正可靠的律师,因为律师在商务谈判过程中始终起着重要的参谋和辩护作用。

4.1.4 商业做法

(1) 该国企业的管理方式。是不是由各公司的负责人经营或是公司中各级人员均可参与管理,有没有真正的权威代表?例如,阿拉伯国家的公司大多数由公司负责人说了算;而日本企业的决策必须经过各级人员互相沟通、共同参与,达成一致意见后再由高级主管决定。

(2) 合同的呈现方式。任何协议都必须见诸文字,或是口头协议同样具有约束力。有些国家必须以合同文字为准,另一些国家有时也以个人信誉和口头承诺为准。

(3) 律师的作用。在谈判和签约过程中,律师等专业顾问是否像美国的律师一样始终出席,负责审核合同的合法性并签字,还是仅仅起到一种附属作用。

(4) 谈判决策者。正式的谈判会见场合是不是特地为双方的领导安排的?其他出席作陪的成员是否只在被问到具体问题时才能发言?如果是这样的话,那么谈判成员的职权不是很大,领导人的意志对谈判会产生较大影响。

(5) 商业机密的重要性。该国有没有商业间谍活动?应该如何妥善保存机要文件以免谈判机密被对方窃取?

(6) 商业贿赂现象。在商务往来中是否有贿赂现象?如果有的话,方式及条件如何?调查这些问题目的在于防止商业贿赂使己方人员陷入圈套,使公司利益蒙受损失。

(7) 谈判对手的选择。一个项目是否可以同时与几家公司谈判,以选择最优惠的条件达成交易?如果可以的话,那么保证交易成功的关键因素是什么?是否仅仅是价格问题?如果一个项目可以同时与几家公司谈判,谈判的选择余地就大得多,如果能够抓住保证交易成功的关键因素,就可以为达成交易寻找最佳伙伴。

(8) 商务谈判语言的使用。谈判的常用语种是什么?如使用当地的语言,有没有可靠的翻译?合同文件是否可用两种语言表示?两种语言是否具有同等的法律效力?谈判语言是非常关键的交流表达手段,要争取使用双方都熟悉的语言进行谈判。合同文件如果使用双方两种语言文字,那么这两种语言应该具有同等的法律效力,这对双方来讲都是公平的。

4.1.5 社会习俗

谈判者必了解和尊重该国、该地区的社会风俗习惯,并且善于利用这些社会习俗为己方服务。比如,该国家或该地区人们在称呼和衣着方面的社会规范标准是什么?是不是只能在工作时间谈业务?在业余时间和娱乐活动中是否也能谈业务?社交场合是否携带妻子?社交款待和娱乐活动通常在哪里举行?赠送礼物有哪些习俗?当地人是否愿意在大庭广众之下接受别人的批评?人们如何看待荣誉、名声等问题?当地人公开谈话时不喜欢哪些话题?妇女是否参与经营业务?在社会活动中妇女是否与男子具有同样的权利?这些社会习俗都会对人们的行为产生影响和约束力,必须了解和适应。

4.1.6 财政金融状况

(1) 该国的外债情况。如果该国的外债过高,就有可能因为债务过高而无力支付交易的款项，必然使商务谈判成果不能顺利实现。

（2）该国的外汇储备情况。该国主要依靠哪些产品赚取外汇？如果该国外汇储备较多，则说明该国有较强的对外支付能力；如果外汇储备较少，则说明该国对外支付会出现困难。如果该国以具有较高附加价值的机械、电子产品、高科技产品为主赚取外汇，说明该国换汇能力比较强，支付外汇能力也必然较强。

（3）该国货币兑换自由度。货币兑换有何限制？如果交易双方国家之间的货币不能自由兑换，就要考虑如何完成兑换、要受到哪些限制的问题。汇率变动也会对双方造成一定风险，这也是需要认真考虑和协商的。

（4）该国在国际支付方面的信誉情况。是否有延期的情况？了解该国在国际支付方面的信誉情况也是必要的，如果对方信誉不佳，就要考虑用何种手段控制对方，以免延误支付。

（5）该国适用的税法情况。该国是根据什么法规进行征税的？该国是否签订避免双重征税的相关协议？与哪些国家签订过？

（6）利润的获取情况。公司在当地赚取的利润是否可汇出境外？有什么规定？

搞清楚上面的问题可使交易双方资产顺利完成跨国间流动，保证双方经济利益不受损失或少受损失。

4.1.7 该国基础设施与后勤供应系统

该国人力方面，如必要的熟练工人和非熟练工人、专业技术人员情况如何？该国物力方面，如建筑材料、建筑设备、维修设备情况如何？在财力方面有无资金雄厚、实力相当的分包商？在聘用外籍工人、进口原材料、引进设备等方面有无限制？当地的运输条件如何？这些也都需要加以考虑。

4.1.8 气候因素

气候因素对谈判也会产生多方面的影响。例如，该国雨季的长短、冬季的冰雪霜冻情况，夏季的高温情况、潮湿度情况，以及台风、风沙、地震等情况。

以上几种环境因素，从各个方面制约和影响着谈判工作，是谈判前准备工作中重要的调查分析内容。

中海油并购优尼科失败

中国海洋石油有限公司（以下简称中海油）宣布拟收购美国优尼科石油公司。中海油的报价超出雪佛龙公司约10亿美元，结果导致美国出现了前所未有的政治上的反对声音，甚至要取消或更改美国外国投资委员会多年来行之有效的程序。因为美国政府担心石油价格达到每桶60美元，能源储备日益升值，这项交易会给美国石油和天然气市场带来不利影响。美国监管当局出面干预了这项交易。这种政治环境使中海油很难准确评估成功的概率，对中海油完成交易造成了很高的不确定性和无法接受的风险。尽管中海油不情愿，但不得不撤回其报价。你认为主要是什么原因导致该结果的发生？

（资料来源：作者根据网络相关资料编写）

任务 4.2　解读商务谈判信息收集原则

在正式谈判以前，如果没有进行信息的收集与综合选择工作，就无法准确确定谈判的方案。如果对对方谈判的目的、谈判人员的组成情况、谈判风格、谈判权限、所允诺条件的优势等信息没有足够的认识，对谈判也就没有多少把握。在谈判过程中，对变化中的、动态的谈判信息——如对方谈判目标的变化、谈判策略方法的改变、竞争行情的变动、外界其他制约因素的变动等不能及时进行捕捉、分析，也就无法相应地做出己方谈判的应变对策。且在谈判继续深入的过程中就会失去主动权，既谈不上从容不迫，也根本无法去获得谈判的最优结局。总之，谈判信息的收集工作非常重要，应该遵循以下几条原则。

微课：商务谈判信息收集原则

4.2.1　目的性原则

首先必须明确调查的目的，进而确定收集的信息内容和范围，再通过恰当的途径、方法有针对性地采集，做到有的放矢。对收集到的数据、资料，按照调查目的进行归类、整理、分析。

4.2.2　时效性原则

商务谈判信息只有被迅速、及时地收集起来，并传递给需要者，才能有效地发挥作用。

4.2.3　准确性原则

在收集信息时，不能凭主观臆断，尊重客观现实并且对获取的数据、资料尽可能地及时进行鉴别、分析，力求把误差降到最低限度。

4.2.4　经济性原则

在收集信息时要注意选择投入少而又行之有效的调查方法和途径，力求以尽可能低的耗费收集到足以能满足需要的信息。

4.2.5　防伪性原则

收集商务谈判信息要注意防范对手散布的假信息，谨防落入对方的圈套。

任务 4.3　掌握商务谈判信息收集方法

4.3.1　信息收集的方式

（1）按收集信息的方式不同，可将信息收集划分为报告制度和专门组织的采集。在商务谈判信息收集的过程中，通常是针对具体的谈判内容专门组织信息的采集。

（2）按收集信息的宽度不同，可将信息收集划分为全面采集和非全面采集。在商务谈判过程中，主要是针对谈判内容、谈判标的采集相关信息。

（3）按收集信息的时间不同，可将信息收集划分为定期采集和不定期采集。定期采集

微课：商务谈判信息收集方法

是指每隔一个固定的时间就进行一次信息采集；不定期采集是指因接受突发任务而随时进行的信息采集活动。

4.3.2 信息收集的方法

信息收集的方法主要包括以下几种。

（1）调查法。

调查法就是谈判人员深入观察、实地了解与谈判活动有关的信息，包括全面调查、重点调查和抽样调查等。具体的方法有文案调查法、实地调查法、网上调查法、购买法、专家顾问法等。

（2）新闻收集法。

新闻收集法就是通过收听、收看和阅读新闻报道的方法来收集信息，信息来源可以是报纸、杂志、书籍、商品目录、报价单、产品说明书、内部刊物等，上面大量的消息、图表、数字、图片等很可能就与即将展开的谈判相关。

（3）检索法。

检索法就是通过各种方式进入相关数据库中收集相关信息。各银行组织、信息咨询公司的定期报告。各国政府、国际组织、行业协会、消费者组织、质量监督机构定期发布的各类统计报告。

（4）搜索法。

搜索法就是利用计算机在互联网上收集信息。有人说："不会就问'度娘'"，我们可以上百度上搜索一下。

在网络中可以非常方便地查阅国内外许多公司信息、产品信息、市场信息以及当地政治、经济、文化、科技、自然等宏观环境信息。

大庆油田的秘密

灵活地收集信息并有效运用可以给企业带来较大的商业利润。例如，1959 年 9 月 26 日，中国在黑龙江省松嫩平原打出第一口油井，取名"大庆油田"。然而，由于当时国际环境复杂多变，中国并没有向外界公布大庆油田的地理位置和产量。

20 世纪 70 年代，日本深知中国开发石油需要大量的石油设备，却又苦于信息不足，善于收集资料的日本人广泛地收集了中国的有关报纸、杂志进行一系列的分析研究。他们从刊登在《人民日报》封面上的"大庆创业者王铁人"的照片分析，依据"王铁人"身穿的大棉袄和漫天大雪的背景，判断大庆油田必定在中国东北地区；从"王进喜到了马家窑"的报道推断大庆油田所在的大致方位；从"创业"电影分析大庆油田附近有铁路且道路泥泞；根据《人民日报》刊登的一张钻井机的照片推算出油井直径的大小；根据中国政府工作报告计算出了油田的大致产量；又将王进喜的照片放大至与本人 1∶1 的比例（通过王进喜与毛泽东、周恩来等国家领导人的合影）判断其身高，然后对照片中王进喜身后的井架进行分析，推断出井架的高度、井架间的密度，据此进一步推测中国对石油设备的需求。

当我国突然向外界宣布在国际上征求石油设备设计方案时，日本公司有备而来，一举中标，果真使谈判获得成功，从而给日本有关公司创造了丰厚的利润。

（资料来源：作者根据网络相关资料编写）

任务 4.4　商务谈判信息整理分析

充分的准备对于商务谈判的成功至关重要，将通过多方努力收集的谈判信息进行分类整理和分析，是理顺各种关系，以及设计谈判计划和谈判策略选取的重要依据。一般将商务谈判信息分为对方的情况分析、己方情况的分析、市场资料的分析、交易条件资料的分析和有关货单、样品资料的分析等。

4.4.1　不同信息的分析与整理

1. 对方的情况分析

（1）对方的基本情况。

首先，应该掌握谈判对手企业的性质、注册资金、主营业务范围、控股股东等基本信息。这样可避免因错误估计对方而造成失误，甚至上当受骗。其次，应尽可能选择在国内或某一经济区域内具有一定知名度、注册资金雄厚、主营业务清晰、控股股东实力强大的企业作为谈判的对象。当然与这样的对手谈判不是一件轻松的事，要求己方有较高超的谈判技巧，谈判目标也不能过高。但一旦谈判成功，谈判利益就有了保证，较少有上当受骗的事情发生。

对那些知名度不高的企业，只要身份地位合法、资产真实有效、主营业务清晰、生产经营情况正常，也是较好的谈判对象。这些企业往往处于创业阶段，急于开拓市场，谈判条件一般不会太苛刻，有利于实现己方利益的最大化。

对没有确切的办公场所、没有营业场所或自己的产业、人员不多的"皮包"型企业，一定要查清楚其真实情况，谨防上当受骗。对于这类企业，尤其不要被对方虚假的招牌、优惠的条件所迷惑。

（2）对方的营运状况。

谈判前，要尽可能掌握对方企业的营运状况。生产经营状况不好的企业，往往会负债累累，履约能力很差，会带来较大的违约风险。对方一旦破产，会给己方的利益造成很大的损失。

（3）对方的信誉。

主要是调查该公司的经营历史、经营作风、产品的市场声誉、财务状况，以及在以往的商务活动中是否存在不良的商业行为等。在商务谈判中还应避免产生认识上的误区，如"外商是我们的老客户，信用应该没问题""客户是朋友的朋友，怎么能不信任""对方商号是大公司，跟他们做生意，放心"等。对老客户的资信状况也要定期调查，特别是当其突然下大订单或有异常举措时，千万不要掉以轻心。

（4）对方的真正需求。

谈判对手的谈判目标是什么，所追求的核心利益是什么，哪些是他们的附属利益，对这些问题己方应做到心中有数，因为这些信息是己方制定报价目标和讨价还价策略的重要依据。

（5）对方谈判人员的权限。

谈判的一个重要法则是不与没有决策权的人谈判。不了解谈判对手的权力范围，将没有足够决策权的人作为谈判对象，不仅是在浪费时间，甚至可能会错过更好的交易机会。一般来说，对方参加谈判人员的规格越高或者与企业核心领导人的关系越密切，权限也就越大。如果对方参加谈判的人员规格较低，己方就应该弄清楚对方参加谈判人员是否得到授权，对方谈判人员在多大程度上能独立做出决定，有没有决定是否让步的权力，等等。

如果对方是代理商，己方必须弄清其代理的权限范围及对方公司的经营范围。

（6）对方谈判的最后期限。

任何谈判都有一定的时间限制，谈判期限与谈判目标、谈判策略有着密切联系。谈判者需要在一定的时间内完成特定的谈判任务，可供谈判的时间长短就成了决定谈判者制定谈判策略和谈判目标的重要影响因素。可供谈判的时间越短，用以完成谈判任务的选择机会就越少，最后期限的压力常常迫使人们不得不采取快速行动，立即做出决定。可供谈判的时间较长，往往拥有较大的主动权和选择权。掌握了对方谈判的最后期限，就容易了解对方在谈判中可能会采取的态度和策略，己方据此可制定相应的谈判策略。

（7）对方谈判风格和个人情况。

谈判风格是指在谈判中反复表现出来的特点，了解对手的谈判风格可以更好地采取相应的对策，尽力促成谈判的成功。

此外，还要尽可能了解对手谈判班子的组成情况及个人情况，比如主谈人背景，谈判班子内部人员的相互关系，谈判班子每个成员的资历、能力、信念、性格、心理类型、个人作风、爱好与禁忌等。

 小案例

巧用"黄昏症"

有位著名的律师曾代表一家公司参加一次贸易谈判，对方公司的总经理任主谈。在谈判前，律师从自己的信息库里找到了一些关于那位总经理的材料，其中有这样一则笑话：总经理有一个毛病，每天一到下午4~5点时就会心烦意乱、坐立不安，并戏称这种"病"为"黄昏症"。这则笑话使律师灵感顿生，他利用总经理的"黄昏症"，制定了谈判的策略，把每天所要谈判的关键内容拖至下午4~5点。此举果真使谈判获得了成功。

（资料来源：作者根据网络相关资料编写）

2. 己方情况的分析

对己方情况的分析是"知己"的前提。在谈判前的信息准备工作中，不仅要调查分析谈判对手的情况，还应该正确了解和评估谈判者自身的状况。没有对自身的客观评估，没有自知之明，就很难做到对双方实力的准确判断，并做出正确的决策。自我评估首先要看到自身所具备的实力和优势，同时也要客观地分析自己的不足。为讨价还价和谈判策略的选择做好准备。

3. 市场资料的分析

谈判人员要事先对市场的分布情况、产品的需求情况和销售的竞争情况进行了解和分析。在商务谈判中，市场资料主要包括：交易商品的市场需求量、供给量及发展前景；交易商品的流通渠道和习惯性销售渠道；交易商品市场分布的地理位置、运输条件、政治和经济条件；交易商品的交易价格、优惠措施等。

4. 交易条件资料的分析

交易条件资料是商务谈判准备的必要内容，主要包括以下资料：商品名称的资料、商品品质的资料、商品数量的资料、商品包装的资料、商品装运的资料、商品保险的资料、

商品检验的资料、商品价格和支付的资料。

5. 有关货单、样品资料的分析

这主要包括货单、样品，双方交换过的函电抄本、附件，谈判用的价格目录、商品目录、说明书等资料。货单必须做到具体、正确，每个谈判人员对此必须心中有数。谈判样品必须准备齐全，特别要注意样品必须与今后交货相符。

知己知彼，百战不殆

广州地铁一号线利用外资共5.412 8亿美元，占投资总概算的1/3。从1993年9月至1994年12月，围绕设备引进技术和价格，广州地铁总公司与以西门子公司为代表的德国"企业兵团"进行了几十轮艰苦的谈判。由于我方坚持原则，并且有翔实可靠的调查数据作支持，德方最终接受了我方的价格条件。谈判结果，德方的总报价被我方砍掉7 500万马克（按当时汇价，相当于人民币4亿元），其中西门子公司的报价被砍掉17.6%。可见，谈判前情报的收集有多么重要。

（资料来源：作者根据网络相关资料编写）

4.4.2 信息分析整理的步骤

第一步，信息筛选。将收集的资料进行鉴别和分析，剔除那些与事实明显不符的信息、某些不能有足够证据证明的信息、某些带有较强主观臆断色彩的信息等，保留那些可靠的信息。

第二步，信息分类。将原始资料按时间顺序、问题性质、反映问题角度等指标分门别类地排列成序，以便于更加明确地反映问题的各个侧面或整体面貌。

第三步，信息分析。将整理好的资料做认真的研究分析，从表面的现象探求其内在本质，由此问题逻辑推理到彼问题，由感性认识上升到理性认识。

第四步，信息结论。在信息的分析研究基础之上，作出对问题的正确判断和结论。

同步训练

开展一次"谈判信息搜搜搜"活动

1. 请各小组组建公司，确定公司名称、LOGO、口号、经营范围、经营理念、市场地位、公司组织架构，安排好人员职位。

2. 各公司设定5条需求信息、5条私密信息。私密信息可以是关于人员特殊性，如喜好、习惯或私密信息等方面的信息。

3. 各公司间相互沟通，促成可以进行谈判的机会，每达成一项洽谈机会，计1分。达到最多洽谈机会的小组奖励1分。

4. 各公司可采取各种手段获得其他公司的私密信息，每获1条得1分，获得私密信息最多的小组奖励1分。

同时分配给各组100万元活动经费，可用于购买信息。剩余活动经费最多的奖励1分。

团队分：参与1人加1分，个人参与者本人再加1分。玩手机者扣10分，小组成员扣2分。

本项目标准分为 10 分,分数最高的小组对应项目标准分得 10 分,其他公司参比最高公司折合后得分。

项目小结

商务谈判信息收集的原则:目的性原则、时效性原则、准确性原则、经济性原则、防伪性原则。

商务谈判信息收集的方法:调查法、新闻收集法、检索法和搜索法。

商务谈判信息整理的步骤:信息筛选、信息分类、信息分析、信息结论。

同步综合实训

一、知识夯实闯关考验

1. 多选题

1）下列属于商务谈判调研环境的内容有（   ）。
A. 政治状况   B. 宗教信仰   C. 法律制度   D. 商业做法

2）商务谈判信息收集的原则有（   ）。
A. 目的性原则 B. 时效性原则 C. 准确性原则 D. 经济性原则

3）商务谈判信息收集的方法有（   ）。
A. 调查法   B. 新闻收集法   C. 检索法   D. 搜索法

4）商务谈判收集的信息分为（   ）。
A. 对方的情况 B. 己方的情况 C. 市场资料 D. 交易条件资料

2. 判断题

1）在正式谈判以前，如果没有进行信息的收集与综合选择工作，就无法准确确定谈判的方案。（   ）

2）充分的准备杜宇商务谈判的成功至关重要，将通过多方努力收集的谈判信息进行分类整理和分析，是理顺各种关系，以及设计谈判计划和谈判策略选取的重要依据。（   ）

3）商务谈判是商业行为，只要了解谈判对方公司的情况就好，不必了解谈判成员的个人情况。（   ）

二、技能提升综合实训

1. 案例分析

一场有准备的商务谈判

法方有一项产品的技术经过 5 年研制才完成，要转让给中方，中方应付费。中方认为法方的提议有道理，但该费用应如何计算呢？

法方解释，他们每年需投入科研经费 200 万美元，5 年为 1 000 万美元，考虑到仅转让使用权，他们计提成费，以 20% 的提成率计，即 200 万美元，仅收中方 1/5 的投资费，该数不多，对中方是优惠的。

中方听后，表示研究后再谈。中方内部进行了讨论，达成如下共识：分头去收集该公司的产品目录，调查该公司近几年来新产品的推出速度如何，如推出的新产品多，说明他们每年的科研投入不仅仅为研制一个产品，可能是多个产品。同时，收集该公司近几年的年报，调查其资产负债状况和利润状况。若利润率高，说明有资金投入科研开发；若利润率低，大量资金投入科研就没有可能，除非借钱搞开发。另外，若负债率不高，说明没有借钱，负债高就有可能借钱。此外，还请海外机构的代表查询该公司每年缴纳企业所得税的情况。纳税多，说明利润高；纳税少，说明利润偏低。

各路人员收集了这几方面的信息，分析发现：

（1）该公司每年有 5 种新产品推向市场。

（2）该公司资产负债率很低，举债不高。

（3）该公司利润率不高，每年的利润不足以支持开发费用。

结论是，法方每年的投入量是虚的，若投入量为真，该企业必须逃税漏税才有钱。

在后续会谈中，中方提出上述资料和推断，请法方表态。法方还坚持其数据为真实数据。中方问法方，怎么解释低负债？怎么解释低利润呢？法方无法解释低负债、低利润和高投资的关系，又不能在中方面前承认有逃税，只好放弃原价的要求。

案例解析

从这个案例中可以看出，在谈判中，中方之所以会成功，关键在于中方在谈判前进行了调查，掌握了谈判信息，从而在谈判中从容不迫，占据了谈判的主动权。

2. 课下实战训练

谈判信息准备

【实训目标】

通过实际商务谈判信息的收集，使学生掌握商务谈判信息收集的方法，并能够对收集的信息进行整理和分析，并形成书面的谈判资料，培养学生团队合作的意识和总结归纳的能力。

【实训内容】

我公司打算在大学校园投入饮料自动售货机，已经与学校后勤联系过了，计划下周去进行洽谈。请以小组为单位，选择确定一所熟悉的学校，收集有关谈判的信息，为正式谈判做好准备工作。

【实训步骤】

（1）收集与本次洽谈有关的政治、经济、文化、学校设施设备及相关法律法规等信息。

（2）尽可能多地收集对方的相关信息并进行分析。

（3）收集潜在竞争对手的信息并加以分析。

（4）评估我方的需求。

（5）预计此次洽谈的结果。

（6）完成600~800字的总结。

（7）课堂交流，教师点评。

【成果形式】

（1）汇报收集情况的PPT。

（2）谈判信息准备情况说明。

【实训考核】

小组实训成绩评分表

实训小组：_____　　　　　　　　　　　　实训名称：_____

实训评价考核内容	考核标准	分项评分	得分
实训准备	实训目标的理解 实训步骤的掌握	20	
汇报展示	态度镇定 动作得体 随机应变 协调配合 意志顽强 表达清晰	25	

续表

实训评价考核内容	考核标准		分项评分	得分
信息收集和分析的结果	语言流畅 内容完整 观点正确 条理清晰 制作精美		25	
交流讨论表现	代言人	仪表整洁端庄 举止动作得体 阳光自信 声音洪亮 表达流利 富有吸引力	15	
	团队	组员相互协作配合 积极主动回答提问	15	
总成绩				
教师评语			签名： 　　　　年　　月　　日	
学生意见			签名： 　　　　年　　月　　日	

 自 我 领 悟 微 语 录

_____
_____
_____

项目五　制定商务谈判方案

学习目标

知识目标：
掌握商务谈判方案制定的内容、步骤及基本原则。
能力目标：
能制定完善的商务谈判方案的。
素质目标：
培养谈判人员认真负责的职业态度。
培养团队合作精神和竞争、创新意识。

重点和难点

重点：
本项目中的重点是掌握商务谈判方案的内容。
难点：
本项目的难点是能根据实际情况制定完善的商务谈判方案。

项目引例

椰果公司销售经理制订商务谈判方案

椰果公司销售经理经过前期的调查，掌握了与香飘飘食品有限公司进行椰果销售谈判的相关信息，接着制定与香飘飘食品有限公司的椰果销售谈判方案。

第一步　分析商务谈判环境

分析香飘飘食品有限公司相关信息。

①把握香飘飘食品有限公司的企业规模、经营状况、资质信用、员工素质、行业地位以及寻求的利益。

②把握香飘飘食品有限公司椰果采购人员的身份、性格、爱好、谈判风格、权限等信息。

分析椰果市场信息。

①把握高纤椰果市场供求状况及价格趋势。

②把握消费者对奶茶中椰果的形状、味道、口感的要求。

③把握主要椰果制造商家的地理位置、企业规模、技术水平、资质信用，以及奶茶椰果的品种、质量、数量、价格、最小订货量、交货时间、地点、要点的付款方式及提供的服务。

分析竞争对手与己方企业相关信息。

把握己方企业在地理位置、企业规模、资质信用、经营状况、技术水平、员工素质，以及奶茶椰果的品种、质量、数量、价格、供货、服务等方面较之于竞争对手的优劣势。

分析己方与香飘飘食品有限公司的谈判实力。

分析湖州宏观环境。

把握湖州的经济发展状况、文化历史、风俗习惯、地理及气候特点等。

第二步　制订商务谈判方案

（1）明确谈判主题。

主题：以合理价格与香飘飘食品有限公司达成椰果购销协议。

（2）明确谈判目标。

①希望通过此次谈判获得的成果。通过与香飘飘食品有限公司合作，进入浙江省椰果市场。

②此次谈判的最后结果。

成为香飘飘食品有限公司奶茶椰果独家供货商，价格不低于市场正常售价。

③此次谈判底线。压缩椰果（压缩比为1∶6）价格为每吨14 600元。

（3）明确谈判地点。

谈判地点是我公司行政办公楼会客厅。

（4）明确谈判组成员及职责。

①谈判组长。谈判一线总负责人，可由公司销售经理担任。

②技术专家。负责产品规格、加工工艺、质量保障等方面的事务，可由公司技术部负责人担任。

③商务专家。

负责销售数量、价格、交货方式、售后服务、保险等方面事务，可由公司销售经理担任。

④财务专家。负责货款及费用支付、对方经营能力审查等财务方面的事务，可由公司财务部负责人担任。

⑤法律专家。负责对方经济组织及谈判代表的合法资格审查、合同文本的准备、违约责任、纠纷处理等方面的事务，可由公司合同专员担任。

⑥后勤保障人员。负责安排香飘飘食品有限公司谈判代表食宿及休闲活动，准备谈判会场，预定宴席，购买礼品，整理及保管谈判资料，做谈判记录等事务，可由公司办公室主任担任。

（5）明确谈判策略。

①开局阶段。营造融洽和谐的气氛。在我方做公司介绍时，要让对方了解我方的实力，重点介绍哪些知名企业是我们的长期用户；我们在为这些企业保证产品质量、降低成本方面做出了哪些贡献。在做人员介绍时，重点是让对方相信我方的技术负责人是椰果方面的专家。

②交易磋商阶段。

报价：我方此次谈判的目的是进入浙江市场，考虑报价因素和此次谈判对浙江市场的价格影响，我们第一次按略高于市场平均价格报价，为后面的谈判留下足够的空间。

议价：重点强调我方提供的椰果对"香飘飘"奶茶提升产品市场形象的积极作用，因为这是对方最关心的。同时展示我方的技术资料及产品，正面我公司椰果的优良品质。

让步：售后服务方面可做较大的让步。为了做好香飘飘食品有限公司这个"样板"用户，即使对方不要求，在服务方面我们也应该是不遗余力的。

在价格方面应该采取小幅度递减的让步策略，让对方感到我们的价格没有多少水分，避免对价格的过高期望。对方可能会在谈判中凭其优势地位不肯在价格上让步，我方必须突出优势，并在情感上打动对方，争取对方让步。

在付款条件方面，坚持"先款后货"，并在对方提出"先货后款"要求时，以本公司不开先例为由阻止对方。交货期限为五天。当对方提出小于五天的交货期，向对方说明本公司要增加投入，提高价格。

若出现僵局，可暂时休会。同时可散布假信息以动摇对方。

对方可能采取我方未曾预料的策略，让我方陷入被动。对此，我方必须沉着冷静，协调一致，灵活应对。

③结束阶段。不管谈判的成果如何，我们始终都应该保持积极的态度，显示我方的诚意。要与对方谈判人员建立融洽的关系，切不可使谈判双方关系紧张。

（6）明确谈判议程。

与香飘飘食品有限公司采购经理取得联系，邀请对方到我公司谈判。索要谈判代表团名单，了解其食宿标准以及参观访问、观光旅游的愿望，制定以下谈判议程：

8月9日迎接香飘飘视频有限公司谈判代表，安排食宿（三星级酒店）。引领对方参观企业。设欢迎晚宴。

8月10日香飘飘食品有限公司谈判代表本地旅游。

8月11日启动谈判。

8:30—11:30

议题：椰果品种、质量、规格、包装、订货数量、交货方式、供货价格及货款支付。

11:40 工作餐

13:30—17:00

议题：货物验收，提出异议、违约责任，争议解决，其他事项。

8月12日8:30就争议问题磋商，达成一致。确认椰果购销合同内容，签订协议。拍照留念，设晚宴庆祝。

8月13日送香飘飘食品有限公司谈判代表到机场（车站）返回湖州并赠送礼物。

（7）明确谈判风险。

①若本次谈判的供货价格长期稳定，我公司将面临椰果原料价格上涨、利润下降的风险，需与原料供应商签订长期供货协议，稳定原料供货价格。

②若本次谈判交货地点在香飘飘食品有限公司所在地，运输过程中存在的途中货物损失风险，必须购买相关保险。

③产品交货后，对方验证时存在质量争议，须明确产品交货质量检验标准。

（8）明确谈判费用。

车费：500元

宴请费及用餐费：6 000元

旅游费：3 000 元

礼品购置费：1 500 元

电话费：300 元

(9) 明确联络方式。

谈判过程中如有紧急情况请示或需要资料文件，由销售经理直接与主管副总经理电话联系。销售经理每天 20:00 向主管副总经理汇报工作。

(10) 明确应急方案。

①如香飘飘谈判代表出现身体不适，理科调用公司轿车送往第一人民医院诊治。

②如香飘飘原椰果供应商提出大幅降价，我方强调我公司产品的优势，必要时可降价至底线。

第三步　模拟谈判

(1) 模拟谈判对手。根据调查信息，选择相应模拟人员，模拟香飘飘食品有限公司谈判代表团成员，推测其心理、谈判目标、可能采取的策略等。

(2) 模拟己方。将谈判方案中预设的谈判组成员组成己方谈判团，明确己方优劣势、谈判目标、谈判策略。

(3) 模拟谈判过程。谈判双方围绕谈判主题展开谈判演练，每个谈判者都在模拟谈判中扮演特定角色，将谈判过程一一演绎。

(4) 完善谈判方案。根据模拟谈判发现的问题，找出既定谈判方案的漏洞与缺陷，分析漏洞或缺陷的弥补方案，调整、完善谈判方案。

特别注意：

谈判目标是否表达准确，是否能被己方谈判人员理解并接受。

谈判班子成员是否是最佳阵容，是否应做调整。

谈判成员的弱点及克服方法。

谈判策略是否合适，是否能为对方所接受，能较好控制谈判，实现双赢。

费用预算是否超出公司承受能力。

第四步　方案报批

将完善后的方案报主管副总经理审批，听取副总经理意见，依照副总经理意见调整。

第五步　信息反馈

将"谈判通则议程"发送给香飘飘食品有限公司采购经理，听取对方意见。

第六步　确定方案

根据谈判对手的意见，对谈判方案再作修改，副总经理审批通过后即可实施。

实训任务清单

任务情境	2023年12月11日，长春博雅会议会展服务有限公司前台接到长春大华有限公司（以下简称大华公司）工作人员关于筹办周年酒会咨询电话。原来是大华公司在成立一周年来临之际，为答谢公司的大客户，拟在12月25日举办一场隆重的周年酒会。双方经沟通后，决定在11月12日，大华公司商务代表到博雅公司就筹办周年酒会相关事宜进行商务谈判。 现在博雅会议会展服务有限公司的商务代表需制定商务谈判方案，公司领导责成王天一所在的团队完成这项任务
任务要求	通过小组讨论的方式，制定商务谈判方案文稿

任务实施步骤

步骤1	了解大华公司举办酒会的相关信息
步骤2	小组讨论，制定为大华公司筹办周年酒会的谈判方案
步骤3	小组通过模拟谈判查找方案中的漏洞与缺陷，完善方案
步骤4	小组派代表汇报制定的谈判方案

任务评价和成绩评定

任务评价考核内容	考核要求及评分标准	分值	成绩评定（分制）		
			自评（　%）	互评（　%）	师评（　%）
谈判方案报告质量	语言精练	10			
	内容完整	10			
	观点正确	10			
	条理清晰	10			
	排版工整	10			
	制作精美	10			
团队汇报	汇报者： 仪表整洁端庄 举止动作得体	10			
	声音洪亮 充满自信	10			
	表达有吸引力	10			
团队协作	团队分工明确、合作完成 积极主动回答提问	10			

任务 5.1　制定商务谈判方案的流程

微课：制定商务谈判方案的流程

商务谈判方案是谈判人员在谈判前预先对谈判目标等具体内容和步骤所做的安排，是谈判者行动的指针和方向。有了谈判方案，谈判人员才能有的放矢，做到心中有数，明确努力方向，打有准备之仗。

谈判方案的制定并不是简单地制定一个方案内容，需遵循一定的流程，具体如下：

（1）分析商务谈判环境。

商务谈判方案的制定要有依据，不能凭想象，制定前要收集相关的信息，分析商务谈判环境，涉及宏观环境因素分析、市场行情分析、谈判对手分析、竞争对手分析、己方与竞争对手优劣势比较、己方与谈判对手谈判实力比较。经过认真分析相关信息之后制定的商务谈判方案才具有针对性和有效性。

（2）拟订商务谈判方案。

依据对商务谈判环境分析的结果，围绕商务谈判双方寻求的利益，在双赢理念引导下寻求双方的利益最大化，按商务谈判方案应包含的相关内容拟定商务谈判方案。

（3）模拟商务谈判。

拟定的商务谈判方案有可能存在不足之处，需围绕谈判主题按谈判过程逐步展开模拟演练，找出既定谈判方案中可能存在的漏洞与缺陷，寻求漏洞或缺陷的弥补方法，然后，调整、完善谈判方案。

（4）报批商务谈判方案。

此时完善后的方案还不能执行，需上报主管领导审批，听取自己主管领导意见和建议后，依照意见进行调整，形成新的谈判方案。

（5）信息反馈。

谈判方案中的"谈判议程"与谈判对手协商确定，将此部分发送给对方，听取对方意见，依据双方达成议程的统一意见，重新修改谈判方案。

（6）确定商务谈判方案。

对根据谈判对方的意见，再次修订的谈判方案，报主管领导审批通过后即可实施。

拓展阅读

决定谈判实力的因素

谈判实力是指影响双方在谈判过程中的相互关系、地位和谈判最终结果的各种因素的总和。在通常情况下，谈判实力取决于以下几个因素。

1. 双方所在企业的信誉和影响力

企业的规模越大、品牌越响，商业信誉越高、社会影响力越大，该企业的谈判实力就越强，反之则就越弱。

2. 双方竞争的形势

如果是买方市场，那么买方市场形势越明显，买方的谈判实力就越强；反之，就是卖方的谈判实力越强。

3. 双方对谈判信息的了解程度

如果对谈判有关信息了解得越多、越详细，那么该方在谈判中就越是处于有利地位，也就会相应地提高自身的谈判实力；反之，则越弱。

4. 双方对谈判时间因素的反应

在谈判过程中，一方如果有时间限制，特别希望早日结束谈判，为达成协议，就可能不得不做出某些对己方不利的让步，时间的限制就会大大削弱该方的谈判实力。反之，则增强。

5. 双方谈判艺术与技巧的运用

谈判人员若能充分地调动有利于己方的因素，恰当运用洽谈艺术与技巧，那么己方的谈判实力就会增强，反之则减弱。

6. 双方对达成合作的愿望程度

一般而言，如果对达成合作（特别是长期合作）的愿望越强烈，在谈判中的实力就越弱；反之，则越强。

7. 双方对交易内容与交易条件的满足程度

对交易内容与交易条件的满足程度越高，该方在谈判中就比较占优势，谈判实力越强；反之，则越弱。

任务 5.2 商务谈判方案的基本内容

商务谈判方案是商务谈判活动的行动纲领，它通常包括以下几点内容。

5.2.1 谈判主题

商务谈判的主题是本次谈判的主要议题，是参加谈判要达到的目的，谈判主题必须简单明了，最好能用一句话加以概括和表述。如，"解决汽轮机转子毛坯延迟交货索赔问题，维护双方长期合作关系""以合理的价格签订红酒购销协议"等。

5.2.2 谈判目标

谈判目标是指谈判要达到的具体目标，它指明谈判的方向和要达到的目的、企业对本次谈判的期望水平。商务谈判的目标主要是以满意的条件达成一笔交易，确定正确的谈判目标是保证谈判成功的基础。商务谈判目标是对主要谈判内容确定期望水平，一般包括商品质量、规格、数量、价格、支付方式、交货期、验收标准、服务等。谈判目标要有弹性，可以划分为最优目标、期望目标和最低目标3个层次。

（1）最优目标。

最优目标是对谈判者最有利的理想目标，最希望达成的目标，是单方面可望而不可即的，是谈判进程开始的话题，会带来有利的谈判结果。谈判实力的高低决定最优目标的实现程度。

（2）期望目标。

期望目标即可交易目标，是一种保证合理利益的目标，是经过综合权衡、满足谈判方部分需求的目标，对谈判双方都有较强的驱动力。

期望目标是谈判人员谈判中都抱着现实的态度，根据各种主客观因素，经过科学论证、预测和核算之后所确定的谈判目标；是己方可努力争取或做出让步的范围；期望目标不要过早暴露，容易被对方否定。这个目标具有一定的弹性，该目标的实现意味着谈判成功。

（3）最低目标。

最低目标是达成交易的最低期望值，是通常所说的底线，是最低要求，也是谈判方必定要达到的目标。如果达不到，一般谈判会放弃。最低目标是谈判方的机密，一定要严格防护。

对于谈判目标有以下几点要求。

一要严格保密，尤其是最低目标，绝对不能对外透露。

二要综合平衡多重目标，所谓最高期望目标不仅有一个，可能同时有几个，在这种情况下就要将各个目标进行权衡，抓住最重要的目标努力实现，而其他次要目标可让步，降低要求。判断哪些可以争取达到，哪些可舍弃，哪些是万万不能降低要求的。通过平衡，使各目标之间在内容上保持协调一致，避免互相抵触。

三要通过筛选、剔除、对比、合并等手段合理减少目标数量，不能盲目乐观地将全部精力放在争取最高期望目标上，而很少考虑谈判过程中会出现的种种困难，造成束手无策的被动局面。

四要考虑好长期目标和短期目标的关系，确定各目标最终的主次关系。

五要对有重大修改的谈判目标重新经过协商和请示批准，不可擅自改动。

5.2.3 谈判期限

商务谈判期限是指从谈判的准备到谈判的终局之间的时长。在谈判开始以前，应当对谈判的期限有所计划和安排。由于谈判的效率问题是评价现代商务谈判成功与否的一个重要标准，而谈判的期限直接涉及谈判的效率。因此，谈判方案的制定应将谈判期限的规定包括进去。

谈判期限的规定，可长可短，但要具体、明确，同时又要有伸缩性，能够适应谈判过程中的情况变化。

谈判期限尽量不要跨越法定节假日或民族节日，保持谈判的连贯性。

谈判前，双方都在调查对方的谈判期限，对此要注意以下几个问题。对方可能会千方百计地保守谈判期限的秘密；在谈判时，要通过察言观色，抓住对方流露出来的情绪，摸清期限；谨防对方有意提供假情报；己方谈判期限要有弹性，可以由此避开对方利用谈判期限对自己的进攻；在对方的期限压力面前提出对策。

案例链接

11 个农夫和 1 个农夫

在美国的一个边远小镇上，由于法官和法律人员有限，组成了一个有 12 名农民的陪审团。按照当地的法律，只有当这 12 名陪审团成员都同意时，某项判决才能成立，才具有法律效力。

有一次，陪审团在审理一起案件时，其中 11 名陪审团成员已达成一致看法，认定被告有罪，但另一名认为应该宣告被告无罪。由于陪审团内意见不一致，审判陷入了僵局。其中 11 名陪审团成员企图说服另一名陪审团成员，但是这位陪审团成员代表是个年纪很大、头脑很顽固的人，就是不肯改变自己的看法。从早上到下午审判还不能结束，11 个农夫有些心神疲倦，但老农夫还没有丝毫让步的意思。

就在 11 个农夫一筹莫展时，突然天空布满了阴云，一场大雨即将来临。此时正值秋收过后，各家各户的粮食都晒在场院里。眼看一场大雨即将来临，那么 11 名代表都在为自家的粮食着急，他们都希望赶快结束这次判决，尽快回去收粮食。于是都对另一个农夫说："老兄，你就别再坚持了，眼看就要下雨了，我们的粮食在外面晒着，赶快结束判决回家收粮食吧。"可那个农夫丝毫不为之所动，坚持说："不成，我们是陪审团的成员，我们要坚持公正，这是国家赋予我们的责任，岂能轻易做出决定。在我们没有达成一致意见之前，谁也不能擅自做出判决！"这令那几个农夫更加着急，哪有心思讨论判决的事情。为了尽快结束这令人难受的讨论，11 个农夫开始动摇了，考虑开始改变自己的立场。这时一声惊雷震破了 11 个农夫的心，他们再也忍受不住了，纷纷表示愿意改变自己的态度，转而投票赞成那位老农夫的意见，宣告被告无罪。

解析： 按理说，11 个人的力量要比一个人的力量大。可是由于那一个人坚持己见，更由于大雨的即将来临，使那 11 个人在不经意中为自己定了一个最后期限即下雨之前，最终被迫改变了看法，转而投向另一方。在这个故事中，并不是那一个农夫主动运用了最后的期限法，而是那 11 个农夫为自己设计了一个最后的期限，并掉进了自设的陷阱里。

在众多谈判中，有意识地使用最后期限法以加快谈判的进程，能最终达到自己的目的。高明的谈判者往往利用最后期限的谈判技巧，巧妙地设定一个最后期限，使谈判过程中纠缠不清、难以达成的协议在期限的压力下，得以尽快解决。

（资料来源于网络）

谈判若没有期限，那么谈判者是不会感觉到什么压力的。很多谈判，尤其是复杂的谈判，都是在谈判期限即将截止前达成协议的。谈判的期限愈接近，双方的不安与焦虑便会日益增加，而这种不安与焦虑，在谈判终止的那一刻，将会达到顶点，而这正是运用谈判技巧的最佳时机。在谈判中，"截止期限"有时能产生令人惊异的效果。所以，你能巧妙地运用，可获预期效果。

巧用期限艺术

一家酒店，有个醉汉借酒劲干扰顾客用餐，还居然朝饭桌摔酒瓶子，严重扰乱了酒店的秩序。正当大家一筹莫展之际，酒店老板：一个瘦弱而温和的人，突然一步步地逼近那个家伙，命令他道："我给你两分钟时间，限你在两分钟之内离开此地。"而出乎意料的是，这家伙真的乖乖收起衣服，握着酒瓶，迈着醉步扬长而去了。惊魂未定，有人问老板："那流氓如果不肯走，你该怎么办？"老板回答："很简单，再延长期限，多给他一些时间不就好了。"

（资料来源：http://www.wodefanwen.com/mlhd_1k5kq3d4j941z4g1ryym_1.html）

只有在有新的情况发生或理由充足的情况下，才能延长期限。如果对方认为你是个不遵守既定期限的人，那么，设限对谈判对手就发挥不了什么作用。即使期限已到，也不会让人感觉到不安和焦虑，因为他们早已算准了你不把期限当一回事。在谈判时，不论提出"截止期限"要求的是哪一方，期限一旦决定，就不可轻易改变。

5.2.4 谈判地点和场所

（1）谈判地点。

商务谈判地点的选择对谈判结果有一定的影响。有利的地点能增强自己的谈判地位和谈判力量。

主场谈判具有许多好处，如对环境熟悉，心理上有底气、有安全感，比较方便向上级请示、便于查找资料和数据等，且生活比较适应，易于控制谈判气氛和议程等。

客场谈判也有一定好处，如便于了解和考察对方情况，较容易寻找推脱借口（如资料欠缺、授权有限），省去很多招待的费用和心力等。

谈判地点选择总的礼仪原则是公平、互利。一般而言，重要的议题和难以解决的议题，最好争取在本地进行谈判。一般性议题和容易解决的议题，或需要到对方处了解情况时，可在对方地点进行谈判，但须做好充分准备。如果双方均不同意到对方所在地谈判，或另有原因，也可以在中立地点谈判。

案例链接

耐心的丧失

为了促成埃及和以色列的和平谈判，卡特（美国第 39 任总统）精心地将谈判地点选在戴维营，那是一个没有时髦男女出没、甚至普通人也不去的地方。尽管那里环境幽静、风景优美、生活设施配套完善，但卡特总统仅为 14 人安排了两辆自行车的娱乐设备。

晚上休息，住宿的人可以任选三部乏味电影中的任何一部看。住到第 6 天，每个人都把这些电影看过两次了，他们厌烦得近乎发疯。但是每天早上 8 点钟，萨达特（埃及前总统）和贝京（以色列前总理）都会准时听到卡特的敲门声和那句熟悉的单调话语，"你好，我是卡特，再把那个乏味的题目讨论上一天吧。"正是由于卡特总统的耐心，坚持到第 13 天，萨达特和贝京都忍不住了，再也不想为谈判中的一些问题争论不休了，这就有了著名的《戴维营和平协议》。这项协议是埃及和以色列达成的关于和平解决中东问题的原则性协议。该协议于 1978 年 9 月 17 日在美国华盛顿签署。

（资料来源：本案例由作者根据网络相关资料编写）

（2）谈判场所。

商务谈判具体场所的选择有一定技巧。一般而言，正式的谈判、大量具体的细节问题和有争议的问题比较适合选择在会议室举行。因为在会议室进行谈判能营造一种气势，使双方认真对待，展开讨论。

商务谈判中，谈判场所的选择往往"别有用意"。谈判的场所也可以是休闲娱乐场所，如在酒店、茶馆、咖啡屋、高尔夫球场等。双方在这样的谈判场所里的言论容易放松，可以讨论议题，可以诉说友情，也可以讨论无关的问题。这样容易增进彼此的了解，建立友谊，也更有利于谈判的成功。

案例链接

谈判地点的用心选择

有两家日本公司初次合作，彼此都不太了解，为了表明合作的诚意，两家公司不约而同地决定将谈判地点选在有一座狗雕塑的车站附近。关于这座狗雕塑有一个美丽的传说。东京大学教授上野秀次郎收养了一只纯种秋田犬，取名"八公"。八公备受上野教授的宠爱，与教授形影不离。每天早晨，八公都会送教授去涩谷车站，待下午五点半又去接教授回家，风雨无阻。但是有一天，上野教授在大学演讲时脑出血发作倒下。教授死后，八公被桥本收养，却数次逃走。它在野外流浪，徘徊于过去的家和车站。每天下午五点半，八公都来车站等候、凝视，从夏季到秋季，9年里，八公风雨无阻，直到最后在大雪中死去。后来人们把它称为"忠犬八公"，并把它当成了忠诚和信用的象征，并在这个传说发生的地方为它塑了像。所以许多人为了表示自己的忠诚和信用，就把这儿当成了约会的地点。当两个公司的谈判人员来到这里时，彼此都心领神会，大家开诚布公，顺利签约。

（资料来源：本案例由作者根据网络相关资料编写）

5.2.5 谈判人员

商务谈判是谈判主体间一系列的行为互动过程，谈判人员的素质、能力及谈判班子的构成直接影响到谈判的成败得失。

谈判人员要考虑谈判人员本身的素质和能力、谈判班子的构成、谈判班子人员职责分工等方面。

（1）谈判人员的素质和能力。

过硬的专业能力和良好的合作意识，持久的耐心和坚强的毅力，敏捷清晰的思维能力，准确的信息表达能力，很好的洞察力和灵活应变能力，沉稳的心理和较强的自控能力，良好的行为礼仪，健康的体魄和充沛的精力。

案例链接

一句唐诗扭转乾坤

法国是盛产葡萄酒的国家，外国的葡萄酒想打入法国市场是很困难的。四川农业大学留法研究生李华经过几年的努力，终于使中国葡萄酒奇迹般地打入了法国市场。可是，中国葡萄酒进入香港时，港方要按照土酒征80%的关税、洋酒征300%的关税规定，将中国的葡萄酒按洋酒征税。面对这一困境，李华沉稳地吟出了一句唐诗："葡萄美酒夜光杯，欲饮琵琶马上催。"并解释说，这是中国流传广泛的一句唐诗，从中说明中国唐朝就能生产葡萄酒了。唐朝距今已有1 300多年了，英国和法国生产葡萄酒的历史要比中国晚几个世纪。怎能说葡萄酒是洋酒呢？李华用一句唐诗驳得港方哑口无言，只好承认葡萄酒按照土酒征税。

（资料来源：张翠英. 商务谈判理论与实训. 北京：首都经济贸易大学出版社，2008）

（2）谈判班子的构成。

组建谈判班子除了考虑能力、素质因素外，还要考虑谈判人员性格的互补、关系的融洽和年龄的协调（以老成持重的中年人为主，辅以思维敏捷、敢冲敢争的年轻人和经验丰富的年长者）。

在一般的商务谈判中，所需的专业知识大体上可以概括为以下几个方面：一是有关技术方面的知识；二是有关价格、交货、支付条件、风险划分等商务方面的知识；三是有关合同权利、义务等法律方面的知识；四是语言翻译或记录方面的知识。

根据上述专业知识的需要，一支谈判队伍应包括以下几类人员。

①技术人员。由熟悉生产技术、产品性能和技术发展动态的技术员、工程师或总工程师担任。谈判中可负责产品质量标准、产品验收、技术服务等问题的谈判，也可与商务人员紧密配合，为价格决策做技术参谋。

②商务人员。由熟悉贸易惯例、了解交易行情、有价格谈判经验的业务员或厂长、经理担任。

③财务人员。由熟悉成本情况、支付方式，具有较强的财务核算能力的会计人员担任。

④法律人员。一般为律师或掌握经济、法律专业知识的人员，通常由特聘律师、企业法律顾问或熟悉有关法律规定的人员担任。

⑤记录人员。由有熟练的文字记录能力、较好的总结归纳能力和超强的记忆力的人员担任，也可由上述各类人员中的某人兼任。

⑥谈判组长。由具有丰富谈判经验、较强管理能力、协调能力、决策能力、应变能力和较高威信的人员担任，可由企业专门委派，或者是从上述人员中选择合适者担任。

【特别提示】

涉外商务谈判还需要翻译人员。翻译人员由熟悉外语和有关知识，善于与人紧密配合，工作积极，纪律性强的人员担任。

如为主场谈判，还应安排后勤保障人员。后勤保障人员应由社会联系较为广泛、协调能力、应急能力较强，工作认真细致的人担任。

意义重大项目的谈判还需相关政府部门人员参加，在政府政策上予以把关。

谈判班子规模的大小必须根据具体情况确定。一场谈判应配备多少人以及人员的级别，应视谈判的重要程度、内容的繁简、技术性的强弱、谈判人员能力的高低以及对方谈判人员的多少来确定。

(3) 谈判班子人员职责分工。

①谈判组长。管理谈判组成员，协调谈判组成员意见；调控谈判进程与策略，在授权范围内决定谈判过程中的重要事项；向上级汇报谈判进展情况，贯彻执行上级决策方案；审核合同，获得授权可代表企业签约；谈判总结汇报。

②技术人员。负责有关商品的技术性能、质量指标、商品的原料与生产工艺、商品包装、货物验收等条款的谈判，配合商务人员对谈判标的价格进行分析。

③商务人员。负责交易价格、运输、保险、交货条件的谈判，拟订合同文本，配合谈判组长做好对外联络工作。

④财务人员。负责货款、运输费、保险费的支付条款的谈判，分析、计算谈判条件变化所带来的收益变动，为主谈人提供财务方面的建议。

⑤法律人员。负责谈判中合同条款的法律解释；确认对方经济组织及谈判代表的合法资格；检查法律文件的真实性和完整性；审查合同条款，对合同的合法性、完整性、公正性负责。

⑥翻译人员。准确地传递谈判双方的沟通信息，提醒己方谈判人员不妥的谈话内容，恰当地缓解谈判气氛。

⑦记录人员。准确、完整、及时地记录谈判内容。

⑧后勤保障人员。负责布置谈判场所、接待、联络、供餐、送客等谈判服务。

5.2.6 谈判策略

谈判策略是指谈判者为了达到和实现自己的谈判目标而采取的途径与方法。谈判人员应在谈判之前充分考虑谈判中可能遇到的情况和问题，并对其制定恰当的谈判策略和技巧，以做到心中有数、游刃有余。

（1）确定谈判的基本策略。在谈判方案中，谈判人员必须根据最低限度目标和最高期望目标确定谈判的基本策略，以及为了达到和实现这些目标所采用的基本途径和方法。

基本策略的确定是建立在对对方谈判实力以及影响因素的认真研究分析的基础上的，通常分三步来确定。

①确定对方在本次谈判中的目标是什么，包括最低限度目标、可接受目标和最高期望目标。

②确定在己方争取最需要的利益时，将会遇到对方哪些阻碍，对方会提出什么样的交易条件。

③确定对策，即根据前两步的分析结果，明确己方可以在哪些条款上让步，哪些条款不能让步。

（2）确定合同条款或交易条件方面的内容。在制订谈判方案时，关键问题就是要对交易条件或合同条款逐字逐句分析和研究。在研究和分析时，应从政策、法律、经济效益等不同角度进行衡量，彻底弄清其含义，从而分辨出哪些条款是可以接受的，哪些条款是经过双方协商来决定的，哪些是必须按己方意愿来改变的。通过区分这三种情况，己方再提出具体的修改意见，以便在谈判中予以贯彻和实施，力争实现己方的目的。

（3）价格谈判的幅度问题。价格是谈判的中心环节，也是争论最多的问题。在制订谈判方案时，要对价格掌握的幅度有明确的看法和意见，并要设计出争取最佳结果的策略和具体措施。

针对以上情况，明确我方应营造怎样的谈判氛围，怎样创造有利于己方的谈判条件。

为了使谈判者的估计更接近实际情况，在谈判开始前，谈判者可组织有关人员根据本次谈判的外部环境（如政治、经济、法律、技术等）、双方的具体情况（如谈判能力、经济实力、谈判目标、双方的基本需求以及谈判风格等）以及对方可能提出的条件或建议等问题进行讨论，并针对不同的情况选择相应的对策。

【特别提示】

在制定谈判策略时，尽可能地估计会发生的情况，并制定应对的策略。

在谈判过程中，注意分析判断谈判对手的反应，参照原制定的应对策略灵活应对。

（4）谈判策略的表述。

谈判策略的表述是对谈判过程中产生的一系列问题的回答。按照谈判过程的各阶段可以设计以下问题。

①开局：该怎样开始谈判，怎样摸清对方的意图与底细等。

②报价：该怎样提出自己的条件，对方会就此问什么问题、该如何回答等。

③议价：对方会提哪些条件，该如何回答；怎样提出建议，怎样处理对方断然的"不"等。

④让步：哪些地方可做让步，怎样让步等。

⑤结束：怎样结束谈判，与对方今后的关系怎样等。

5.2.7　谈判议程

谈判议程是指有关谈判事项的议事程序，典型的谈判议程至少要包括下列内容。

(1) 谈判议题。

凡是与谈判有关的需要双方展开讨论的问题，均是谈判的议题。确定谈判议题包括以下步骤。

首先，将与本次谈判有关的问题罗列出来。

其次，将罗列出的各种问题进行分析，确定哪些问题是重点问题、哪些问题是非重点问题、哪些问题可以忽略以及问题之间的逻辑关系。

最后，确定哪些问题是对方关心的核心问题，己方必须认真对待；哪些问题是对方的附属问题，对方可以做出让步；哪些问题是可以不予以讨论的。

(2) 谈判议题的顺序。

谈判议题可分为三种类型：先易后难、先难后易和混合进行。

①先易后难。即先讨论容易解决的问题，以创造良好的洽谈气氛，为讨论困难的问题打好基础。

②先难后易。是指先集中精力和时间讨论重要的问题，待重要的问题得以解决之后，再以主带次，推动其他问题的解决。

③混合进行。即不分主次先后，把所有要解决的问题都提出来进行讨论。经过一段时间以后，再把所有讨论的问题归纳起来，将已达成一致的问题予以明确，对尚未解决的问题继续讨论。

【特别提示】

有经验的谈判者，在谈判前就能做到对谈判议题进行估算，能辨认出哪些议题属于不会产生分歧意见、较容易达成协议，哪些问题可能有争议。

谈判开始和结束前安排争议较小、容易让步的议题，以形成融洽的谈判氛围和良好的谈判关系。

对于有较大争议的问题，最好不要放在开头，它会影响后面的谈判，因为它既有可能要占用较多的时间，也有可能影响双方的情绪；也不要放在最后，放在最后时间可能不够，而且谈判结束前还会给双方留下一个不好的印象。最好放在谈成几个问题之后或在谈最后一两个问题之前，也就是说在谈判中间。

对于己方关注的重要议题，要留出充足的时间，安排在一个对己方有利的时间段讨论。一般而言，谈判结束之前最好谈一两个双方都满意的问题，以便在谈判结束时创造良好的气氛，给双方美好的回忆。

(3) 时间安排。

时间安排即确定谈判在何时举行，为时多久。倘若是分阶段的谈判还需确定分为几个阶段，每个阶段所花的时间大致是多少。

【特别提示】

在谈判接触过程中适当安排些休闲娱乐活动,既可调节谈判气氛,又可放松神经、消除疲劳、增进友谊。休闲娱乐活动时间的安排要恰到好处,与谈判节奏、氛围相协调。

要考虑到意外情况的发生,适当安排机动时间。

确定谈判时间应注意的问题有以下几点。

①谈判准备程度。如果没有做好充分准备,不宜匆忙开始谈判。

②谈判人员的身体和情绪状况。谈判人员的身体、精神状态对谈判的影响很大,谈判者要注意自己的生理时钟和身体状况,避免在身心处于低潮和身体不适时谈判。例如,有午睡习惯的人要在午饭以后休息一会儿再进行谈判,因此不要把谈判安排在午饭后立即进行。

③要避免在用餐时谈判。一般地说,用餐地点多为公共场所,而在公共场所进行谈判是不合适的。再有,吃太多食物会导致思维迟钝。当然若无法避开在用餐时谈判,则应节制进食量。

④不要把谈判时间安排在节假日或双休日,因为谈判对方在心理上有可能尚未进入工作状态。

⑤市场的紧迫程度。市场是瞬息万变的,竞争对手如林,如果所谈项目是季节产品或是时令产品,或者是需要争取谈判主动权的项目,应抓紧时间谈判。

⑥谈判议题的需要。对于多项议题的大型谈判,所需时间相对较长,应对谈判中可能出现的问题做好准备。对于单项议题的小型谈判,如果准备充分,应速战速决,力争在较短时间内达成协议。

拓展阅读

通则议程与细则议程

在实际商务谈判活动中,制定商务谈判议程往往要形成两个文件:通则议程和细则议程。

1. 通则议程

通则议程是对谈判事项及过程的粗线条安排,经双方审议同意后生效,供谈判双方共同遵照使用。

通则议程包括以下内容。

①谈判总体时间及各分阶段时间的安排。

②双方谈判讨论的议题及顺序。

③双方人员安排。

④谈判地点、招待及活动安排。

2. 细则议程

细则议程具有保密性,它是己方对谈判过程的具体安排,供己方使用。它一般包括以下内容。

①谈判中的统一口径:如发言的观点、文件资料的说明等。

②对谈判过程中可能出现的各种情况的估计和对策安排。

③己方发言的策略:何时提出问题,提什么问题,向何人提问,谁来提问,谁来补

充,谁来回答对方问题,谁来反驳对方提问,什么情况下要求暂时停止谈判等。

④己方谈判时间的策略安排:哪些问题多谈,哪些问题少谈,哪些问题不谈。

⑤谈判人员更换的预先安排。

5.2.8 谈判风险

估计谈判涉及经济活动的各相关方面可能对己方存在的威胁与风险,并提出对策。

商务谈判风险可能来自政治冲突、原料涨价、运输损失、产品交货、验收、支付的争议及赔偿等方面。

5.2.9 谈判费用

预估谈判活动可能发生的相关费用,如娱乐、宴请、礼物等项目,预先在制定方案时列明,平衡预算,控制在合理范围。

一般来说,客方谈判代表在谈判期间的食宿费、通勤费通常都是自理。若主方为表示诚意,也可事先向对方说明,纳入预算。

5.2.10 联络汇报

谈判过程中谈判负责人汇报请示的具体领导、联系方式、时间要注明;并及时向企业索取资料的联系人、联系方式等。联络汇报总的要求是迅速、高效、保密。

5.2.11 应急预案

在谈判过程中,可能会发生意外情况,如对方谈判代表突然身体不适、竞争对手干预、市场行情突变等,应对这些情况做出充分的估计,并制定相应应急方案。

任务 5.3   制定谈判方案的基本要求

谈判方案是指就本次谈判的内容所拟定的谈判主体目标、准则、具体要求和规定。一般而言,一个成功的谈判方案有3个方面的基本要求。

(1)语言要简明扼要。

谈判方案的内容表述要简单明了,应用高度概括的文字,其主要内容与基本原则要易记。

(2)要求和规定要具体。

谈判方案要与具体谈判相结合,不能写空话、套话、假话,要以谈判的具体内容为基础,要求和规定要具体,否则谈判方案就不具备实际操作的指导意义。

(3)谈判方案要灵活。

谈判过程是预先不可控的,会发生千变万化,谈判方案只是谈判前某一方的主观设想,不可能把影响谈判过程的各种随机因素都估计在内。为了使谈判方案具有更强的适应性,在制定方案时要有一定的灵活性,在谈判过程中能灵活根据方案要求与对方周旋。

任务 5.4   模拟谈判

模拟谈判即正式谈判前的谈判预演过程。所谓模拟谈判,也就是正式谈判前的"彩排"。它是从己方人员中选出某些人扮演谈判对手的角色,提出各种假设和臆测,从对手的谈判立场、观点、风格等出发,和己方谈判人员进行谈判的想象和实际表演。模拟过程就是演习自己和对方面对面谈判的一切情形，包括谈判时的现场气氛、对方的面部表情、谈判中可能涉及的问题、对方会提出的各种反对意见、己方的各种答复以及处理方法等。

5.4.1 模拟谈判的形式

（1）沙龙式模拟。

沙龙式模拟又称头脑风暴法，是指把谈判者和相关方面的专家聚集在一起，就谈判方案内容充分讨论，自由发表意见，共同想象谈判全过程。这种模拟的优点是利用人们的竞争心理，使谈判者开动脑筋，积极进行创造性思维，在集体思考的强制性刺激及压力下，能产生高水平的谈判策略、方法及技巧。

（2）戏剧式模拟。

戏剧式模拟又称全景模拟法，是指每个谈判者都在模拟谈判中扮演特定的角色与模拟谈判对手交锋，演绎谈判全过程。通过戏剧式模拟，可以使谈判者获得实际谈判体验，提高谈判应变能力和团队协同谈判能力。发现那些原本被忽略或被轻视的重要问题，通过站在对方角度进行思考，使己方的谈判策略更具有针对性，解决问题的方案和妥协方案也更具可行性。

模拟谈判可以在谈判正式开始前提出各种设想，处理谈判中可能遇到的问题，总结经验，以便在实战中取得更好的结果。首先，它可以帮助谈判者纠正谈判计划中的一些错误；其次，模拟谈判还能帮助己方的谈判人员积累一定的经验，提高谈判能力；最后，通过模拟谈判，使谈判人员在相互的角色扮演中，找到自己所扮演的角色的感觉，可以训练和提高谈判人员的应变能力，为临场发挥做好心理准备。

5.4.2 模拟谈判的总结

模拟谈判的目的在于使谈判者熟悉谈判过程，提高谈判能力；发现问题，提出对策，完善谈判方案。模拟谈判的总结应包括以下内容。

①对方的立场、观点、目标、风格等。
②对方的反对意见及解决办法。
③自己的有利条件及运用状况。
④自己的不足及改进措施（包括人员调整）。
⑤谈判所需情报资料是否完善。
⑥双方各自的妥协条件及可共同接受的条件。
⑦谈判破裂的界限等。

小案例

商务模拟谈判

一、谈判双方
中国浙江绍兴华联纺织品有限公司和美国现代纺织品进出口公司。
二、参加人员
中方（12人）：
模特（倪淼凤、陈建兰、沈军军、陈栋梁、马丽）

三、交易产品

男女各式围巾。

四、谈判主题

代表中国浙江绍兴华联纺织品有限公司与美国现代纺织品进出口公司商谈围巾销售项目。

五、谈判具体过程

1. 引子（播放录像片）

中国浙江绍兴华联纺织品有限公司是一家经国家外经贸部批准，以经营纺织面料、服装、丝巾和围巾为主的综合性外贸公司。

公司拥有1 000多平方米的外销产品展示厅、办公用房和一支高素质的外贸经营专业队伍。2005年外贸出口额已超过1 000万美元。产品远销欧美、东南亚等国家和地区，深受客商的赞誉。

在中国已加入WTO的今天，公司坚持"诚为本，信为先"的经营宗旨，一如既往地向海内外新老客户提供一流的产品，一流的服务。

美国现代纺织品进出口公司是美国老牌纺织品企业，本次与中国浙江绍兴华联纺织品有限公司的项目是公司本年度规模最大、最受重视的项目。双方此次交易的主要产品是丝巾、围巾。

此前，双方已经过多次联系、洽谈。双方非常重视这次具有决定意义的谈判，所以对这次谈判都做了充分准备，同时也派出了强大的谈判阵容。

下面是中方秘书（寿）前来引导美方代表（陆、姚）至会议室途中的对话。

寿：请往这边走，我带你们到会议室。

陆：谢谢，我们跟着您。

寿：你们昨天晚上休息得好吗？

姚：很好，谢谢您替我们预订房间。这是一家不错的饭店。

陆：我们希望今天有一次愉快的交谈。

2. 双方进入谈判室

在对方到达会议室时，中方已等候代表鼓掌表示欢迎，双方按照职位牌就座。由各方首席代表介绍各自代表队成员。

金：我是今天中方的首席代表，我叫玛吉。这位是我们的法人代表凯莉。这位是销售部经理琳达。艾丽丝，产品研发部经理。鲍伯，质检部副部长。

任：我叫克丽丝，设计师。

寿：我叫海伦，秘书。

钱：非常感谢你们热情的介绍。我是雪莉，美方的首席谈判员。这位是我的同事销售部经理詹姆斯·史密斯。在我左边的是我们的市场部经理杰克。这位是秘书阿曼达。托马斯，质检部负责人。坐在最边上的是我们的法律部资深职员安娜。

3. 由中方首席谈判员做产品介绍及演示

金：既然我们已经相互介绍过了，我想先介绍一下我们这次交易的产品。大家可以看一下手上的产品宣传册。我公司的主要产品是围巾，既有手工编织的，又有各种不同材料加工而成的。产品新颖美观，质量优良，价格合理，规格齐全。产品远销欧美、东南亚等国家和地区，深受客商的赞誉，销售额一直处于稳定增长趋势。在这一点上，我们产品研发部经理还有要补充的。

胡：是的。我们的产品非常吸引人，特别在真丝、丝绒上有专门和独特的工艺标准，有绣花、扎染、手绘、压皱、烫钻、手勾等各种工艺品。形状有方巾、三角巾、长巾等。面料有丝绒、真丝、羊毛、马海毛、腈纶、化纤等。

本公司拥有专业熟练的工作队伍，不仅能按客户的要求来料、来样加工生产，还能设计最新的款式。

金：我公司目前已拥有国内外优秀设计师，世界先进的电脑自动化生产设备，国际标准化的生产环境。产品款式新颖，面料精美，工艺精湛。克丽丝就是我公司最优秀的设计师。

任：我们生产的围巾有不同系列，有西装围巾系列、经编系列、雪尼尔系列、提花系列、仿羊绒系列。来欣赏一下我们的产品展示吧。

（模特展示各式围巾，美方观赏后，相互交流并提问。）

陆：很漂亮。你们产品的质量和花式品种的确很吸引人。你们是如何保证质量监督的？

金：这是由质量监督部负责。

殷：我们有严格的质量检验系统。总验收由我方专业人员进行，我们保证符合国际质量标准。

钱：你们的产品质量这么好，那价格一定也很高。

金：情况也并非如此。我们的目标是尽可能降低成本，以便降低价格。

钱：我们非常喜欢那一款真丝织物的围巾，只是我不知道这款面料会不会褪色。

金：事实上，这所有的面料保证不褪色。但不可在阳光下暴晒。

钱：我们对丝巾非常感兴趣，如果我们订购，你们打算给予我们多少折扣？

金：这要看你们购买的数量了。一般情况下，我们给予5.3%的折扣。

钱：这样的价格好像不是很合理。你们的大多数产品刚刚进入我们的市场，为了增加销售额，很多钱要花在广告宣传上。

李：广告是向顾客宣传产品品质和服务的一种重要方式，可是一旦人们逐渐了解了我们的产品，这个生意就很容易做下去。

陈：是这样。但万事开头难嘛！我希望我们会成为长期的业务伙伴，如果你们的价格合理，我们准备大量订购。

李：价格的高低和产品的质量是分不开的。在与其他产品做比较后，你们将体会到品质优良的产品确实物有所值。

陈：我知道你们的产品确实质量不错，只是还不能保证在我们的市场会很畅销。并且这是我们的第一次合作，你们能提供更优惠的折扣吗？

李：事实上，我们的价格已经很合理了。但是为了促进将来的合作，我们可以破例给你5.4%的折扣。这是最优惠的价格了。

钱：如果那样的话，我们希望成为你们的经销商而不是代理商。你们同意吗？

金：让我确定一下，你说的经销商是什么意思？

钱：公司自行进货并以合理的差价卖出。

金：那代理商呢？

钱：公司以抽佣金的方式销售另一个公司的商品。

金：对我们来说，恐怕这样行不通。我们可以稍后再讨论吗？

钱：好的，没问题。

金：现在，让我们一起去参观一下我们的样品间吧。

4. 中场暂停，参观样品间

李：我们同意给予你们5.4%的折扣，但你们起订量必须提高到3 000条。

钱：恐怕我们还是不能接受。

李：那你们能接受多少的折扣？

钱：我们刚才商量以后，大家的意见是最好给予我们5.8%的折扣。

5. 各方低声交流后，开始就价格进行讨论

李：这样好吗，让我们各让一半，5.65%的折扣怎样？

钱：我们十分欣赏你们为达成交易所做的努力，作为友好表示，我们接受你方价格。

金：非常感谢！

钱：下面由我们的市场部经理谈一下具体事项。

陶：我们第一阶段将预订3 200条丝巾。

金：按照我们所协商的，我们以每条丝巾6.2美元的价格给您，所以总金额为19 840美元。对吗？

陶：接下来让我们讨论交货事宜吧。假设我今天下午下订单，什么时候可以拿到产品呢？

金：今天是12月15日。如果是标准颜色和尺寸的订单，我们会在一月底前交货。

陶：真正的意思是，我的问题是我什么时候能够"收到"产品。

金：通常从中国装船后运送到美国需要45天。

陶：换句话说，依照标准程序来做的话需要大约三个月的时间。你的看法呢，我们的销售部经理。

陈：我们希望你们在每个月递交我们的订单状况报告。有任何变化必须立刻传真给我们。可以吗？

金：没问题。至于包装，我们习惯用我们公司特制的袋子，15条一袋。

陈：这一点我们可以接受。

6. 谈判取得圆满成功，签订销售合同

姚：现在基本情况已定，在签销售合同前我们把相关条款检查一遍。

严：行。

姚：让我们先从商品的名称、规格、数量、单价、总计等开始。（检查完毕后）你们认为还有什么问题吗？

严：没问题。合同准备好后，让我们一起签。我们期待双方继续合作，进一步扩大双方的贸易关系。

项目小结

商务谈判方案是指在谈判前谈判人员预先对谈判目标等具体内容和步骤所做的计划或安排，是谈判行动的指针和方向。

制定谈判方案流程：分析商务谈判环境、拟订谈判方案、模拟谈判、报批方案、信息反馈、确定方案。

制定谈判方案的基本要求：语言要简明扼要、要求和规定要具体、谈判方案要灵活。

商务谈判方案内容的主要项目包括谈判主题、谈判目标、谈判期限、谈判地点和场所、谈判人员、谈判策略、谈判议程、谈判风险、谈判费用、联络汇报、应急预案。

同步综合实训

一、知识夯实闯关考验

1. 多选题

1) 谈判方案的制定需遵循一定的流程，包含（　　）。
A. 分析商务谈判环境　　　　B. 拟订谈判方案
C. 模拟谈判　　　　　　　　D. 报批方案
E. 信息反馈　　　　　　　　F. 确定方案

2) 谈判目标要有弹性，可以划分为哪3个层次（　　）。
A. 最优目标　　B. 期望目标　　C. 最低目标　　D. 中间目标

3) 制定谈判方案的基本要求有（　　）。
A. 语言要简明扼要
B. 要求和规定要具体
C. 谈判方案要灵活

4) 模拟谈判的形式有（　　）。
A. 沙龙式模拟　　　　　　　B. 戏剧式模拟
C. 微景模拟法　　　　　　　D. 讨论式模拟

2. 判断题

1) 商务谈判的主题是本次谈判的主要议题，是参加谈判要达到的目的。谈判主题必须简单明了，最好能用一句话加以概括和表述。（　　）

2) 商务谈判期限是指从谈判的准备到谈判的终局之间的时长。谈判期限尽量不要跨越法定节假日或民族节日，保持谈判的连贯性。（　　）

3) 商务谈判地点的选择对谈判结果有一定的影响。有利的地点能增强自己的谈判地位和谈判力量。（　　）

4) 谈判的场所也可以是休闲娱乐场所，如在酒店、茶馆、咖啡屋、高尔夫球场等。（　　）

5) 谈判议程是指有关谈判事项的议事程序，自己制定完即可，不需要与对方协商。（　　）

二、技能提升综合实训

制订商务谈判方案

请你将下周拟购买物品列出清单，选定谈判对象，请你制定本次谈判的方案，并填入下表。

商务谈判方案简表

方案项目	项目的具体内容
谈判主题	
谈判期限	

续表

谈判目标	最低目标	期望目标	最优目标
谈判期限			
谈判地点和场所			
谈判人员			
谈判策略			
谈判议程			
谈判风险			
谈判费用			
联络汇报			
应急预案			

自我领悟微语录

_____

_____

_____

项目六　做好谈判沟通技巧准备

学习目标

知识目标：
了解商务谈判中语言沟通的作用和原则。
理解商务谈判中非语言沟通的作用和特点。
掌握商务谈判中语言和非语言沟通的技巧。

能力目标：
能运用合适的语言表达和非语言形式完成谈判活动。

素质目标：
树立双赢理念，培育团队协作精神。
培养认真负责的职业态度与职业道德。

重点和难点

重点：
本项目的重点是商务谈判中沟通技巧的运用。

难点：
本项目的难点是能在实际生活和工作中理解并合理运用沟通技巧。

项目引例

周总理用幽默风趣的回复化解尴尬

　　1971 年，基辛格博士为恢复中美外交关系秘密访华。在一次正式谈判尚未开始之前，基辛格突然向周恩来总理提出一个要求："尊敬的总理阁下，贵国马王堆一号汉墓的发掘成果震惊世界，那具女尸确是世界上少有的珍宝啊！本人受我国科学界知名人士的委托，想用一种地球上没有的物质来换取一些女尸周围的木炭，不知贵国愿意否？"周恩来总理听后，随口问道："国务卿阁下，不知贵国政府将用什么来交换？"基辛格说："月土，就是我国宇宙飞船从月球上带回的泥土，这应算是地球上没有的东西吧！"周总理哈哈一笑："我道是什么，原来是我们祖宗脚下的东西。"基辛格一惊，疑惑地问道："怎么？你们早有人上了月球，什么时候？为什么不公布？"周恩来总理笑了笑，用手指着茶几上的一尊嫦娥奔月的牙雕，认真地对基辛格说："我们怎么没公布？早在 5 000 多年前，我们就有一位嫦娥飞上了月亮，在月亮上建起了广寒宫住下了，不信，我们还要派人去看她呢！怎么，这些我国妇孺皆知的事情，你这个'中国通'还不知道？"周恩来总理机智而又幽默的回答，让博学多识的基辛格博士笑了。

　　【分析】这是一段经典的谈判案例，周总理通过自己幽默风趣的回答，既缓解了谈判即将面临的尴尬，也压制了美方蓄意制造的气势。基辛格突然的发问和交易请求，意在展示本国国力强大，周总理的提问似是掉进基辛格的谈判陷阱中，其实是通过欲扬先抑的策略，吊起对方的气势，最后，通过彰显文明古国的悠久历史打了对方一个"回马枪"，在周总理的巧妙反击下，美方谈判者的气势在幽默风趣中被打压了下来。

实训任务清单

任务情境	长春某高职院校市场营销专业的学生王天一毕业后应聘到长春博雅会议会展服务有限公司（简称博雅公司）销售岗位工作，这是一家集会议接待、展览展示、商务考察、票务为一体的综合性服务公司。 公司已经对新入职员工进行了商务谈判基础知识的统一培训，为他们进行商务谈判实战打下良好的基础。商务谈判过程中离不开沟通，主管发现这批新员工的沟通能力还有待进一步加强，于是对王天一等人进行了商务谈判的沟通能力培训
任务要求	培训结束后，要求学员之间选择一个在生活、工作或学习过程中印象最深的谈判实例，叙述并结合案例说明商务谈判中的沟通形式都有哪些？各自都有哪些特点？对商务谈判有什么作用？有哪些技巧可以利用来提高谈判的成功率
任务实施步骤	
步骤1	组建团队，任务分工
步骤2	以小组为单位，搜集相关信息，讨论确定分享的谈判案例
步骤3	小组讨论，对案例进行分析，制定案例分析报告
步骤4	团队汇报，汇报时间5分钟
任务评价和成绩评定	

| 任务评价考核内容 | 考核要求及评分标准 | 分值 | 成绩评定（分制） |||
			自评（ %）	互评（ %）	师评（ %）
案例分析报告质量	语言精练	10			
	内容完整	10			
	观点正确	10			
	条理清晰	10			
	排版工整	10			
	制作精美	10			

续表

任务评价考核内容	考核要求及评分标准	分值	成绩评定（分制）		
			自评 （　　%）	互评 （　　%）	师评 （　　%）
团队汇报	汇报者： 仪表整洁端庄 举止动作得体	10			
	声音洪亮 充满自信	10			
	表达有吸引力	10			
团队协作	团队分工明确、合作完成 积极主动回答提问	10			

实训指导

任务 6.1　商务谈判的语言沟通

商务谈判是买卖双方为了促成交易而进行的活动，或是为了解决买卖双方的争端，并取得各自的经济利益的一种方法和手段。在谈判中，语言表达能力十分重要，因为叙事清晰、论点明确、证据充分的语言表达，能够有力地说服对方，取得相互之间的谅解，协调双方的目标和利益，保证谈判的成功。正如谈判专家指出的那样：谈判技巧的最大秘诀之一，就是善于将自己要说服对方的观点一点一滴地渗进对方的头脑中去。在谈判中，双方的接触、沟通与合作都是通过语言表达来实现的，说话的方式不同，对方接受的信息、做出的反应也都不同。这就是说，虽然人人都会说话，但说话的效果却取决于表达的方式。

微课：商务谈判中的沟通技巧

6.1.1　商务谈判中语言的类型

（1）按语言的表达方式分为有声语言和无声语言。

有声语言是指通过人的发音器官来表达的语言，一般理解为口头语言。这种语言借助于人的听觉交流思想、传递信息。

无声语言是指通过人的形体、姿势等非发音器官来表达的语言，一般解释为行为语言。这种语言借助于人的视觉传递信息、表示态度。在商务谈判过程中巧妙地运用这两种语言，可以产生珠联璧合、相辅相成的效果。

（2）按语言表达特征分为专业语言、法律语言、外交语言、文学语言、军事语言等。

①专业语言。它是指有关商务谈判业务内容的一些术语，不同的谈判业务，有不同的专业语言。例如，产品购销谈判中有供求市场价格、品质、包装、装运、保险等专业术语；在工程建筑谈判中有造价、工期、开工、竣工、交付使用等专业术语，这些专业语言

具有简单明了、针对性强等特征。

②法律语言。它是指商务谈判业务所涉及的有关法律规定用语,不同的商务谈判业务要运用不同的法律语言。每种法律语言及其术语都有特定的含义,不能随意解释使用。法律语言具有规范性、强制性和通用性等特征。通过法律语言的运用可以明确谈判双方的权利、义务、责任等。

③外交语言。它是一种弹性较大的语言,其特征是模糊性、缓冲性和幽默性。在商务谈判中,适当运用外交语言既可以满足对方自尊的需要,又可以避免失去礼节;既可以说明问题,还能为进退留有余地。但过分使用外交语言,会使对方感到缺乏合作诚意。

④文学语言。它是一种富有想象的语言,其特点是生动活泼、优雅诙谐、适用面宽。在商务谈判中恰如其分地运用文学语言,既可以生动明快地说明问题,还可以缓解谈判的紧张气氛。

⑤军事语言。它是一种带有命令性的语言,具有简洁自信、干脆利落等特征。在商务谈判中,适时运用军事语言可以起到坚定信心、稳住阵脚、加速谈判进程的作用。

6.1.2　商务谈判中语言沟通的作用

(1) 语言沟通是商务谈判成功的必要条件。

美国企业管理学家哈里·西蒙曾说,成功的人都是一位出色的语言表达者。同时,成功的商务谈判都是谈判双方出色运用语言技巧的结果。在商务谈判中,同样一个问题,恰当地运用语言技巧可以使双方听来饶有兴趣,而且乐于合作;否则可能让对方觉得是陈词滥调,产生反感情绪,甚至导致谈判破裂。面对冷漠的或不合作的强硬对手,通过超群的语言及艺术处理,能使其转变态度,这无疑为商务谈判的成功迈出了关键一步。因此,成功的商务谈判有赖成功的语言技巧。

(2) 语言沟通是处理谈判双方人际关系的关键环节。

商务谈判对抗的行动导致反行动这一特征,决定了谈判双方的语言对彼此的心理影响及其对这种影响所做出的反应。在商务谈判中,双方人际关系的变化主要通过语言交流来体现,双方各自的语言都表现了自己的愿望、要求,当这些愿望和要求趋向一致时,就可以维持并发展双方良好的人际关系,进而达到皆大欢喜的结果;反之,可能解体这种人际关系,严重时导致双方关系的破裂,从而使谈判失败。因此,语言技巧决定了谈判双方关系的建立、巩固、发展、改善和调整,从而决定了双方对待谈判的基本态度。

(3) 语言沟通技巧是阐述己方观点的有效工具。

在商务谈判过程中,谈判双方要把己方的判断、推理、论证的思维成果准确无误地表达出来,就必须出色地运用语言技巧这个工具,同样,要想使自己实施的谈判策略获得成功,也要出色地运用语言技巧。

6.1.3　商务谈判中语言沟通的原则

(1) 客观性原则。

谈判语言的客观性是指在商务谈判中,运用语言技巧表达思想、传递信息时,必须以客观事实为依据,并且运用恰当的语言,向对方提供令人信服的依据。这是一条最基本的原则,是其他一切原则的基础。离开了客观性原则,即使有三寸不烂之舌,或者不论语言技巧有多高,都只能成为无源之水、无本之木。

坚持客观性原则,从供方来讲,主要表现在:介绍本企业情况要真实;介绍商品性能、质量要恰如其分,如可附带出示样品或进行演示,还可以客观介绍一下用户对该商品的评价;报价要恰当可行,既要努力谋取己方利益,又要不损害对方利益;确定支付方式要充分考虑到双方都能接受、双方都较满意的结果。

从需方来说,谈判语言的客观性,主要表现在:介绍自己的购买力不要水分太大;评价对方商品的质量、性能要中肯,不可信口雌黄,任意褒贬;还价要充满诚意,如果提出压价,其理由要有充分根据。

如果谈判双方均能遵循客观性原则,就能给对方真实可信和以诚相待的印象,就可以缩小双方立场的差距,使谈判的可能性增加,并为今后长期合作奠定良好的基础。

(2) 针对性原则。

谈判语言的针对性是指根据谈判的不同对手、不同目的、不同阶段的不同要求使用不同的语言。简言之,就是谈判语言要有的放矢、对症下药。提高谈判语言的针对性,要求做到以下几点:

根据不同的谈判对象,采取不同的谈判语言。不同的谈判对象,其身份、性格、态度、年龄、性别等均不同。在谈判时,必须反映这些差异。从谈判语言技巧的角度看,这些差异透视得越细,洽谈效果就越好。

根据不同的谈判话题,选择运用不同的语言。

根据不同的谈判目的,采用不同的谈判语言。

根据不同的谈判阶段,采用不同的谈判语言。

如在谈判开始时,以文学、外交语言为主,有利于联络感情,创造良好的谈判氛围。在谈判进程中,应多用商业法律语言,并适当穿插文学、军事语言。以求柔中带刚,取得良效。谈判后期,应以军事语言为主,附带商业法律语言,以定乾坤。

小幽默

秀才买柴

有一个秀才去买柴,他对卖柴的人说:"荷薪者过来!"卖柴的人听不懂"荷薪者",愣住了,不敢朝秀才走过去。于是秀才只好自己走上前去问:"其价如何?"卖柴的人听不太懂这句话,但是听懂了一个字——"价",于是就告诉秀才价钱。秀才接着说:"外实而内虚,烟多而焰少,请损之。"卖柴的人因为听不懂秀才的话,担着柴转身要走。

见卖柴人要走,想到这么冷的天气,没有柴怎么取暖?秀才急了,一把抓住卖柴人的柴担,说:"你这柴表面上看起来是干的,里头却是湿的,烧起来肯定会烟多焰小,请减些价钱吧!"

我们在讲话给别人听的时候,要考虑对方能否理解,是否具备这方面的资质,否则的话,讲了一大堆专有名词,对方不见得了解,或者你讲了一大堆你认为是的道理,可是对方不能理解,这又有什么用呢?

(3) 逻辑性原则。

谈判语言的逻辑性,是指商务谈判语言要概念明确、谈判恰当,推理符合逻辑规定,证据确凿、说服有力。

在商务谈判中,逻辑性原则反映在问题的陈述、提问、回答、辩论、说服等各个语言运用方面。陈述问题时,要注意术语概念的同一性、问题或事件及其前因后果的衔接性、全面性、本质性和具体性。提问时要注意察言观色、有的放矢,要注意和谈判议题紧密结合在一起。回答时要切题,一般不要答非所问,说服对方时要使语言、声调、表情等恰如其分地反映人的逻辑思维过程。同时,还要善于利用谈判对手在语言逻辑上的混乱和漏洞,及时驳倒对手,增强自身语言的说服力。

提高谈判语言的逻辑性,要求谈判人员必须具备一定的逻辑知识,包括形式逻辑和辩证逻辑,同时还要求在谈判前准备好丰富的材料,进行科学整理,然后在谈判席上运用逻辑性强和论证严密的语言表述出来,促使谈判工作顺利进行。

(4) 规范性原则。

谈判语言的规范性,是指谈判过程中的语言表述要文明、清晰、严谨、准确。

第一,谈判语言,必须坚持文明礼貌的原则,必须符合商界的特点和职业道德要求。无论出现何种情况,都不能使用粗鲁的语言、污秽的语言或攻击辱骂的语言。在涉外谈判中,要避免使用意识形态分歧大的语言,如"资产阶级""剥削者""霸权主义"等。

第二,谈判所用语言必须清晰易懂。口音应当标准化,不能用地方方言或黑话、俗语之类与人交谈。

第三,谈判语言应当注意抑扬顿挫、轻重缓急,避免吞吞吐吐、词不达意、嗓音微弱、大吼大叫或感情用事等。

第四,谈判语言应当准确、严谨,特别是在讨价还价等关键时刻,更要注意一言一语的准确性。在谈判过程中,由于一言不慎导致谈判走向歧途,甚至导致谈判失败的事例屡见不鲜。因此,必须认真思索,谨慎发言,用严谨、精练的语言准确地表述自己的观点、意见。

上述语言沟通的几个原则,都是在商务谈判中必须遵守的,其旨意都是为了提高语言的说服力。在商务谈判的实践中,不能将其绝对化,单纯强调一个方面或偏废其他原则,须坚持上述几项原则的有机结合和辩证统一。只有这样,才能达到提高语言说服力的目的。

任务 6.2　商务谈判的非语言沟通

微课:谈判中非语言沟通的技巧

谈判天才卡索吉

沙特商人阿德南·卡索吉是一位富有传奇色彩的世界级富豪,同时也是一个谈判天才。他经常同时应付6个谈判,而且大多还是与西方著名公司的最高决策人以及智囊团谈判。通常他从一个谈判桌走到另一个谈判桌,挨个交谈,当回到起始的那个谈判桌时,他还能准确地拾起离开前的话题,不会忘记和重复先前说过的任何一句话。

不少与他谈判的西方商人这样评价他:卡索吉始终全神贯注,但却不会让人感到咄咄逼人。他在谈判时两眼总是盯着对方,捕捉对方眼神和面部表情的细微变化。有时双方意见出现分歧,它会一字一顿地重复自己的观点并用眼睛向对方示意,或者拍拍对方的膝盖,显示出真诚友好的态度。卡索吉总是在适当的时机毫无保留地亮出自己的底牌,讲明佣金的数量,始终掌握着谈判的节奏和主动权。

在谈判中,他悉心观察谈判对手的种种细节,甚至以此为乐趣。他会在谈判结束后突然问助手:"为什么他会在那个时候微笑?为什么他回答问题的方式是那样的?你注意到了吗?在我提佣金的时候,他没能把我递给他的香蕉吃完,他只吃了半根香蕉!你知道那意味着什么吗?"

　　他喜欢邀请谈判对手来他的私家跑马场谈判,因为他明白:一方面这里环境迷人,可以分散对手的注意力;另一方面,开阔宜人的自然环境也可以软化对手提出苛刻条件的信心。他相信,如果彼此正襟危坐于会议室里,就会主观地给对手强加一种"谈判心理定势",仿佛残酷大战即将开始。

　　谈判是一种典型的口头沟通方式。谈判中要注重语言和非语言策略的运用。案例中卡索吉是一位谈判天才,他有很高的谈判技巧,面对谈判对手,沉着冷静,不仅注重口头语言的运用,也注重对对手非语言信息的把握。他甚至很讲究谈判的环境和气氛,这些都会影响到谈判能否获得成功。

　　商务谈判的主要工具是语言,但谈判的工具绝不只有语言,很多非语言符号也是重要的谈判工具。事实上,人们在谈判过程中常常会同时运用语言和非语言两种工具,特别是在人们面对面交谈时,会伴随着使用大量的非语言形式,这些非语言有时比语言本身更有意义。在谈判时人们甚至不需要通过语言,只需要通过这些动作、姿态、眼神、表情、服饰、仪表等非语言信号就能得到许多有价值的信息。非语言形式的运用有助于增加对谈判对象的吸引力,体现谈判者的良好形象,增加对谈判者的信任感。

　　在商务谈判时,一些谈判者为取得主动权,往往采取重拳出击,先发制人,这虽然可以取得一定的主动和暂时的优势,但不明情况、贸然行动就会暴露出自己许多弱点,给对方以可乘之机,所以在情况不明时应该学会等待,后发制人,就像武学和柔道大师教导的那样对付咄咄逼人的进攻者最好的办法是"借力打力",躲开其对抗的锋芒,面对无道理的攻击,"沉默是金"。在双方的"谈"与"判"中,事情在发展,情况在变化,利益在延展。从语言概念来讲,沉默也是一种语言,或点头摇头,或耸肩摆手,或装聋作哑,或以坐姿表现轻蔑,或以伏案记录表示重视。眨眼摸耳皆含深意,一颦一笑皆成曲调。恰到好处的沉默不仅是一种语言艺术,有时甚至能做到"此时无声胜有声",达到语言艺术的较高境界。

6.2.1　非语言沟通的作用

　　非语言是相对于语言而言的,是人类在语言之外进行沟通时的所有符号。非语言信息是通过身体动作、面部表情、仪表服饰、语音语调等产生而传递出去的。

　　美国学者米迪皮尔认为,即使是最保守的看法,在某一交往过程中,35%的社会信息是通过语言传递的,其余65%的信息是由非语言手段传递的。

　　(1)辅助语言表达。

　　人们运用言语行为来沟通思想、表达情感,往往有词不达意或词难尽意的感觉,因此需要同时使用非语言行为来进行帮助,或弥补言语的局限,或对言辞的内容加以强调,使自己的意图得到更充分更完善的表达。例如,当别人在街上向正在行走的你问路时,你一边告诉他怎么走,一边用手指点方向,帮助对方领会道路方向,达到有效的信息沟通。

　　(2)表达情感。

　　非语言行为主要作用可以表达感情和情绪,例如,相互握手则表示着良好人际关系的建立；父母摸摸小孩子的脑袋表示爱抚；夫妻、恋人、朋友间的拥抱表示相互的爱恋和亲密。在历史上，管宁通过"割席"这个无声行动拉开了同不专心学习的伙伴华歆的距离；汉文帝垂询贾谊时，"夜半虚前席"则缩小了君臣之间的距离。

（3）了解对象。

非语言沟通帮助人们在他人面前恰如其分地表现自己的形象，也可帮助人们表现他们想在他人面前表现的形象。经验告诉我们，对于一个人的认识在很大程度上来自对其非语言行为的观察。诸如年龄、身份、地位、兴趣、爱好、情感、意志、态度、倾向等有关自我的信息，都可以从非语言行为中表现出来。中医看病讲究"望、闻、问、切"，其中前两项就是通过非语言行为对患者进行临床观察。

（4）调节互动。

在商务谈判时，非语言行为可以维持和调节沟通的进行。如点头则表示对对方的肯定；抬眉则表示有疑问；当眼睛不注视对方，意味着谈话该结束了。简言之，调节肢体动作可帮助交谈者控制沟通的进行。因此，非语言暗示，如点头、对视、皱眉、降低声音、改变距离，所有这些都传递着信息。

同步小训练

身体语言游戏

游戏规则和程序

1. 将学员们分为2人一组，让他们进行2~3分钟的交流，交谈的内容不限。

2. 当大家停下以后，请学员们彼此说一下对方有什么非语言表现，包括肢体语言或者表情，比如有人老爱眨眼，有人会不时地撩一下自己的头发。问这些做出无意识动作的人是否注意到了这些行为。

3. 让大家继续讨论2~3分钟，但这次注意不要有任何肢体语言，看看与前次有什么不同。

相关讨论

1. 在第一次交谈中，有多少人注意到了自己的肢体语言？

2. 对方有没有什么动作或表情让你觉得极不舒服，你是否告诉他了你的这种情绪？

3. 当你不能用你的动作或表情辅助你的谈话的时候，有什么样的感觉？是否会觉得很不舒服？

总结

1. 人与人之间的交流是两个方面的：一方面是语言的，另一方面是非语言的，这两个方面互为补充，缺一不可。有时候非语言传达的信息比语言还要更加精确，比如如果一个人不停地向你以外的其他地方看去，你就可以理解到他对你们的谈话缺乏兴趣，需要调动他的积极性了。

2. 同样，在日常的生活工作中，为了让别人对你有一个更好的印象，一定要注意戒除自己那些不招人喜欢的动作或表情，注意用一些良好的手势、表情帮助你的交流，因为好的肢体语言会帮助你的沟通，坏的肢体语言会阻碍我们的社交。

没有肢体语言的帮助，一个人说话会变得很拘谨，但是过多或不合适的肢体语言也会让你这个人让人望而生畏，自然、自信的身体语言会帮助我们的沟通更加自如。

6.2.2 非言语沟通的特点

（1）无意识性。

例如，与自己不喜欢的人站在一起时，保持的距离比与自己喜欢的人要远些；有心事，不自觉地就给人忧心忡忡的感觉。正如弗洛伊德所说，没有人可以隐藏秘密，假如他的嘴唇不说话，则他会用指尖说话。一个人的非言语行为更多的是一种对外界刺激的直接反应，基本是无意识的反应。

（2）情境性。

与语言一样，非语言也展开于特定的语境中。情境左右着非语言符号的含义。相同的非语言符号，在不同的情境中，会有不同的意义。比如：同样是拍桌子，可能是"拍案而起"，表示怒不可遏；也可能是"拍案叫绝"，表示赞赏至极。

（3）可信性。

当某人说他毫不畏惧的时候，他的手却在发抖，那么我们更相信他是在害怕。英国心理学家阿盖依尔等人的研究，当语言信号与非语言信号所代表的意义不一样时，人们相信的是非语言所代表的意义。由于语言信息受理性意识的控制，容易作假，人体语言则不同，人体语言大都发自内心深处，极难压抑和掩盖。

（4）个性化。

一个人的肢体语言，同说话人的性格、气质是紧密相关的。爽朗敏捷的人同内向稳重的人的手势和表情肯定是有明显差异的。每个人都有自己独特的肢体语言，它体现了个性特征。人们时常从一个人的形体表现来解读他的个性。

6.2.3 商务谈判中的几种非语言形式

（1）眼神。

"眼睛是心灵的窗户"这句话道出了眼睛具有反映内心世界的功能，眼睛的功用是能够明确地表达人的情感世界。通过眼视的方向、方位不同，产生不同的眼神，传递和表达不同的信息。在商务谈判中，常见的眼睛"语言"有：

①对方的视线经常停留在你的脸上或与你对视，说明对方对谈判内容很感兴趣，想急于了解你的态度和诚意，成交的可能性大。

②交谈涉及价格等关键内容时，对方时时躲避与你视线相交，说明对方把卖价抬得偏高或把买价压得过低。

③对方的视线时时左右转移、眼神闪烁不定，说明对你所谈的内容不感兴趣，但又不好意思打断您的谈话而产生了焦躁情绪。

④对方的视线在说话和倾听时一直他顾，偶尔瞥一下你的脸便迅速移开，说明对方对生意诚意不足或只想占大便宜。

⑤对方眨眼的时间明显地长于自然眨眼的瞬间时，说明对方对你谈的内容或对你本人已产生了厌烦情绪，或表明对方较之你而产生了优越感乃至藐视你。

（2）表情。

面部表情在商务谈判的传达信息方面起着重要的作用，特别是在谈判的情感交流中，表情的作用占了很大的比例。

①表示有兴趣：眼睛轻轻一瞥；眉毛轻扬；微笑。

②表示疑虑、批评直至敌意：眼睛轻轻一瞥；皱眉；嘴角向下。
③表示对己方感兴趣：亲密注视（视线停留在双目与胸部的三角区域）；眉毛轻扬或持平；微笑或嘴角向上。
④表示严肃：严肃注视（视线停留在你的前额的一个假设的三角区域）；眉毛持平；嘴角平平或微笑向下。
⑤表示不置可否、无所谓：眼睛平视；眉毛持平；面带微笑。
⑥表示距离或冷静观察：眼睛平视，视角向下；眉毛平平；面带微笑。
⑦表示发怒、生气或气愤：眼睛睁大；眉毛倒竖；嘴角向两边拉开。
⑧表示愉快、高兴：瞳孔放大；嘴张开；眉毛上扬。
⑨表示兴奋与暗喜：眼睛睁得很大；眉毛向上扬起；嘴角持平或微微向上。

（3）手部动作。
①背手：当谈判对手双手背于身后，并用一只手抓住另一只胳膊或手腕，则表明他心理紧张，采用这种手势，就是想控制紧张的情绪。
②搓手：谈判对手如果做出这方面的举动，一般都是在表达内心的某种期待，根据搓手的快慢大体上可以分为两种情况。快速搓手说明对手对所说的事情跃跃欲试，心中还夹杂着某种急切。而搓手慢说明对方正在思考或者犹豫不决。
③十指交叉：谈判的时候，如果对手十指交叉并遮住一半的面部，很有可能是在隐藏自己的感觉。当然，也有可能是一种无声的对抗，意为对你所言不感兴趣。如果对方突然把交叉的十指松开，并配合着身体上倾，说明他想发表自己的观点，或者想离开，但碍于面子，不好意思表达。
④挽着胳膊：挽胳膊的姿势大概分为以下几种：挺着胸，一只手挽住另一只手靠上的位置，表示对方自我夸耀；如果挽着胳膊靠下的位置，并紧贴身体，则表明对方不安，正在释放"防卫信号"，并企图搭建一个保护屏障；如果挽胳膊的同时弓着背，则说明对方局促不安。

（4）姿态。
人的姿态常常能"说"出很多话来，表达出种种同的信息。一般来讲，无论是站着还是坐着，当一个人放松或悠闲的时候，身体往往处于比较舒展的状态；而当一个人不舒服、紧张、害怕时，整个身体都绷得紧紧的。

在谈判时开放式姿态是很受欢迎的，因为它能够给人传递这样一个信号：我真诚地努力表现出自己真实的思想。开放式姿态通常表现为以下一些：伸展一下双手，松一下衣服扣子或领带，放松一下四肢，双手背后，下颌微抬，斜着身子，以手托头等。

相反，封闭式姿态则是不受欢迎的，因为它带有制造不愉快气氛的意味，封闭式姿态通常表现为以下几种：紧缩双臂，夹紧双腿，目光下垂，摆弄手指，拉衣服和摸耳朵等。这些动作通常是一种不自信的信息流露。事实上，任何毫无意义的动作都可能被解释为紧张的表现。

（5）物体语言。
物体语言是指人们利用物体或通过对物体的使用而传递出具有一定意义的信号。商务谈判随身携带的物品，甚至是可感知的温度都可以作为物体语言，被谈判者所利用。
①服装展示谈判者的信息。服饰是一种明显地表现视觉效果的无声语言。视觉效果已

成为谈判中具有战略意义的部分，它们发挥着巨大的作用。它设定了谈判的基调，使人们具备合适的谈判心态。衣着本身是不会说话的，但人们常在特定的情境中，以某种衣着来表达心中的思想和建议要求。在业务往来中，人们总是选择与环境、场合和对手相称的服装衣着。服饰能够体现谈判者的角色定位，谈判者根据着装形成对对手的初步印象。如果对手衣着华贵，可能对手是对方的重要角色，需要更谨慎地对待。

②随身物品使用代表的含义。摘下眼镜，轻揉眼睛或者擦镜片，暗示对方精神疲劳或对争论不休的老问题感到厌倦。看手机或使用手机，可能表示对方对谈判内容漠不关心，也可能表示对方就此内容在和谈判桌之外的某人进行沟通。

③身体感知可以影响谈判结果。适当的温度可能影响到谈判，好闻的味道也有助于谈判。例如，你打算劝说对手买下一家花店。你知道他喜欢的花，谈判地点可选择在花店里，并且充斥着对手喜欢的花香。当空气中弥漫着花香，你会看到对手时常保持微笑，这表明他下意识地对环境感到满意，并很可能把这种好感转移到谈判中。气味能影响谈判双方的感觉，这有助于谈判者达成自己的谈判目的。

从物体语言的角度来说，谈判者应该观察气味会对谈判对手产生怎样的影响，关注对手是否会因为谈判过程中的香味而面露微笑或是眉头紧蹙。同样的，有经验的谈判者，可能会意识到对手刻意地使用气味这种无声语言，他们可能故意地忽略了这种特别的气味，也可能发现对手试图影响他们的思维过程，从而提高了防备。

任务 6.3　商务谈判的沟通技巧

6.3.1　商务谈判中的语言沟通技巧

（1）陈述的技巧。

①入题。

在商务谈判的开始，双方之间存在的陌生感容易使整个谈判气氛变得紧张，尤其是在一些重要的谈判项目中，谈判双方容易产生心理负担，导致双方都不知所措，使谈判陷入僵局。在谈判之初，可以采取如下几种方式：可以先介绍本企业的情况，或者是谈论最近的一些重大新闻、国家大事、天气等；可以从细节着手，使双方的心理得到放松，走出紧张的气氛；或者可以先适当谈一些原则性问题，往往一些大型的项目在商务谈判过程中都会先谈原则性问题，然后再就细节进行讨论。

②阐述。

在阐述过程中首先要做到的就是商务谈判的规范性，语言要简洁明了。要仔细聆听对方的表达内容，在适当的时候紧扣主题发言，并且条理清晰，最终使双方达成一致。其次，在谈判之前要将自己企业的实际情况了如指掌，并对对方坦诚相待，在对方对自己的话做出反应时要随时调整自己的语言内容，随机应变。最后，在谈判即将结束时，可以说一些礼貌性的话，给对方留下深刻的印象。

在入题和阐述中，一般有两种方式能在这两部分通用：直言不讳和委婉。

直言不讳看似是一种最原始、最简单的做法，但是其也存在一定的合理之处。在一些特定的环境下，直言不讳这种方式显得简洁并且具有说服力。只有直言，才能产生根本的效果，也只有直言，人与人之间才能产生信任。人与人之间最大的信任就是关于直言的信任，直言是真诚的表现，是关系亲密的标志。尤其是对于关于比较亲密的人，委婉的方式更加容易造成心理上的隔阂感。试想一下，如果与熟悉的同学和朋友，一见面就说"对不起"，一插话就问"我能不能打断一下"，周围的人会如何看待你？

不过直言不讳并不意味着粗鲁，不讲礼貌。在谈判桌上直言，尤其是在说逆耳之言时需要注意以下问题，这样不仅不会影响直言的效果，反而会改善谈判的效果。第一，在直言是配上适当的语调、速度、表情和姿态。第二，在拒绝、制止或反对对方的某些要求时，面带诚意的陈述一下原因和利害关系。

不同的谈判过程中会遇到不同的问题，而不同的谈判环境需要不同的方式。直言不讳的方式，并不适用于所有环境。在多数情况下，为了避免过于直白，影响谈判气氛的融洽，可以采取委婉的方式。

委婉表达产生于人际沟通中出现了一些不能直言的情况。一是总会存在一些因为不便、不忍或不雅等原因而不能直说的事和物，只能用一些与之相关、相似的事物来烘托要说的本意。二是总会存在接受正确意见的情感障碍，只能用没有棱角的软化语言来推动正确意见被接受的过程。

（2）提问的技巧。

商务谈判中的提问是摸清对方的真实需要、掌握对方的心理状态、表达自己的观点意见，进而通过谈判解决问题的重要手段。在日常生活中，问是很有艺术性的。比如有一名教士问他的神父："我在祈祷时可以抽烟吗？"这个请求遭到断然拒绝。另一名教士说："我在抽烟时可以祈祷吗？"抽烟的请求得到允许。为什么在相同的条件下，一个被批准，另一个被拒绝呢？原因就是问话的艺术性。被同意的理由是："在抽烟休息时还念念不忘祈祷，不忘敬拜上帝"；没被同意的理由是："祈祷时心不专一，用吸烟来提神，对上帝不恭不敬"。其实，这就是提问题的艺术，哪些方面可以问，哪些方面不可以问，怎样问，什么时间问，这在谈判中是非常重要的。因此，要做到有效发问，就要掌握问话的艺术与技巧。

提问技巧常用于商务谈判中，目的是能够准确摸清对方的真实意图，并加强双方的深度沟通与了解。

第一，明确提问的内容。

提问的人首先应明确自己问的是什么。如果你要对方明确地回答你，那么你的问话也要具体明确。提问一般只是一句话，因此，一定要用语准确、简练，以免含混不清，产生不必要的误解。问话的措辞也很重要，因为发问容易使对方陷入窘境，引起对方的焦虑与担心。因此，在措辞上一定要慎重，不能有刺伤对方、为难对方的表现。即使你是谈判中的决策人物、核心人物，也不要显示自己的特殊地位，表现出咄咄逼人的气势，否则，问话就会产生相反的效果了。

第二，发问方式的选择。

选择问话的方式很重要，提问的角度不同，引起对方的反应也不同，得到的回答也就不同。首先，是间接提问的方式。为了使提问变得更客气、更礼貌，就会用到间接式提问的方式。按照一般的常识来讲，提问越间接越能避免直接提问的唐突。其次，在提问时，要避免问对方是非题，而应将是非题变成选择题。再次，不要只顾自己的利益，也要设身处地地为对方考虑，尽量达到双赢的状态。最后，提问的问题要由简单到复杂，把握好问题的难易程度，使提问有一个循序渐进的过程。例如：某商场休息室里经营咖啡和牛奶，刚开始服务员总是问顾客："先生，喝咖啡吗？"或者是："先生，喝牛奶吗？"其销售额平平。后来，老板要求服务员换一种问法，"先生，喝咖啡还是牛奶？"结果其销售额大增。原因在于，第一种问法，容易得到否定回答，而后一种是选择式，大多数情况下，顾客会选一种。

第三，注意问话的时机。

提问的时机也很重要。如果需要以客观的陈述性的讲话作开头，而你却采用提问式的讲话，就不合适。把握提问的时机还表现为，交谈中出现某一问题时，应该待对方充分表达之后再提问。过早过晚提问会打断对方的思路，而且显得不礼貌，也影响对方回答问题的兴趣。掌握问话的时机，还可以控制谈话的引导方向。如果你想从被打岔的话题中回到原来的话题上，那么，你就可以运用发问，如果你希望别人能注意到你提的话题，也可以运用发问，并借连续提问，把对方引导到你希望的结论上。

第四，考虑问话对象的特点。

对方坦率耿直，提问就要简洁；对方爱挑剔、善抬杠，提问就要周密；对方羞涩，提问就要含蓄；对方急躁，提问就要委婉；对方严肃，提问就要认真；对方活泼，提问可诙谐。

小案例

宁愿买贵的

下面是一位卡车推销员和买主的对话。

卖主："你们需要的卡车，我们有。"

买主："多少吨位的？"

卖主："4吨的。"

买主："我们需要的是2吨的。"

卖主："你们运的货每次平均多重？"

买主："一般来说，大概是2吨。"

卖主："有时多些，有时少些是吗？"

买主："是的"。

卖主："到底需要哪种型号的车，一方面要看你的货是什么，另一方面要看车在什么路上行驶，是吗？"

买主："是的，不过……"

卖主："如果你的车在丘陵地区行驶，而且你们那里冬季较长，这时汽车所承受的压力是不是比正常的情况下大一些？"

买主"是的。"

卖主："你们冬天出车的次数比夏天多，是吧？"

买主："是的，多得多。"

卖主："有时货物太多，又是在冬天的丘陵地区行驶，汽车是不是经常处于超负荷状态？"

买主："是的，你说得不错。"

卖主:"你在决定购车型号时,是不是应该留有余的?"

买主:"你的意思是……"

卖主:"从长远的眼光来看:是什么因素决定买一辆车是否值得?"

买主:"当然是看它的使用寿命啦。"

卖主:"一辆车总是满负荷,另一辆车却从不过载,你认为哪辆车的寿命长?"

买主:"当然是马力大、载货量多的那一辆。"

经过这样的讨论,最后买主决定,多花3 500元买辆4吨卡车。

这个案例是运用提问技巧的成功案例,整个谈判过程都是运用提问与回答的方式进行的,使用多种提问技巧:通过利用这些提问技巧,最终目的是使买主自觉产生认同心理,愿意与你合作。这个案例说明运用提问进行谈判要注意抓住对方的需要,表达要简明,更重要的是结论要让对方自己得出。

提问的技巧主要有以下八种。

①要提前准备问题。准备的问题是为随后的主要问题铺路,问起来很轻松,回答也容易,可以让对方放松警惕,也让对方暴露一些想法。谈判前进行资料的收集、筛选,谈判时要通过"听"来修正已有信息,使信息更全面、更准确,以此为前提准备问题,才能够问出关键性的、能够深入主题的问题。过于关注细枝末节或抓不住重点的问题,只能拖慢谈判进度。

②要明确提问内容。首先,提问之前应明确自己问的是什么。提问的语句一定要准确、简练,措辞一定要慎重,尽量避免问题产生歧义、使对方答非所问,也要避免使对方陷入窘境,引起焦虑与担心。提问者即使是谈判队伍中的决策者或核心人物,也不要显示自己的特殊地位,表现出咄咄逼人的态度。

③要把握提问时机。在谈判中应该时刻注意对方的阐述和回答,根据对方的回答和当时谈判内容的走向,可以在对方发言完毕之后提问,或者对方发言不利于谈判进行的情况下,在对方发言停顿、间歇时提问,以及自己发言前后提问,避免给对方造成突兀的感觉。既不能太急,暴露己方的意图,也不能太迟,影响进程。谈判者要知道,谈判的过程中并不是任何时候都适合提问,在对方没有叙述完全部内容,或对方明显有后续内容要继续描述时,打断对方提问可能就会打断对方思路,导致谈判信息遗失。除此之外,谈判者也可根据自己的谈判策略,选择在对手说话时打断对方提问,以此达到自己的某些谈判目的。

④提问要有逻辑性。由浅入深、由表及里,讲究提问的逻辑,深入地了解对方,挖掘更多有用的信息。先问浅显的问题,一方面可以打消对方的警惕,使对方疏于防范而在稍后的回答中透露更多的信息或细节;另一方面也可以为之后的深入提问提供更多、更广泛的细节支持,使问题直指核心、一步到位。

⑤提问的语速要适当。通常情况下,语速不能太快,否则对方没听明白,或者感觉你不耐烦;也不能太慢,否则会让对方感觉沉闷,影响谈判气氛。提问的语速要配合既定的谈判策略,若采取强势的谈判策略,可考虑适当地加快语速。若采取怀柔的谈判策略,可考虑适当地减缓语速。

⑥要采用灵活的提问方式。熟练运用正问、反问、追问、侧问等方式,全面获取信息。要求谈判者熟练使用各种提问方式与句式,要学会在正确的时机使用正确的提问方

式。例如，谈判者希望强调某些重要内容，可以使用反问的提问方式加强语气，强调重点。

⑦提问态度要诚恳。克制不耐烦、激动、张狂，这样才能激发对方对问题的兴趣，乐于配合你回答问题，这有利于谈判顺利进行。提问时保持态度真诚、有礼貌，这会让对方感觉自己受到了尊重。提问之后，要给对方留有一定的时间来回答问题，每一个问答环节都应该是闭环，有问有答，有输出、有反馈。

⑧要考虑被问方的特点。对方坦率耿直，提问就简洁；对方爱挑剔、善抬杠，提问要周密；对方害羞，提问就要含蓄；对方急躁，提问就要委婉；对方严肃，提问就要认真；对方活泼，提问可诙谐。这要求谈判者在谈判之前，除了针对谈判议题与内容做足准备外，还要对谈判对手进行了解，在谈判时，也要认真倾听对手的语言，认真观察对手的肢体动作。

（3）答复的技巧。

在谈判过程中比较不容易处理的就是答复对方的提问。因此，商务谈判中的答复也要讲究一定的策略与技巧。首先，学会委婉回答或者简单模糊地回答。对问题的答案要适当保留。有时确切的回答反而会吃大亏，其次，学会使用幽默含蓄的语言缓解紧张的谈判气氛。最后，遇到对方提的一些敏感问题或者不太理解的问题要考虑充分，仔细斟酌，慎重回答。

回答的技巧主要包括以下四个要点。

①深思熟虑后作答。在提问与回答之间需要有适当的时间留作思考，尽量不要立刻回答，否则容易掉进对方设下的圈套中。回答之前做好准备，构思好问题的答案，留给自己充分思考的时间。对方提问结束后，不要立刻开始思考，突如其来的沉默可能会使谈判陷入尴尬，要通过上文所述的一些语言技巧，巧妙地为自己争取思考时间，有时可以与对手言明需要时间思考或同伴进行讨论后再作答。切忌自以为是、自以为知道答案而不去思考。

②准确把握对方提问的真实用意。谈判者面临的问题往往千奇百怪、五花八门，许多问题都是对方精心设计之后才提出的，它可能是为了达成某个谈判目的，也可能是为了使己方露出破绽的陷阱。因此，谈判者一定要在对方提问后思考清楚对方提问的真实用意。同时，还要明晰对方的问题对己方的价值，从而决定己方用何种方式回应对方的问题。

③对己方不知道的问题不要随便作答。参加的人员是来自各行业的，不是每个人都能对任何问题做出合理回答，对不可预见的问题，不可为了面子对不懂的问题强作回答，这不仅可能损害己方的切身利益，还可能无法挽回自己的面子。谈判者可以用资料不全或需要请示等借口来拖延答复。例如，可以这样回答："对您所提的问题，我没有第一手资料来做答复，我想您是希望我为您作详尽圆满地答复的，但这需要时间，您说对吗？"

④回答问题要留有余地。不是所有的问题都要仔细作答，有些问题并不值得回答，直接回答可能会对己方不利，不便作答的问题可以根据情况适当回应。例如，谈判者是一名推销员，正在推销一款电脑，有人问电脑的价钱，你思考后确切地知道，只要把价钱直接告诉对方，对方很可能会因价格昂贵而砰然关上门。此时，谈判者不能照实回答，可以闪烁其词地说："先生，我确信您会对价格很满意的。请让我把这台电脑和其他电脑不同的性能向您说明一下好吗？我相信您一定会对我们的电脑感兴趣的。"

不管是"问"还是"答",都有一个永恒的主题,就是说服对手。但要明确的是,说服不是打败对手,而是要寻找双方的利益共同点,让对方理解并同意己方找到的共同点。

6.3.2 商务谈判中的非语言沟通技巧

非语言在谈判中运用的技巧主要体现在两个方面:一是要善于观察谈判对手的非语言信息,以取得有利于己方的信息;二是要善于运用非语言来表达自己想要对方了解的信息。

(1) 观察。

由于无声语言直接作用于人的视觉,一切尽在无声之中,这就要求在倾听对方谈判的同时悉心观察对方,体会对方所给予的各种默示信息,适时做出较为准确的判断,并采取相应的方式,与对方交换信息,促进谈判向有利于己方的方向发展。

同步小训练

观察能力测评

对下列各题,请选择一个最符合你的想法或做法的答案,然后把各题答案所对应的分数相加。

1. 走进某个单位时,你会( )。

   A. 注意桌椅的摆放

   B 注意用具的准确位置

   C 观察墙上挂着什么

2. 与人相遇时,你会( )。

   A. 只看他的脸

   B. 悄悄地从头到脚打量他一番

   C. 只注意他脸上的个别部位

3. 你从自己看过的风景中记住了( )。

   A. 色调

   B. 天空

   C. 当时浮现在你心里的感受

4. 早晨醒来后,你会( )。

   A. 马上就想起应该做什么

   B. 想起梦见了什么

   C. 思考昨天都发生了什么事

5. 当你坐上公共汽车时,你会( )。

   A. 谁也不看

   B. 看看谁站在旁边

   C. 与离你最近的人搭话

6. 当你站在大街上,你会( )。

   A. 观察来往的车辆

   B. 观察街边的房子

   C. 观察过往行人

7. 当你看橱窗时，你会（   ）。

A. 只关心可能对自己有用的东西

B. 也看看此时不需要的东西

C. 注意观察每一件东西

8. 如果你在家里需要找什么东西，你会（   ）。

A. 把注意力集中在可能放这个东西的地方

B. 到处寻找

C. 请别人帮忙找

9. 看到你的亲戚、朋友过去的照片，你会（   ）。

A. 激动

B. 觉得可笑

C. 尽量了解照片上都是谁

10. 假如有人建议你去参加你不会的游戏，你会（   ）。

A. 试图学会玩并且想赢

B. 借口过一段时间再玩而给予拒绝

C. 直言你不玩

11. 你在公园里等一个人，于是你（   ）。

A. 仔细观察旁边的人

B. 看报纸

C. 想某事

12. 在满天繁星的夜晚，你会（   ）。

A. 努力观察星座

B. 只是一味地看天空

C. 什么也不看

13. 你放下正在读的书时，总是（   ）。

A. 用铅笔标出读到什么地方

B. 放个书签

C. 相信自己的记忆力

14. 你记住领导的（   ）。

A. 姓名

B. 外貌

C. 什么也没记住

15. 在摆好的餐桌前，你会（   ）。

A. 赞扬它的精美之处

B. 看看人们是否都到齐了

C. 看看所有的椅子是否都放在合适的位置上

评分标准

题目	A	B	C
1	3	10	5
2	5	10	3
3	10	5	3
4	10	3	5
5	3	5	10
6	5	3	10
7	3	5	10
8	10	5	3
9	5	3	10
10	10	5	3
11	10	5	3
12	10	5	3
13	10	5	3
14	5	10	3
15	3	10	5

结果评价

◆如果你的得分在100~150分，表明你是一个很有观察力的人。对于身边的事物，你会非常细心地留意，同时，你也能分析自己和自己的行为，并能做到极其准确地评价别人。只是很多时候做人不能太拘泥于细节，你也应该适当利落一点，从大的方向去看。

◆如果你的得分在75~99分，表明你有相当敏锐的观察能力。很多时候，你会精确地发现某些细节背后的联系，这一点对于培养对事物的判断力非常有好处，同时也让你的自信心大增。但你需要注意的是，很多时候你对别人的评价会带有偏见。

◆如果你的得分在45~74分，表明你能够观察到很多表象，但对别人隐藏在外貌、行为方式背后的东西通常采取不关心的态度，从某种角度而言，你适当的"难得糊涂"充满了大智慧，你很懂得把自己从某些不必要的事情中"拔"出来，享受自己内心的愉悦。

◆如果你的得分在45分以下，基本上可以认为你不喜欢关心周围的人，不管是他们的行为还是他们的内心。你甚至认为连自己都不必过多分析，更何况其他人。因此，你是一个自我中心倾向很严重的人。沉浸于自己无限大的内心世界固然是好，但要提防这会给你的社交生活造成某些障碍。

(2) 用非语言"说话"。

①沉默是金在谈判中沉默运用范围很广，沉默可以表示无言的赞许，也可以是无声的抗议；沉默既可以是威严的震慑，也可以是心虚的无言；既可以是毫无主见的表示，也可以是下定决心之后的平静。在谈判中要善于使用沉默"说话"。比如，当对方的观点态度与己方相距甚远时，可以采用沉默的方式，既表示无言的抗议，也对对方产生一定的威慑作用。

②暗示的妙用。

暗示是己方之间或对方之间用行为间接发出的信息。暗示可以分为姿势暗示、表情暗示、手势暗示、目光暗示以及语调暗示。当谈判出现障碍或者内部意见不一时可能需要暗示的作用。但是，暗示一定要实现约定好，谈判时己方内部人员才能正确解读暗示的含义，否则就会事与愿违，使情况更加糟糕。

6.3.3 商务谈判中的其他沟通技巧

(1) 赞美的技巧。

通常情况下，商务谈判中的赞美被认为礼貌准则的一种，礼貌准则同时还包括策略准则、慷慨准则、谦虚准则、赞同准则。策略帮我们赢得利益，慷慨替我们赚得声誉，谦虚让人敬佩，而赞美则更像是一种智慧。

按照赞美对象的不同，我们可以将赞美分为对自己的赞美和对他人的赞美。商务谈判，与会者无外乎买卖双方，买方想尽量压低价格，卖方则需想尽办法提高预期。买方为了达成自己最低成本的目的，可以采取先扬后抑的计谋，大力夸赞一下交涉公司：可以是对方企业运营的模式和制度，组织机构和管理，技术和产品质量，或是国际知名度和合作信誉度⋯⋯甚至是对方代表的言行举止，礼仪，穿着打扮等细节问题。卖方为了显示出所代表企业产品的独特优势，使之更具有竞争力，多数情况下，他们会极力"吹嘘"自己公司的产品，努力与有意向的商家达成意愿，做成交易。如果双方已经有合作往来，那么更要坚定对方的选择，告诉他们，你们的选择是正确的。

赞美是一种轻松愉快的交流方式，但确实不好拿捏技巧，稍不留神，就有故意作秀的嫌疑，所以，把握住赞美的最佳时机很重要。在合适的时机，表达出我们对对方的称赞。一般情况下，我们可以在这些时机或场合表示合乎情理的赞美：

第一，接受对方的礼物后。

第二，在被安排住宿旅店或餐厅时。

第三，谈判结束后，对方作出让步让我方获利时。

商务谈判应注意态度要真切诚恳、委婉表达、合情合理、措辞得当。赞美并不是一种轻易驾驭的谈判战略，无论是在什么时间什么地点，使用赞美艺术最重要的一点就是一定要真诚，发自内心地去赞美别人。你要相信只有真心才能打动一个冷冰冰的人，尤其是商人。若是有半点虚假在，对方也会在瞬间觉得我方不真心，没诚意，一场大的合作就有可能因此泡汤。

还要注意，重视被赞美者的反应，假如对方有良好反应，可再次赞美，锦上添花；假如对方显得淡漠或不耐烦，我方则应适可而止。

(2) 倾听的技巧。

"听"的本意为用耳朵感受声音，使"耳有所

微课：商务谈判中　微课：有效倾听-
倾听-沉默的艺术　克服倾听障碍

得"，但在商务谈判中，"听"不只是简单的听的行为，需配合细致的观察、快速的思考，为得出最好的应对方式打下良好的基础。

小阅读

判断出对方犹豫时，加大筹码达成谈判目标

销售专员小王打算将一批智能设备卖给新客户李先生，他准备得很充分，有理有据地将客户的需求及购买点传递给了客户："综上，我认为您完全有理由购买我们的产品，并且，价格只……"小王总结道。

李先生眼帘低垂，回应道："……容我再思考一下……"

小王紧接着便说："况且，我们的产品包括很多后续服务……这些都不需要您花费额外的成本。"小王抛出了另一个筹码。

"这样啊，我觉得你们的产品可以，价格合适，我们可以买来试试！合作愉快！"

小王拿下了这笔订单。

小王敏锐地发现了李先生话语里表达出的情绪和内涵，既没有含糊否定，也没有立刻肯定，表示谈判对方可能在斟酌是否购买的决策，这代表对方已经意动了，只是倾向于购买的意志并没有强烈到马上做出决策，此时，小王通过激进的谈判策略，立刻加重己方筹码，不给对方明确对比得失的时间，加快对方的决策速度，最终达成了谈判目标。

①集中精力地听。集中精力地听是指聆听对方说话时要专心致志、精力集中，不可心不在焉、"开小差"。

在谈判时，集中精力地听是很有必要的。首先，谈判对手的每一句话都可能包含左右谈判结果的重要信息或个人情绪，你不可能要求谈判对手只在你集中注意力时传递重要信息，切忌"开小差"而遗漏内容。其次，谈判时一旦注意力不集中，很可能会被谈判对手抓住己方漏洞，从而通过谈判策略或信息的不对称建立谈判优势，最终使己方失利、对方得利。最后，如果在谈判时"开小差"导致信息遗漏，请对方再重复一下遗漏的信息，一方面有失谈判礼节，让谈判对手认为你不够重视这场谈判；另一方面会在气势上略输对手，让对手获得谈判心理优势。

②耐心地听。谈判者在倾听时不要流露出厌烦的情绪，保持耐心，满足对方被尊重的需要。对别人说的话，你要表示理解。对方之所以要与你交谈，主要是想你认同他的观点或者改变你的观点，达成共识。耐心地听，有利于营造轻松、舒畅的谈判氛围，倾听和叙述需要营造一个轻松、舒适的环境，这样对方可能会吐露更多谈判信息。

首先，要做到不打断别人，让别人畅快淋漓地说话，在别人说话的时候，不要打断，不要做多余的事情，安静地、专注地听就行。尤其是在对方停顿的时候，不要抢话，给出对方思考和调整的时间，直到对方把话说完为止。其次，要有反馈，对方说话，及时给出回应，以最好的行为回答对方提出的问题。给出反馈是人们在交互过程中必需的动作，能让对方明白你在认真听他说话，能给人被尊重的感觉。最后，全身心投入，耐心倾听，不能走神，与对方交谈时，要面向说话者，可以用适当的姿势或者手势配合，并且注意时常微笑，营造良好的交流气氛。

③有选择地听。不是所有信息都是有用、正确、真实的，要辨别信息的真伪。

有选择地听，要求谈判者专心致志地听，收集全部谈判信息，但辨别信息时要去伪存真、去粗取精，抓住信息重点。

　　首先，要明确谈判目标，只有对谈判的预设目标足够了解，大脑才能在第一时间将信息围绕谈判目标进行筛选。其次，要做好充足的准备工作，将准备的材料作为初步的筛选标准，与听到的信息进行对比，筛选出最有价值的信息进行分析，谈判前的准备工作做得越全面、越仔细，筛选时就越轻松。最后，将筛选后有价值的信息进行分析，综合谈判前的准备资料得出结论，帮助自己实现谈判目标。

　　④克服先入为主地听。要求谈判者不能通过谈判前的印象与臆断，仅以自己以往的经验来分析谈判时听到的信息。人们经常根据以往的经验来对事物进行理解和判断，这就是先入为主。先入为主地听，会扭曲说话者的本意，忽视或拒绝与自己心愿不符的意见，导致接收的信息不准确、判断失误，造成行为选择上的失误。

　　如何克服先入为主地听，谈判者首先要尽量确保以往经验的正确性，一个有效的办法就是不断进行反思、修正与改进。其次，要想打破常规，就必须克服几种思维定式：功能固着、信念偏执效应和心理定式。最后，要学会在思考时不断理性地修正思考结果，因为直觉虽然能快速地给出结论，但结论时常缺乏足够的准确性。

　　⑤注意察言观色。要求谈判者注意发言者的面部表情和肢体动作，发言者通常会用表情、动作来表达特定的信息，需要倾听者察言观色、揣摩对方的真实意图。这是收集谈判信息，验证信息真实性、有效性的重要手段。

　　例如，当人们表达恐惧时，通常会抬起眉毛，睁大眼睛，双唇微张，下唇微微向下突出；当人们表达愤怒时，眉毛会拉下来或是缩作一团，双眼圆瞪，双唇紧闭，鼻孔外扩；当人们表达厌恶时，通常会耸起上唇，就好像对手身上散发着异味一样，不由得皱起鼻子；当人们表达悲伤时，通常会眼帘低垂，双目空洞，双唇微闭，声调也会发生变化；当人们表达快乐时，通常会睁大眼睛，面带微笑，双颊提高。

　　⑥做必要的记录。谈判者只靠记忆把所有信息记录下来非常困难，记录部分内容，可以帮助分析、理解对方的真实用意，还可以就不明白的问题询问。

　　做必要的记录，可以让对方感知到对这场谈判的重视。可以显示出自己的专业性，在气势上不落下风。可以帮助谈判者进行记忆，一场完整的谈判意味着谈判者要记忆大量的信息，对关键的地方进行记录，有利于谈判者记忆信息。记录作为对信息进行初步分析的载体，可以通过记录的内容和简单的符号，帮助谈判者进行简单的逻辑连接和分析。在谈判之后整理总结记录，方便谈判者复盘，更新自己的知识经验。

　　总之，商务谈判往往关系到一个企业和另一个企业合作的成功与否，也关系到企业之间的利益。合理运用适当的谈判沟通技巧，才能在诸多商务谈判中避免处于劣势地位，知己知彼，使谈判促成双方合作，实现共赢。

同步小训练

倾听能力测评

对下面的问题，请选择一个最符合你自己真实想法或做法的答案。

1. 努力回忆一下你最近一次聆听讲话或情况介绍时的情景，哪一点与你的情况最合？
   A. 我拒绝浪费时间去倾听一次令人乏味的演讲
   B. 我很善于倾听，即使是位乏味的人也能讲些东西

C. 除非我觉得演讲实在不错，否则我将边假装在听，一边去做些其他事

D. 我努力总结出讲话者真正想说些什么，这样就迫使我认真听

2. 你的下属或上司或者你的家人是如何评价你的倾听能力的？

A. 我心不在焉

B. 我没有听，我总要人重复他们刚说的话

C. 我看起来没有听，实际上一个字也没听漏

D. 我专心致志

3. 某人讲话口音很重，很难懂。你最可能怎么办？

A. 请他重复一下

B. 停止听讲

C. 努力去听懂一些话，然后将其余的猜出来

D. 非常仔细地听，也许做笔记或录音，因此我可以再听一遍

4. 在一次谈话中，某人说了如下的一些话，你最可能接受哪一句？

A. 我并不害怕在大庭广众之下说话。只是有几次该我站起来讲话的时候，我的嗓子哑了，运气真不好

B. 我想提升他是再合适不过了。如果我来决定的话，这就是我要提升的人

C. 我真的不知道怎样回答那个问题。我从来没有费心去考虑过

D. 你能用更简洁的语言再将它解释一下吗？我对它了解不多

5. 某人说话声音很低，这很可能表明该人：

A. 想努力掩饰他的一个错误

B. 害羞

C. 嗓门低

D. 和附近一位大声说话者形成对比——这迫使人们仔细听

评分标准

题目	A	B	C	D
1	1	3	2	4
2	1	2	3	4
3	2	1	3	4
4	1	2	3	4
5	3	2	1	4

结果评价

◆如果你的得分在16~20分，表明你很注意倾听那些明显的要点，也很注重了解其中的含意。你是个很好的倾听者，具有较强的倾听能力。

◆如果你的得分在10~15分，表明你的倾听能力一般。当下属告诉你一件事情时，你开始会显示出倾听的兴趣；但当你认为下属的讲话不重要时，你就有些心不在焉。

◆如果你的得分在 5~9 分，表明你是个糟糕的倾听者，你必须加强倾听能力的培养和训练。

项目小结

商务谈判是买卖双方为了促成交易而进行的活动，或是为了解决买卖双方的争端，并取得各自的经济利益的一种方法和手段。语言表达是商务谈判成功的必要条件，是处理谈判双方人际关系的关键环节。合理运用适当的谈判沟通技巧，才能在诸多商务谈判中避免处于劣势地位，知己知彼，使谈判促成双方合作，实现共赢。

谈判过程中常常会同时运用语言和非语言两种工具，特别是在人们面对面交谈时，会伴随着使用大量的非语言形式，这些非语言有时比语言本身更有意义。谈判中要注重语言和非语言技巧的运用。

同步综合实训

一、知识夯实闯关考验

1. 多选题

1) 商务谈判中语言的类型按表达方式分为（　　）。

A. 有声语言　　B. 法律语言　　C. 专业语言　　D. 无声语言

2) 商务谈判中语言沟通的原则（　　）。

A. 客观性　　B. 逻辑性　　C. 针对性　　D. 规范性

3) 非语言沟通的特点（　　）。

A. 无意识　　B. 情境性　　C. 可信性　　D. 个性化

4) 商务谈判中语言沟通技巧包括（　　）。

A. 陈述的技巧　B. 提问的技巧　C. 倾听的技巧　D. 答复的技巧

2. 简答题

1) 语言技巧在商务谈判中的作用是什么？

2) 陈述技巧包括哪几个方面？

3) 商务谈判中赞美时应注意什么？

4) 谈判中应如何运用非语言技巧？

二、技能提升综合实训

案例分析

说话的巧妙

内蒙古 X 公司代理 E 工厂向日本 Y 公司出口电石，Y 公司每半年与 X 公司签一次合同，价格是不断调整的。由于中国市场竞争激烈，每次谈判价格都显得很较劲。这次谈判双方卡壳了。代表 X 公司的李经理与代表 E 工厂的付厂长与 Y 公司代表佐藤先生等人争得不可开交。谈判僵了，于是佐藤先生请李经理安排会见 X 公司的领导，李经理同意了，X 公司的王总会见了佐藤先生等人，李经理与付厂长陪见。

王总："佐藤先生，好久不见了，依然是红光满面、神采奕奕。"

佐藤："托您的福，也还不错。"

王总："听说您这次来准备订下半年的货，看来生意不错。"

佐藤："谢谢贵方关照，我们在日本市场占有一定的位置，不过由于中国市场竞争激烈，对我们是个很大威胁。"

王总："我公司会支持贵公司，我们要联合起来对付第三者。"

佐藤："唉！您还说联合，我看难啦！"

王总："为什么？"

佐藤："您问问李经理、付厂长。"

王总眼神投向李经理、付厂长后接着说："您与他们谈判有分歧还很难解决是吗？"

佐藤："岂止是很难，简直无望解决，所以我要求会见您，想请您帮我。"

王总："佐藤先生一贯能力很强，怎么说这么客气的话，这可不像您。"

佐藤："王总，我这回真是没有办法了，我希望与贵公司合作，所以不得不找您。"

王总："双方是老朋友，也都是专家，对产品与市场都十分熟悉，应该能够找到解决办法。"

佐藤："王总，您讲的话很暖人，可是讲再多的好话，没有合同也不行，当前贵我双方达成协议，签订合同是当务之急。"

王总："还是有经验的人提出最关键的问题。"（在座人员都笑了）"该问题我已听说了，各方的条件也均知道，我只是不想一见面就与您谈这个难题来破坏我们见面的气氛。我原则上认为，各方应根据当前市场的实际情况和各方利益的平衡，寻找妥协点。"

佐藤："贵方是卖方，我帮贵方商品进入日本市场做了很多工作，这也是投入，希望贵方拿出力量来解决当前的条件差距。"

王总："我认为双方的差距必须双方努力才好解决，李经理年轻，可以多出些力，但佐藤先生经验老到、年长，也应帮助李经理出主意。否则，单靠一方是难以解决问题的。"

佐藤："我也同意王总的说法，但李经理与付厂长的立场坚定不移呀，我怎么能向他们'出主意'？"（说着佐藤转向李经理和付厂长）

李经理："好！佐藤先生，您在我的头面前上'眼药水'，是吗?"（大家笑了）王总："佐藤先生，以前你们怎么争吵，就算过去了。从现在开始，李经理将与您配合寻找妥协点。还有您，付厂长，也请帮助。"

会见之后，李经理、付厂长与佐藤等人继续谈判，在互相做了让步后，达成了协议。

分析：

1. 王总的语言技巧

王总在会见中运用了：文学语汇，如红光满面、神采奕奕、年轻、年长等；外交语汇，如"我原则上认为"；商业法律语汇，如"根据当前市场的实际情况""各方利益的平衡""寻找妥协点"等。在表达技巧上，运用了煽情词句做了较好的铺垫，使谈判气氛较为融和；用情理并茂的手法说服佐藤先生一起想办法找妥协点。在会见中还运用了心理暗示的手法，如李经理年轻可多出力，佐藤先生年长要多出主意均暗示：X公司可以做努力，但Y公司也应出力。

2. 佐藤先生的语言技巧

佐藤在会见中运用了：文学语汇，如威胁、无望、难、当务之急等；商业法律语汇，如投入、条件差距、贵方是卖方等。在表达技巧上，铺垫中的情变做得很好。在论述问题中，运用了一些诡辩法中的"以现象代替本质"的技巧，说X公司不让条件，却不讲己方的态度不善，而是把压力推向李经理，说"立场坚定不移"，引来李经理的重视，均加强了谈判的效果。

3. 会谈成功

在这场"会见"形式的谈判中：核心是动摇双方立场，破除僵局，推动谈判。王艺与佐藤先生均达到了谈判目的，双方谈判在轻松中将各自的态度定了调，也明确了各自的责任。在表述中分寸适当，属于较为成功的一次会谈。

三、技能提升综合实训

赞美我最亲爱的同学

王天一所在的公司组织了沟通技巧培训，培训结束后，领导要求全体员工彼此视为同学，每个人赞美一位同学，采取抽签和自愿相结合的方式。

赞美的流程：

1. 赞美人先将赞美词写到卡片上。
2. 赞美人上台宣读自己的赞美词。
3. 被赞美人上台,赞美人像递名片一样将赞美词送给被赞美人,双方握手。
4. 赞美人做出某种动作表情,被赞美人猜该动作表情表达的意思或体现其什么想法或心情。
5. 猜对之后,先前的赞美人回座,被赞美人宣读自己的赞美词,依次类推,直到所有的人都完成赞美他人。

 自我领悟微语录

_____
_____
_____

项目七　做好筹备商务谈判活动

学习目标

知识目标：
掌握商务谈判不同类型场所布置和座位安排。
掌握接待前准备工作、介绍礼仪、名片礼仪、握手礼仪的基本规范。
掌握商务谈判商务宴请形式、程序、座位排序等礼仪和技巧。
掌握选择礼品、礼品包装、送礼的禁忌、受赠者礼仪。

能力目标：
能够依据不同的谈判类型确定不同的谈判场所、并进行环境布置、安排座次。
能运用介绍、名片递送和握手礼仪等知识，完成商务谈判接待工作。
能运用邀请、赴宴、迎接、点餐、入座礼仪等知识，完成商务宴请工作。
能选择合适礼品、做好包装，恰当地完成商务赠礼任务。

素质目标：
培养精益求精、工匠精神、创新精神。
增加人文知识，培养洞察力和随机应变能力。

重点和难点

重点：
本项目中的重点是掌握商务谈判前筹备活动的内容和技巧。

难点：
本项目的难点是能做好谈判前的场地布置和接待和宴请等商务谈判筹备活动。

项目引例

不打无准备之仗

　　从前，有一只野狼在草地上勤奋地磨牙，狐狸看到后非常不解，说："周围又没有危险，为什么要那么用劲磨牙呢？"野狼回答说："平时我把牙都磨好，到时就可以保护自己了。"

　　解析：这则故事很短，却给了我们一个很深刻的道理。不打无准备之战，不要到了危险时刻才想起来要准备，那已经来不及了。提前准备好一切，就可以稳操胜券。

　　中国古成语中有这样一句话"兵马未动，粮草先行"。不管做一件大事也好，做一件小事也好，有准备的人成功的概率往往比那些没有准备的人高得多。可见准备对我们来说是何等重要。

　　凡事都先做好准备，谈判之前各项准备工作做得好，对于谈判取得好的结果将起到积极的推动作用。

 ## 实训任务清单

任务情境	2023年12月11日,长春博雅会议会展服务有限公司前台接到长春大华有限公司(以下简称大华公司)工作人员关于筹办周年酒会的咨询电话。原来是大华公司在成立一周年来临之际,为答谢公司的大客户,拟在12月25日举办一场隆重的周年酒会。双方经沟通后,决定在11月12日,大华公司商务代表到博雅公司就筹办周年酒会相关事宜进行商务谈判。 现在博雅会议会展服务有限公司的商务代表要做好会前沟通和会场布置等筹备工作。
任务要求	为此,公司领导责成王天一所在小组完成谈判前的各项筹备工作,为谈判顺利进行打下良好的基础
任务实施步骤	
步骤1	完成谈判场所布置
步骤2	做好工作
步骤3	晚上为客户接风洗尘,宴请对方
步骤4	为客户准备礼品,赠给对方

任务评价和成绩评定

任务评价考核内容	考核要求及评分标准	分值	成绩评定(分制)		
			自评(　%)	互评(　%)	师评(　%)
谈判场所布置	场所布置	10			
	座位安排	10			
接待客户	介绍顺序正确	10			
	守礼递名片	10			
	能正确握手	10			
宴请客户	邀请合理	10			
	点餐菜品选择合理	10			
	就餐礼仪正确	10			
商务赠礼	能选择合适礼品、包装合适	10			
团队协作	有很好的洞察力,能随机应变、合作完成任务	10			

任务 7.1　商务谈判场所布置

微课：商务谈判
场所布置

谈判场所和谈判礼仪也是商务谈判的重要组成部分。选择一个合适的谈判场所，为会场做一个精心的布置，遵循必要的谈判礼仪，都能为谈判的成功带来意想不到的效果。为了完成任务，王天一需要选择此次谈判的谈判场所，并根据谈判特点进行布置，最后还需要熟悉各种基本的商务礼仪，以体现公司对此次谈判的重视。

7.1.1　谈判场所的选择

谈判场所是指谈判主体所选择的地址及环境。谈判场所的选择，往往涉及谈判的环境及心理因素的问题，它对于谈判效果具有一定的影响，谈判者应当很好地加以理解运用。根据谈判场所的不同，谈判可分为主场谈判、客场谈判、中立地谈判三类。这三类谈判场所对于谈判各方都各有利弊。有利的谈判场所能够增强己方的谈判地位和谈判力量，重要的问题或难以解决的问题最好争取在己方地点进行谈判；而对于一般的问题或容易谈判解决的问题，或者是必须亲自检验查看谈判对手的某些资料、事由时，可以在对方场地进行谈判，但必须充分做好准备。

一般而言，谈判场所应满足以下几点基本要求。

（1）交通、通信方便，便于有关人员往来，满足双方的通信要求。

（2）环境优美安静，避免外界干扰。

（3）应配备必要的办公设施，便于双方人员及时处理文件。

（4）生活设施、医疗条件良好，使双方精力充沛，安心谈判。

（5）尽量征求客方人员意见，使客方满意。

7.1.2　谈判场所的布置

（1）谈判房间的布置。

较为正规的谈判场所可以有三类房间：主谈室、密谈室和休息室。

①主谈室的布置。

主谈室的布置很关键，对谈判起着影响作用。

环境：为了使谈判双方能心情愉快、精神饱满地参加谈判，主谈室的环境应当光线、充足、空气流通、温度适宜、宽敞舒适、色调柔和。

因为明亮的色调容易使人情绪过于活跃，在谈判中使双方产生急躁情绪以形成一种适宜心理氛围的距离感，采用暖色容易使双方建立信任。谈判室总体色调应以暗色、暖色为主，如暗红色、暗黑色或褚石色。但是，总体色调也不宜过于暗淡，否则会给人以压抑的感觉，不利于谈判。可采取摆放植物、鲜花，使用银色茶具、烟缸等加以调整。

设备：应配有类似投影屏幕或黑板的视觉中心。应有网络接口及网线，以便于谈判代表上网。根据情况，可准备笔记本电脑、麦克风等。必要时可供谈判双方进行讲解分析时使用。安装空调以保持室内适宜的温度，设饮水机以便谈判代表取水。一般不宜安装电话或录音设备，一方面是防止机密的泄露，另一方面是因为这些设备往往对谈判双方都会产生心理压力,难以畅所欲言,影响谈判的正常进行。如果双方经协商需要对谈判过程进行录音,也可以配备。

主背景墙会利用投影仪、背景板或条幅进行标语布置,标语通常为:"热烈欢迎×××公司领导一行莅临洽谈合作",颜色以红色或蓝色作为背景,多选用红底黄字、红底白字或蓝底白字,来营造热烈或隆重的谈判气氛。

准备好桌面的人名座位牌,根据隆重程度可选用红色纸或粉色纸打印,忌用白纸黑字。

桌式:主谈判桌居于房间中央,一般多设为椭圆形或长方形,而不采用圆形谈判桌。

座次排列遵循远门为上、以中为重、以右为尊原则。

② 密谈室的布置。

密谈室是供谈判双方内部协调机密问题而单独使用的房间。

环境:它最好靠近主谈室,有较好的隔音性能。窗户上要有窗帘,光线不宜太亮。

设备:室内配备黑板、桌子、笔记本等物品,桌子不需太大,以便谈判的某一方成员内部协商时方便使用;作为东道主,决不允许在密谈室安装微型录音设施偷录对方密谈信息;作为客户在外地对方场所谈判时,使用密谈室一定要提高警惕。

③休息室的布置。

休息室是供谈判双方在紧张的谈判间隙休息用的。

环境:休息室应该布置得轻松、舒适,以便缓解双方紧张的气氛,如室内可以布置些鲜花,放一些轻柔舒缓的音乐,准备一些茶点,以便于调节心情,舒缓气氛。

(2) 谈判座次的安排。

通常情况下,谈判座次的安排要遵循国际惯例,讲究礼节。谈判双方座次安排的不同,对谈判气氛、内部人员之间的交流都会产生影响。可以有3种就座安排方式。

①相对而坐,各居一边。

双方相对而坐,各居谈判桌的一边。这是最常见的一种就座方法,一般多采用长方形或椭圆形谈判桌。

这种坐法适用于比较正规、严肃的谈判。它的好处是双方相对而坐,同方谈判人员相互接近,便于商谈和交换意见,有桌子相隔,有利于信息的保密。它的不利之处在于人为地造成双方的对立感,容易形成紧张、呆滞的谈判气氛,对融洽双方关系有不利的影响。

位次礼仪:位次礼仪规则"以中为重,以右为尊,远门为上",客方人员面门而坐。主方人员背门而坐,双方主谈者居中就座,其他人员则依其具体身份的高低,各自按先右后左、自高而低的顺序分别在己方一侧就座。

竖桌式的位次:客方人员居右而坐,主方人员居左而坐,双方主谈者居中就座,其他人员则依其具体身份的高低,各自按先右后左、自高而低的顺序分别在己方一侧就座。

②交叉就座,你中有我。

圆式就座方式多采用圆形谈判桌的形式,谈判各方围桌交叉而坐,尊卑界限被淡化了,彼此感到气氛较为和谐、融洽,容易达成共识。但这种方式会使成员有一种被孤立和被包围感,不利于己方谈判人员之间协商问题和资料保密。需要注意的是,作为主场谈判的本方,一旦采用任意就座的方式,一定要事先建立起自己内部有效的信息控制体系,以免自己乱了阵脚,自食其果。

③无桌而坐，随意就座。

不设谈判桌也就是不就座的方式。对于业务合作关系持久的洽谈双方来讲，由于他们之间已形成了约定俗成的交易习惯，每次洽谈只需就简单的问题进行商讨，这时也可采用不用谈判桌、也不就座的方式进行洽谈。

总之，不论谈判房间的选择还是座次的安排，都应服务于谈判的总目标，并且根据双方之间的关系、己方谈判人员的素质和能力等情况来具体决定。不可随便从事，以防损害己方的利益。

17.8 ℃的影响

日本首相田中角荣20世纪70年代为恢复中日邦交正常化到达北京，他怀着等待中日间最高首脑会谈的紧张心情，在迎宾馆休息。迎宾馆内气温舒适，田中角荣的心情也十分舒畅，与随从的陪同人员谈笑风生。他的秘书早饭茂三仔细看了一下房间的温度计，是17.8 ℃。这正是田中角荣习惯的17.8 ℃，使得他心情舒畅，为谈判的顺利进行创造了条件。

（资料来源：王爱国，高中玖．商务谈判与沟通．北京：中国经济出版社，2008）

任务7.2 做好商务谈判接待

迎来送往是商务谈判中常见的活动。在谈判中，谈判一方对应邀前来参加谈判的对方一般都要安排相应身份的人员迎来送往。重要客商或初次来的客商，要有专人迎接；一般的客商、相对熟识的客商，应安排简单的接送。

微课：做好商务谈判接待

1. 确定迎送规格

迎送规格通常是依据对方谈判人员的身份、目的以及与己方的关系确定的。

确定迎送规格，主要是确定由我方哪一级人员出面迎接。其原则是迎送人员要与来宾的身份"对等对口"。对等主要是身份相当、地位相称；对口是职责或业务范围相似。迎接人数应当比对方抵达人员略少，一般为谈判班子的主要成员。当来宾特别重要或者与企业关系重大也可破格迎接，即安排比来宾身份略高的人员出面接待。

还可以安排简单而热烈的迎接仪式。如果设有迎送仪式也应提前准备。献花一般适用于礼遇较高的外宾，迎接普通外宾不需献花。

2. 做好迎候准备

（1）仪容仪表得体。

男士穿西装是最为稳妥和安全的。在颜色选择方面，遵从"三一律"和"三色原则"，最好穿深色的西装，给人以稳重、忠诚、干练的感觉。

女士套装颜色以素色最佳，尤其深色套装稳重、修身，里面搭配衬衫效果最好。寒冷季节外面可以加一件中规中矩的长款黑色、灰色或者驼色呢子大衣。女士宜淡妆、饰物要少；衣服不要过分紧身，不可裸露。夏天不穿露脚趾的凉鞋或者鱼嘴鞋。得体的仪容仪表如图7.1所示。

图 7-1 得体的仪容仪表

(2) 迎候准备充分。

为顺利迎接对方,迎送人员必须准确掌握对方乘坐的飞机(火车或船舶)的抵离时间。提前赶到机场、码头或车站接送,否则是对来宾失礼的表现。送别时不应在将对方送到目的地即离开,而应等到对方乘坐的交通工具看不见时再离去。为方便确认,可举个小牌子,牌子上写上"××公司欢迎你们"的字样。

(3) 做好介绍。

①自我介绍。

先向对方点头致意,询问:"您好,请问您是×××(单位)×××(姓名)×××(职位)吗?"得到对方回应后,说出"您好!我是×××(单位)×××(部门)×××(职位)的×××(姓名)×××,很高兴认识您,这是我的名片。"或者说:"您好!我是×××(单位)×××(部门)×××(职位)的×××(姓名)+(与对方某些熟人的关系或与对方相同的兴趣爱好),这是我的名片。"同时将名片递给对方。

②介绍他人。

一般由与对方相识的谈判活动中地位较高者做介绍人,介绍词:"×××,我来给您介绍一下,这位是×××(姓名)×××(职务负责)×××工作(简要情况)。"被介绍的一方应面带微笑,眼睛正视对方,点头致意或握手,同时问候对方"您好,很高兴认识您",并可递送名片。

【特别提示】

介绍他人的基本原则是高职位者对对方有优先知情权。一般先介绍年轻的,后介绍年长的;先介绍职位、身份较低的,后介绍职位、身份较高的;先介绍男性,后介绍女性;先介绍主人,后介绍客人。

若被介绍一方或双方不止一人，介绍规则是：介绍双方时，先卑后尊；介绍各自一方时，则应当自尊而卑。

(4) 交换名片。

交换名片是建立人际关系的第一步，一般宜在与人初识时、自我介绍之后或经他人介绍之后进行。

递送名片的先后没有太严格的讲究，一般是地位低的人先向地位高的人递送。当对方不止一人时，由尊而卑，若不清楚对方地位也可由近而远。在递送名片时，应上身呈15°的鞠躬状，面带微笑，名片上的字正对对方，恭敬地用双手的拇指和食指分别捏住名片上端的两角递送到对方胸前，递送时可以说"×××，这是我的名片，请多关照"之类的客气话。如果互递名片，姿势同上，只是左手送自己的名片，右手接对方的名片。

接受他人名片时，应起身或欠身，面带微笑，目视对方，恭敬地用双手的拇指和食指接住名片的下方两角，并轻声说"谢谢""认识您很高兴"等。如对方地位较高或有一定知名度，则可道一句"久仰大名"之类的赞美之辞。接过名片后，要回敬对方一张，并当着对方的面，用30秒钟将接受的名片认真地从头到尾默"读"一遍，意在表示重视对方，然后郑重地将名片放入自己的名片夹里。

拓展阅读

选择合适的称呼

称呼在商务交往中至关重要，妥当的称呼能反映自身的教养、对对方的尊重，赢得对方的好感；不当的称呼会给对方带来不快，甚至恼怒，破坏交往关系。

(1) 商务谈判活动中恰当的称呼。

①称呼行政职务。

仅称呼职务，如"董事长""总经理""主任"等。

在职务前加姓氏，如"张董事长""陈总经理""王主任"等。

在职务前加姓名，如"李浩总经理"等，常用于正式介绍场合。

②称呼技术职称。

仅称呼技术职称，如"教授""高工"等。

在职称前加姓氏，如"王教授""李高工"等。

在职称前加姓名，仅适用于极其正式的场合，如"林媛英教授""叶华民高级工程师"等。

③称呼职业。

仅称呼职业，如"老师""会计""医生""律师"等。

在职业前加姓氏，如"李老师""王律师"等。

在职业前加姓名，仅适用于极其正式的场合，如"滕凤英老师""李响律师"等。

④泛尊称。

称呼"先生""女士"，在公共场合这种称呼较常用。

(2) 商务谈判活动中不当的称呼。

①无称呼。

不称呼对方，直接开始谈话是非常失礼的行为。

②不适当的俗称。

"哥们儿""姐们儿"等称呼,这样会显得自身素质不高,缺乏修养。

③不适当的谐音。

有些人的姓氏不适合简称。如刁副(刁妇)、史科(屎坑)、傅厅长(副厅长)、聂处(孽畜)等。

④地方性称呼。

有些称呼,具有很强的地方色彩,如北京人爱称人为"师傅",山东人爱称人为"伙计";但在南方"师傅"是指"出家人","伙计"就是"打工仔"。

(5) 礼貌握手。

握手是一种被世界各国广泛采用的动作语言,自我介绍或被介绍后都应与对方握手。握手应注意以下几点。

①握手姿势:伸出右手,手掌略向前下方伸直,四指并拢,拇指张开,微笑目视对方与对方相握。时间一般以1~3秒为宜。

②握手力度:些许用力,以稍感紧握为宜。

③伸手次序:主人、长辈、上司、女士主动伸出手,客人、晚辈、下属、男士再相迎握手。

在正式场合,握手时伸手的先后次序主要取决于职位、身份;在社交、休闲场合,则主要取决于年纪、性别、婚否。

【特别提示】

握手的禁忌:

忌握手时左顾右盼、心不在焉、表情冷淡。

忌戴着手套和人握手。

忌用左手握手。

忌戴帽子握手(女性除外)。

忌戴墨镜握手。

忌男士握手过长或双手握。

忌交叉握手。

忌拒绝对方主动要求的握手。

(6) 献花。

对于身份特殊或尊贵的客方谈判人员可以安排献花。献花必须用鲜花,可以扎花成束或编成花环,由年轻女职员在参加迎送的主要领导与对方主要领导握手后,将鲜花献上。

(7) 陪送。

引导客人上车,陪来宾抵达下榻宾馆,乘车途中可以简单介绍本地风土人情。帮客人办理好入住手续,同时向客人介绍宾馆的服务、设施、就餐时间和地点。

拓展阅读

乘车礼仪

根据驾车的人确定座位的尊卑。

一、由所乘车的车主亲自驾驶车。

1. 双排五座轿车上的座次,由尊而卑依次应为:副驾驶座、后排右座、后排左座、后排中座，如图 7-2 所示。

图 7-2　主人驾驶双排五座轿车乘车座位礼仪位次排序

2. 三排七座轿车上座位的座次，由尊而卑依次应为：副驾驶座、后排右座、后排左座、后排中座、中排右座、中排左座。

3. 三排九座轿车上座位的座次，由尊而卑依次应为（假定驾驶座居左）：前排右座、前排中座、中排右座、中排中座、中排左座、后排右座、后排中座、后排左座。

二、由专职司机驾驶轿车。

1. 双排五座轿车座位的座次，由尊而卑依次应为：后排右座、后排左座、后排中座、副驾驶座，如图 7-3 所示。

图 7-3　司机驾驶双排五座轿车乘车座位礼仪位次排序

2. 三排七座轿车上座位的座次，由尊而卑依次应为：后排右座、后排左座、后排中座、中排右座、中排左座、副驾驶座，如图 7-4 所示。

图 7-4　司机驾驶三排七座轿车乘车座位礼仪位次排序

3. 三排九座轿车上座位的座次，由尊而卑依次应为（假定驾驶座居左）：中排右座、中排中座、中排左座、后排右座、后排中座、后排左座、前排右座、前排中座。

注意事项：

1. 当主人亲自驾车时，若一个人乘车，则必须坐在副驾驶座上；若多人乘车，则必须推举一个人在副驾驶座上就座，否则就是对主人的失敬。

2. 根据乘车的基本常识，副驾驶座是车上最不安全的座位。因此，按惯例，在社交场合，该座位不宜请妇女或儿童就座。而在公务活动中，副驾驶座，特别是双排五座轿车上的副驾驶座，则被称为随员座，专供秘书、翻译、警卫、陪同等随从人员就座。

3. 具体到副驾驶位、司机后位、司机对角线位哪个重要，要因人而异、因时而异，最标准的做法是客人坐在哪里，哪里就是上座。所以，不必纠正并告诉对方您坐错了。尊重别人就是尊重人家的选择，这就是商务礼仪中尊重为上的原则。有一点是必须明确的，服务人员坐面包车或中巴、大巴，应坐副驾驶位或尽量往后排就座。

3. 安排住宿

主场谈判方应当主动为客场谈判方安排住宿，一般应在对方动身出发之前先征求对方对住宿的要求，然后再根据要求安排预订相应的宾馆和房间。预订宾馆和房间后，应将宾馆名称、房间号码和起止日期告诉对方。

如果需要己方安排住宿，则需提前做好准备。将对方送达住处后，应给客人安排休息的时间，再开展其他活动。整个迎送活动应安排得热情、周到、有条不紊，使客人有宾至如归的感觉，不能出现冷淡、粗心或怠慢客人的情形。

【特别提示】

选择商务谈判住宿地一般包括以下要求：环境安静、舒适，生活设施良好，交通、通信方便，离谈判地点较近，价格合乎标准。

任务 7.3　做好商务谈判宴请

微课：做好商务谈判宴请

在商务谈判中，为促进谈判进展，增进彼此友谊，谈判双方互相宴请或招待，是整个谈判过程中不可缺少的组成部分。举行宴会或招待会，可以制造一种宽松融洽的气氛。在这种气氛中，能够加深双方的了解，增进彼此的友谊，为谈判成功打下良好的基础。

1. 宴请次数与形式

宴请次数：一般一个谈判周期以 2~4 次为宜，其实接风和送别一般是必需的，另外 1~2 次根据谈判实际情况而定。

宴请的形式：可分为宴会、招待会、茶会、商务聚餐等基本形式，每种形式都有其特定的礼仪规范。

（1）宴会。宴会是相对正式和隆重的宴请，该场合会有一定数量的服务员提供服务。按其程序和规格，宴会又分为三种。一是正式宴会，它对于宾主与服务人员的服饰以及宾主座次、餐具、酒水和菜肴的道数，均有一定的要求。二是便宴，即非正式宴会，形式较为随便，不排座次，气氛较随便、亲切。三是家宴，即在家中设便宴招待客人，家人共同招待，共同进餐，不拘束。西方人喜欢这种形式，以示亲切友好。

（2）招待会。招待会是一种不备正餐的宴请方式。一般来说，招待会只备方便食品、酒类、饮料、水果等。通常不需排座次，参加人员可以自由走动，规模可大可小，经济实惠，形式多样。常见的招待会有冷餐会、酒会等，多围绕某一主题而举办。

冷餐会一般在招待较多人时举行，规格有高有低，视宾客身份而定。冷餐会一般在较大场合举行，设餐台和酒台。参加者可坐可立，并可自由活动。菜肴以冷食为主，酒和菜均可请服务人员端送。

酒会通常以各种饮料为主招待客人，并备有少量小吃，由服务员端送，亦可将食品放在小桌和茶几上，由客人自取。酒会形式轻松随便，客人可自由活动和交谈。酒会一般在中午和傍晚举行，时间较短。客人到场和退场的时间亦无严格要求。

（3）茶会。茶会是一种更为简便的招待方式，以茶或咖啡招待客人，略备点心，不排座位，举行时间一般在上午十点和下午四点。

（4）商务聚餐。商务聚餐是一种非正式的宴请形式，多用于工作间隙，多为快餐且分食，简单便捷。就餐者还可以利用进餐时间进行交流。商务聚餐一般不讲究座次。如果是工作聚餐，就餐者往往就近安排席次，以方便沟通、磋商。

2. 宴请场所

宴请场所可选择环境幽雅、菜肴精美、服务优良的饭店或者是有一定档次的地方特色餐饮店。

3. 宴请和赴宴礼仪

（1）宴请礼仪。

①邀请。

宴请前应向客人发出邀请，告知客人宴请的主人、时间、地点、是否邀请配偶等信息。

②点菜。

宴请的菜肴应符合客人的口味、民族习俗和健康要求；整桌菜应有冷有热、荤素搭配；有主有次，主次分明。此外还应点好酒水。

③位次。

宴请中安排中餐的用餐位次是要特别注意的问题。用餐位次主要有桌次和席次之分。桌次的排列以面门为尊、以右为敬、居中为重、远门为上。座次一般面门居中位置为主位；主人右侧的位置是主宾位；越近主位，位次越高；同等距离，右高左低。主客双方既可分两侧而坐，也可交错而坐。

④迎宾。

主人应提前半小时到达宴会厅，衣着整洁大方，在门前迎候客人，热情引导客人就座。

⑤敬酒。

宴会开始时，主人应站立向全体宾客敬酒，并致以简短的祝酒词。如"欢迎诸位来××地，我敬大家一杯，祝我们合作愉快！"敬酒顺序一般是：根据身份自高而低逐个敬酒，如对客人身份不能确定，可先敬主宾，然后从自己身边开始以顺时针方向依序敬酒。

【特别提示】

碳酸饮料能加快酒的吸收，如可乐、汽水等，喝酒时不要饮用。为防喝醉酒，可在饮酒前喝些酸奶或牛奶，吃些高淀粉食物，如米饭、土豆等；喝酒时可同时多喝些水、果汁、汤等，多吃豆制品，必要时可准备醒酒的药物提前服用。

⑥用餐。

当宾客讲话、敬酒时应停止进食，积极回应。饮酒要留有余地，慢慢细饮；夹菜要等转到自己面前再夹，不可在菜中翻找，也不可给别人夹；吃菜、汤应细嚼慢咽，不可发出声响；餐巾应叠成三角形铺在大腿上，不可塞在领口里，挂在胸前；热毛巾只能用来擦嘴，不可擦头颈或手；席间一般不要劝酒、抽烟、剔牙，确需剔牙应用手遮挡。

⑦交谈。

宴请时应就彼此感兴趣的话题或轻松愉快的话题亲切交谈，注意回避个人隐私和对方避讳的问题，为营造气氛可点歌或播放音乐。

在交谈中，应注意"十一不"。不打断对方、质疑对方；不纠正对方、补充对方；不滔滔不绝、目中无人；不漫不经心、左顾右盼；不亲疏有别、冷热变换；不问对方年龄、收入和婚姻家庭状况；不问对方的个人经历、家庭住址及身体健康状况；不谈论政治及宗教信仰问题；不谈论涉及国家机密和行业机密的话题；不谈论粗俗的话题；不传播小道消息，不揭他人隐私，不议论他人。

⑧结束。

一般宴会应掌握在90分钟左右，不宜超过两小时。在宴会结束前，主人要征求客人意见，以他们尽兴为宜。宴会结束后将客人送上车，礼貌道别。

（2）赴宴礼仪。

在商务宴请活动中，对于赴宴人来说，从入席到离席的礼仪，既是个人修养、形象的表现，也是谈判双方水平和形象的体现。

①抵达礼仪。赴宴者应根据商务活动的目的、性质把握好时间，做到按时出席。抵达商务宴请地点后，要前往主人迎宾处，主动向主人问候、寒暄。

②入座礼仪。商务宴请如未设座席卡，恰当的做法是等候，方能入座。落座之时，要从座位的左侧入座。若同桌中有年长者、女士、职位高者，外地客大，应等他们入座后自己再落座，而且应主动为其拉开座椅，助其入座。就座后，坐姿要端正，神态要泰然，要将座椅调整到离餐桌20厘米左右的距离。

③道别礼仪。商务宴请中，客人一旦入宴，就要避免中途退场。如果确有事由而需要中途离席，应注意以下事项。如席前就已预计中途离开，最好在宴会之前就向主人说明事由；宴请中临时因事需要提前道别，同样应向主人说明事由，而且不要忘记向主人表达歉意；离席不要选在席间有人致辞或敬酒的时候，这容易使人产生误会，最好是在宴会告一段落之时，再准备离席；离席只需和主人致意、打招呼并向左右宾客点头示意即可，以免影响其他人用餐或其他活动，甚至影响整个商务宴请。

任务7.4　做好商务谈判赠礼

一般向对方馈赠礼物都是出于交际、巩固双方关系或酬谢的目的。馈赠礼物时应遵循轻重得当、因人而异、尊重习俗和实用美观的原则。

微课：做好商务谈判赠礼

要达到赠送礼物的预期效果，不仅受礼品本身的影响，也会受赠礼方式的影响。商务赠礼一般包括当面赠送、邮寄赠送和托人赠送。最常见的是当面赠送，若选择邮寄或托人转交，应附上赠礼人的祝词、名片，或签上赠礼人的姓名。礼品送出后，最好打个电话通知和确认。

1. 礼品的挑选

①礼品并非越贵重越好。赠送礼品主要的目的是表情达意，"千里送鹅毛，礼轻情意重"。太贵重的礼品不仅给自己增加压力，而且也给对方造成心理负担，甚至有贿赂之嫌。

②要知道受礼者的喜好。礼品要因人而异，先了解受礼人的年龄、性格、喜好、兴趣、职务、知识品位和风俗，选择受礼人乐于接受的礼物，特别注意礼品的品种、色彩、图案、形状、数目不要犯忌。

【特别提示】

中国送礼忌送梨、伞、钟，因其有"离""散""送终"的含意。此外，送礼不可送贴身用品，如剃须刀、衣服等，且礼品数不能为4。

礼品是有售后服务的物件，要把发票和相关单据一起赠出，以便受礼人能享受相关服务。

2. 礼品的包装

礼物虽轻重不一，但包装需讲究。精美的包装，不仅使礼品的外观具有艺术性和高雅的情调，而且更表达出赠送者的尊重和诚意。

3. 礼品的赠送

①时间。登门拜访客人时，在见面之初送礼品；接待客人时，主人在临别之时赠送礼品。

②地点。公务交往中，地点一般选在工作地点或交往地点。如果是赠送私人的礼品，则应当在私下赠送，最好在受赠人家里或私下交往的场合进行。

③礼节。双手将礼品递给对方，礼品应当递到对方手中，不宜放下后由对方自取。适当地说明礼品的来历、寓意、用途、用法等。

4. 送礼的禁忌

①不能送大额现金、有价证券、金银珠宝，否则有收买对方之嫌。

②不能送粗制滥造的物品或过季的商品，否则有愚弄对方、轻视对方之嫌。

③不能送药品或营养品，否则有暗示对方身体欠佳之意。

④不能送有违社会公德和法律规定的物品，否则有引诱对方堕落、犯罪之嫌。

⑤不能送有违交往对象民族习俗、宗教信仰和生活习惯的物品，否则有不尊重对方之嫌。

⑥不能送带有明显广告标志和宣传用语的物品，否则有利用对方为自己做广告之嫌。

⑦不能在公共场合给对方送礼，否则有招摇之嫌。

5. 接受礼品礼仪

①双手捧接。收礼品时要用双手捧接，切勿一只手去接礼品，特别是不要用左手去接礼品。

②表示感谢。接到礼品后，要面带微笑并表示感谢。要尽可能地当着对方的面打开后表示欣赏。

③记住回赠。接受馈赠后，得想办法回礼才合乎礼貌。中国人崇尚"礼尚往来，来而不往非礼也"。外国人同样重视。记住对方所送礼物的价值，以便在方便时机回赠给对方。

④礼貌拒绝。只要对方不是贿赂行为，一般是不允许拒绝收礼的。当你因为某种原因

不能接受对方的礼品时，可以礼貌地拒绝，但是态度必须委婉。

项目小结

　　谈判场所和谈判礼仪也是商务谈判的重要组成部分，选择一个合适的谈判场所，为会场做一个精心的布置，遵循必要的谈判礼仪，都能为谈判的成功带来意想不到的效果。谈判环境以高雅、宁静、和谐为宜。较为正规的谈判场所可以有三类房间：主谈室、密谈室和休息室。

　　座次排列遵循：远门为上、以中为重、以右为尊原则。

　　在谈判中，谈判一方对应邀前来参加谈判的对方一般都要安排相应的身份人员迎来送往。

　　迎送规格原则是迎送人员要与来宾的身份"对等对口"。对等主要是身份相当、地位相称；对口是职责或业务范围相似。

　　介绍他人的基本原则是高职位者对对方有优先知情权。一般先介绍年轻的，后介绍年长的；先介绍职位、身份较低的，后介绍职位、身体较高的；先介绍男性，后介绍女性；先介绍主人，后介绍客人。若被介绍一方或双方不止一人，介绍规则是：介绍双方时，先卑后尊；介绍各自一方时，则应当自尊而卑。

　　交换名片是建立人际关系的第一步，一般宜在与人初识时自我介绍之后或经他人介绍之后进行。

　　在商务谈判中，为促进谈判进展，增进彼此友谊，谈判双方互相宴请或招待，是整个谈判过程中不可缺少的组成部分。宴请场所可选择环境幽雅、菜肴精美、服务优良的饭店或者是有一定档次的地方特色餐饮店。

　　一般向对方馈赠礼物都是出于交际、巩固双方关系或酬谢的目的。馈赠礼物时应遵循轻重得当、因人而异、尊重习俗和实用美观的原则。礼品并非越贵越好。要知道受礼者的喜好。礼品要因人而异，先了解受礼人的年龄、性格、喜好、兴趣、职务、知识品位和风俗，选择受礼人乐于接受的礼物，特别注意礼品的品种、色彩、图案、形状、数目不要犯忌。

同步综合实训

一、知识夯实闯关考验

1. 多选题

1）座次排列遵循（　　）原则。
　A. 远门为上　　　　　　　　B. 以中为重
　C. 以右为尊　　　　　　　　D. 以左为尊

2）主背景墙会利用投影仪、背景板或条幅进行标语布置，标语颜色以（　　）色作为背景。
　A. 红　　　　B. 蓝　　　　C. 绿　　　　D. 黄

3）谈判主方人员要布置好谈判场所，谈判环境以（　　）为宜。
　A. 高雅　　　B. 宁静　　　C. 和谐　　　D. 热闹

4）宴请中安排中餐的用餐位次是要特别注意的问题。用餐位次主要有桌次和席次之分。桌次的排列为（　　）。
　A. 面门为尊　　　　　　　　B. 以右为敬
　C. 居中为重　　　　　　　　D. 远门为上

5）宴请的形式：可分为（　　）等基本形式。
　A. 宴会　　　　　　　　　　B. 招待会
　C. 茶会　　　　　　　　　　D. 商务聚餐

2. 判断题

1）宴会是相对正式和隆重的宴请，该场合会有一定数量的服务员提供服务。（　　）

2）准备好桌面的人名坐位牌，根据隆重程度可选用红色纸或粉色纸打印，忌用白纸黑字。（　　）

3）握手姿势：伸出右手，手掌略向前下方伸直，四指并拢，拇指张开，微笑目视对方与对方相握。（　　）

4）男生面试着装穿西装是最为稳妥和安全的。在颜色选择方面，最好穿深色的西装，它们给人以稳重、忠诚、干练的感觉。（　　）

5）迎送人员要与来宾的身份"对等对口"。对等主要是身份相当、地位相称；对口是职责或业务范围相似。（　　）

二、技能提升综合实训

1. 案例分析

用餐者的修养

郭晓凡是一家外贸公司的业务经理，有一次，郭先生因为工作上的需要，而在国内设宴招待一位来自英国的生意伙伴。有意思的是，那一顿饭吃下来，令对方最为欣赏的，倒不是郭先生专门为其所准备的丰盛菜肴，而是郭先生在陪同对方用餐时一处细小的举止表现。用那位英国客人当时的原话来讲就是："郭先生，你在用餐时一点儿响声都没有，使我感到你的确具有良好的教养。"

分析：

英国客人为什么欣赏郭先生的举止表现？从中说明了一个什么问题？

解析：

西方人在进食西餐的时候，用餐具是不出音的，这样才显示出一个用餐者的修养。

2. 课下实战训练

1）请运用商务谈判宴请礼仪邀请自己好的朋友吃顿饭。

2）按维护好谈判客户关系的思维方式为自己的最亲爱的人准备一份小礼物。

模块三

实战商务谈判

 思维导图

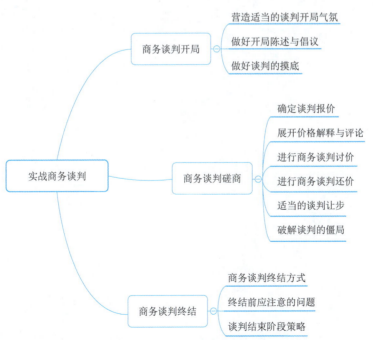

课前思考

商场如战场，商务谈判就是一场没有硝烟的战争。这是比较特殊的战争，不再是你死我活，而是既想要"双赢"，又想在战争中争取彼此利益最大化。如何才能在谈判中做到从容淡定、游刃有余？只有历经实战才能做到"宠辱不惊任庭前花开花落，闲庭信步静观天边云卷云舒"的境界。

模块简要

模块名称：实战商务谈判

模块简要：本项目通过对商务谈判基本理论的讲授和实训，使学生掌握商务谈判开局、磋商和结局阶段策略和技巧，并能运用到谈判过程中，完成商务谈判活动。

本模块包含项目：

项目八　商务谈判开局

项目九　商务谈判磋商

项目十　商务谈判终结

实训成果：

1. 角色扮演。通过对商务谈判案例的角色扮演，加深对商务谈判策略和技巧的理解。
2. 情景模拟。学生完成情景模拟谈判，对小组模拟对抗过程进行评价并自我感悟。
3. 实战演练。学生真实进行购买商品经历，体验商务谈判策略和技巧的运用奥妙。

项目八　商务谈判开局

学习目标

知识目标：
掌握营造商务谈判开局气氛的技巧。
掌握开场陈述和倡议的技巧。
掌握商务谈判摸底的技巧。

能力目标：
能营造合适的开局气氛，做好开场陈述。
在谈判中摸清对方底细开展谈判活动。

素质目标：
培养谈判人员树立自信心和双赢理念。
培养创新精神、进取态度和竞争意识。
培养团队合作精神，不怕挫折，勇于承担责任。
培养诚信敬业、协调沟通和随机应变能力。

重点和难点

重点：
本项目中的重点是商务谈判开局气氛、陈述、摸底技巧的掌握。

难点：
本项目的难点是能营造合适的开局气氛，做好开场陈述，摸清对方底细开展谈判活动。

项目引例

愉快的开局

华克公司在美国费城承建了一座庞大的办公大厦。开始进行得很顺利，谁知在接近完工时，负责供应内部装饰用的纽约铜器承包商却通知无法如期交货。这将使整个工程耽误，而且需交付巨额赔偿金！在一次次电话交涉未果的情况下，华克公司只好派高先生前往纽约洽谈。

高先生一走进承包商的办公室就笑着说："哦，朋友！我一下火车就查阅电话，想找到你的地址。结果巧极了，在这座城市里，这个姓氏只有你一个人。""是吗？我还一直不知道呢。"承包商也兴致勃勃地查阅起电话簿来并高兴地说："不错，这是一个很不平常的姓。"接着他兴致勃勃地讲述起自己的家族历史。之后，高先生又赞叹他居然拥有一家这么大的工厂。承包商说："这是我花了一生的心血建立起来的一项事业，我为它感到骄傲。你愿不愿意到车间里去参观一下？"高先生欣然前往。参观时，高先生一再称赞这家工厂的组织制度健全、机器设备新颖。承包商自豪地介绍说，这里有他亲自发明的机器。高先生马上又向他请教机器如何操作、工作效率如何等问题。时至中午，承包商坚持邀请高先生吃饭。

午餐毕，承包商主动说："我知道你这次来的目的，但我没有想到我们的会见竟是如此愉快。放心吧，我可以保证你们要的材料准时到货。尽管这样做会给我的另一笔生意带来损失，不过我认了。"

高先生的这次谈判使公司所需的货物及时运到，大厦如期完工。

解析："良好的开端是成功的一半。"谈判开局气氛的营造非常关键，它影响着整个谈判活动。

在商务谈判过程中，彼此之间构建和谐的关系，有个好的开端，就很可能会有个好的结尾。发自内心地赞美别人，会使谈判者心情舒畅，谈判气氛和谐，进而影响到谈判的发展。良好的开局是向预想目标前进的第一步。

实训任务清单

任务情境	2023年12月11日，长春博雅会议会展服务有限公司前台接到长春大华有限公司（以下简称大华公司）工作人员关于筹办周年酒会的咨询电话。原来是大华公司在成立一周年来临之际，为答谢公司的大客户，拟在12月25日举办一场隆重的周年酒会。双方经沟通后，决定在11月12日，大华公司商务代表到博雅公司就筹办周年酒会相关事宜进行商务谈判。 现在博雅会议会展服务有限公司的商务代表需制定商务谈判方案，公司领导责成王天一所在的团队完成这项任务
任务要求	博雅公司的商务代表完成与大华公司的商务代表，就筹办圣诞酒会进行商务谈判。公司决定派王天一团队完成
任务实施步骤	
步骤1	根据谈判对象，王天一挑选组员，组建谈判团队，任务分工，明确目标
步骤2	以小组为单位，搜集对方相关信息并做好谈判前的筹备工作
步骤3	模拟谈判，包含商务谈判的开局、磋商过程，并确定最终的谈判结果
步骤4	双方小组总结汇报

任务评价和成绩评定					
任务评价考核内容	考核要求及评分标准	分值	成绩评定（分制）		
			自评（ %）	互评（ %）	师评（ %）
任务分工	人员选择合适	10			
	分工明确	10			
模拟谈判 谈判开局	谈判步骤完整	20			
	能营造合适开局气氛	20			

续表

任务评价考核内容	考核要求及评分标准	分值	成绩评定（分制）		
			自评（　%）	互评（　%）	师评（　%）
仪态仪表	声音洪亮、充满自信	10			
	衣着正式、无小动作	10			
团队合作	合作完成	20			

实训指导

商务谈判开局是指谈判双方见面后，在讨论具体、实质的内容之前，彼此见面，互相介绍、寒暄，就谈判内容以及谈判事项进行初步接触和意向性沟通。谈判的开局是整个商务谈判的起点，在谈判准备阶段之后，谈判双方进入面对面谈判的开始阶段，也称非实质性谈判阶段。

一位谈判专家指出："谈判就像下棋，开局就要占据有利位置或战略性位置。"谈判开局是整个商务谈判的基础，往往显示双方谈判的诚意和积极性，在很大程度上影响着整个谈判的走向和发展趋势，故商务谈判人员必须重视谈判开局阶段的工作。

开局阶段是谈判的开始，虽然还未进入谈判的实质阶段，但是这一阶段对整个谈判过程的影响同样是重大的。有些谈判专家将这一阶段称为谈判的"破冰期"，以此来说明开局阶段的重要性。

任务 8.1 营造适当的谈判开局气氛

谈判开局气氛是谈判双方在非实质性谈判阶段的相互态度，通过谈判人员的姿态、目光、动作、语言而建立起来的洽谈氛围。谈判气氛的营造应该服务于谈判的目标和策略，服务于谈判各阶段的任务。

8.1.1 营造开局气氛的影响因素

（1）谈判双方之间的关系。

①双方过去有过业务往来，且关系很好。谈判人员态度应该比较热情、放松、亲切，开局阶段的气氛应是真诚、友好和愉快的。

②双方有过业务往来，但关系一般。谈判人员态度应随和自然，开局阶段的气氛应是比较友好、坦诚、和谐。

③如果双方过去有过一定的业务往来，但己方对对方的印象不好。谈判人员态度应该礼貌而冷峻，开局阶段的气氛应是凝重、低调的。

④过去双方从来没有业务往来。谈判人员态度上应不卑不亢、沉稳中不失热情、自信但不傲气，开局阶段的气氛应是真诚、热情、友好的。

（2）谈判双方的实力。

①双方谈判实力相当。为了防止一开始就强化对手的戒备心理或激起对方的对立情

绪，以致影响到实质性谈判，在开局阶段，己方谈判人员在语言和姿态上要做到轻松又不失严谨、礼貌又不失自信、热情又不失沉稳，要力求创造一种友好、轻松、和谐的氛围。

②己方谈判实力明显强于对方。为了使对方能够清醒地意识到这一点，从而产生威慑作用，又不至于将对方吓跑，在开局阶段，语言和姿态既要表现得礼貌友好，又要充分显示出己方的自信和气势，要创造一种友好、矜持的气氛。

③己方谈判实力弱于对方。为了不使对方在气势上占上风，从而影响后面的实质性谈判，在开局阶段的语言和姿态上，一方面要表示出友好，积极合作；另一方面也要充满自信，举止沉稳，谈吐大方，使对方不能轻视己方，要创造一种友好、平等的气氛。

【特别提示】
谈判实力是指影响双方在谈判过程中的相互关系、地位和谈判最终结果的各种因素的总和。在通常情况下，谈判实力取决于谈判双方对达成合作的愿望程度、对交易内容与交易条件的满足程度、对商业行情的了解程度、市场竞争的形势、所在企业的信誉和影响力、谈判时间的紧迫程度、谈判艺术与技巧的运用等因素。

(3) 谈判的主题。

①双方悦纳的主题。对于双方感兴趣，乐于协商的谈判主题，谈判气氛应是友好、和谐、愉快的。

②一方不感兴趣的主题。对于一方兴趣不大，无所谓的谈判主题，谈判气氛应是自然、轻松、友好的。

③一方抵触的谈判主题。对于一方刻意回避、较为抵触的谈判主题，谈判气氛应是严肃、冷峻、对立的。

(4) 双方谈判人员个人之间的关系。

如果双方谈判人员过去有过交往接触，并且结下了一定的友谊，则开局气氛较为轻松、愉快；反之，如果双方谈判人员曾有不愉快的过节，则开局气氛较为冷淡，甚至对立。

8.1.2 了解开局气氛类型

根据谈判气氛的热烈程度，可将其分为高调气氛、自然气氛、低调气氛。

高调气氛是指谈判双方情绪积极、态度热情，愉快因素成为谈判情势主导因素的谈判开局气氛。

微课：营造商务谈判开局气氛类型

自然气氛是指谈判双方情绪平稳，态度既不热情，也不消沉，平淡融洽成为谈判主导因素的谈判气氛。

低调气氛是指谈判气氛严肃、冷淡或对立，不快或消极因素构成谈判情势主导因素的开局氛围。

8.1.3 营造开局气氛的技巧

谈判开局气氛是谈判双方仪表、语言、姿态、表情、动作等交互作用形成的洽谈氛围。在具体的谈判活动中，为形成对己方有利的谈判气氛，还可灵活运用一些技巧。

微课：营造商务谈判开局气氛方法

（1）营造高调气氛技巧。

①引情法。

引情法是以主动积极的态度、热情诚挚的语言、轻松愉悦的心情去引发对方积极的情感，使得谈判开局充满亲切愉快的高调气氛。引情法具体方式可以是宣布喜庆事件、攀亲认友、寻找彼此的共同点或相似点、回顾美好往事等。

"喜事"对开局气氛的影响

中国一家彩电生产企业准备从日本引进一条生产线，于是与日本一家公司进行接触。中方了解到日本人经常板起面孔谈判，制造一种冰冷的谈判气氛，给对方形成一种心理压力，从而控制整个谈判，趁机抬高价格或提高条件。谈判那天，双方谈判代表刚刚就座，中方的首席代表就站了起来，他对大家说："在谈判开始之前，我有一个好消息要与大家分享。我的太太在昨天夜里为我生了个大胖儿子！"此话一出，中方职员纷纷站起来向他道喜，日方代表于是也纷纷站起来向他道贺。整个谈判会场的气氛顿时高涨起来，谈判进行得非常顺利。

（资料来源：马克态. 商务谈判理论与实务 [M]. 北京：中国国际广播出版社，2004）

②赞美法。赞美法是指通过称赞对方来削弱对方的心理防线，从而激发对方的谈判热情，调动对方的情绪，营造高调气氛。

俗话说"良言一句三冬暖"，赞美就像暖人心灵的阳光，照亮别人的生活也照亮自己的心田。恰当的赞美可以激发一个人的潜能和积极性，可以拉近人与人的关系，促进彼此友谊健康发展，可以改善别人对你的印象，对创建良好的人际关系起到重要作用。

微课：营造商务谈判开局气氛技巧——赞美法

用赞美打开局面

柯达公司创始人乔治·伊士曼成为美国巨富后热心于社会公益事业，他捐巨款建造了一座音乐厅、一座纪念馆和一座剧院。为能承接这些建筑物内的座椅业务，众多制造商展开了竞争，可是他们无不乘兴而来，扫兴而归。此时，美国优秀座椅公司经理亚森前来，希望得到这笔价值8万美元的生意。伊士曼的秘书在引见亚森前忠告："我明白您急于得到这笔订单，但我要告诉您，假如您占用了伊士曼先生5分钟以上的时间，您就没有希望了。他是一个非常严厉的大忙人，所以您进去后要快讲。"

亚森被引进伊士曼的办公室后，看到伊士曼正埋头处理桌上的一堆文件。于是亚森静静地站在那里，并打量着这间办公室。过了一会儿，伊士曼抬起头发现亚森，问道："先生有何见教？"

秘书为亚森做了简单的介绍，便退了出去。这时，亚森没有谈生意，却说："伊士曼先生，我利用等您的时间仔细观察了您的办公室。我本人长期从事室内木工装修，可从来没见过装修如此精细的办公室。"

伊士曼回答说："谢谢您的夸奖。这间办公室是我亲自设计的。刚建好时我可喜欢了，可是后来一忙一直都没有机会好好欣赏一下这个房间。"亚森走到墙边，用手在护墙板上一擦，说道："这用的是英国的橡木吧！这种橡木原地是很好的。"

"是的，"伊士曼高兴地站起来说，"这是从英国进口的橡木，是我的一位朋友专程去英国帮我订的货。他是长期研究室内细木的。"

伊士曼心情非常好，带着亚森仔细地参观他的办公室，并将室内装饰详细地向亚森做了介绍——从选材到颜色，从工艺到价格，然后又讲到自己的设计经过。亚森微笑着聆听，看到伊士曼谈兴正浓，便好奇地问起他的经历。伊士曼接着讲述了自己青少年时期的艰难生活，母子怎样在困境中生活，以及发明柯达相机的过程和向社会回报的各项捐款等。亚森专注地倾听着，并赞扬伊士曼先生的公德心。

原本伊士曼先生的秘书告诉过亚森，会谈不能超过5分钟，可是现在谈了近两个钟头，直谈到了中午伊士曼请亚森共进午餐，可直到亚森告辞，两人都没有谈及生意。但是，随后亚森不仅得到了大批的订单，而且与伊士曼结下了友谊。

（资料来源：樊建廷，干勤. 商务谈判. 大连：东北财经大学出版社，2015.）

③幽默法。用幽默的方式来消除谈判对手的戒备心理，使其积极地参与到谈判中来，从而营造高调的谈判开局气氛。

运用幽默技巧需要注意幽默内容要高雅、态度要友善，要分清场合、分清对象。幽默法要因人、因事、因时而发，否则会触怒他人。

微课：营造商务谈判开局气氛技巧——幽默法

小案例

适当幽默可融洽双方关系

刘经理与王厂长约好中午十二点在生态园吃饭和谈判。可是一个小时后，王厂长才赶到，他抱歉地说："对不起，我来晚了，让你饿了这么久。"刘经理则答道："没关系，我已经饱餐了美食的香气和绿色的空气。"

刘经理用夸张的幽默手法表达了自己的不满，比起"你来得这么晚，让我先吃完午餐"要巧妙得多，也使王厂长在刘经理的幽默中更感愧疚。

④感化法。

感化法是指利用正式谈判前双方可能有的一些非正式的接触机会，如欢迎宴会、礼节性拜访等影响对方人员对谈判的态度，以助于在正式谈判中建立高调气氛。

建立与对手的良好关系有助于良好商务谈判氛围的形成。通常，欲与对方建立良好关系，可尝试以下技巧。

一是记住名字。在与被判对手一次或短暂的交往后，能准确迅速地说出对方的名字，不仅是一种友善的表示，也给对方传递了一条信息——你在我心中的位置，对方会因此感激。记住别人名字的最好方法就是建立名片档，注明初识时间、地点、关键事项等。

二是旅游观光。旅游观光是增进友谊的一种较好形式，双方接触时间长，游览、就餐、休息都在一起，是深入交往的极好时机。

三是娱乐活动。邀请谈判对手参加娱乐活动能很好地沟通双方感情。娱乐活动的方式多种多样：切磋棋艺、打网球、保龄球、高尔夫球、听音乐、唱歌等。

四是家庭拜访。家庭拜访包括到谈判对方成员家里访问，参加其家庭的重要活动等，往往也能收到好的效果。

五是赠送礼物。在双方交往中，根据不同对象的喜好有意识地赠一些礼物，表示友好和联络感情，可拉近双方距离。

（2）营造自然气氛技巧。

①寒暄法。

寒暄法是指双方见面落座后，在轻松愉快的闲聊中形成诚挚、融洽的谈判氛围。

双方闲聊的话题可以是询问对方休息、饮食状况，对本地的感觉印象；也可以是一些与谈判无关的、令双方感兴趣的话题，诸如以前各自的经历、共同交往的人、文艺体育、时事新闻、地理气候、风俗习惯等；若彼此有过交往，可叙谈以往合作经历或感受，表达对方的谢意或歉意。

②进攻法。

进攻法是通过语言或行为来表达己方强硬的姿态，从而使对方转变态度，形成平等协商氛围。

利用进攻法扭转局面

日本一家著名的汽车公司刚刚在美国"登陆"时，急需找一家美国代理商来为其销售产品，以弥补他们不了解美国市场的缺陷。当日本汽车公司准备与美国的一家公司就此问题进行谈判时，日本公司的谈判代表路上堵车迟到了。美国公司的代表抓住这件事紧紧不放，想要以此为手段获取更多的优惠条件。日本公司的代表发现无路可退，于是站起来说："我们十分抱歉耽误了你的时间，但是这绝非我们的本意，我们对美国的交通状况了解不足，所以导致了这个不愉快的结果。我希望我们不要再为这个无所谓的问题耽误宝贵的时间了，如果因为这件事怀疑到我们合作的诚意，那么，我们只好结束这次谈判。我认为，我们所提出的优惠代理条件是不会在美国找不到合作伙伴的。"

日本代表的一席话说得美国代理商哑口无言，美国人也不想失去这次赚钱的机会，于是谈判顺利地进行下去。

解析：进攻式开局策略是指通过语言或行为来表达己方强硬的姿态，从而获得对方必要的尊重，并借以制造心理优势，使得谈判顺利地进行下去。采用进攻式开局策略一定要谨慎，因为，在谈判开局阶段就设法显示自己的实力，使谈判开局就处于剑拔弩张的气氛中，对谈判进一步发展极为不利。

进攻式开局策略通常只在这种情况下使用：发现谈判对手在刻意制造低调气氛，这种气氛对己方的讨价还价十分不利，如果不把这种气氛扭转过来，将损害己方的切身利益。

本案例中，日本谈判代表采取进攻式的开局策略，阻止了美方谋求营造低调气氛的企图。

运用进攻法在态度上要自尊自信，做到有理、有利、有节地捍卫己方的尊严和正当权益，从而建立平等的谈判气氛。

③示弱法。

示弱法是指谈判一方向另一方表明自己的弱势，取得对方的同情，从而形成平和融洽的谈判氛围。

谈判中可适当地示弱

某蔬菜种植基地欲向某大超市出售新鲜蔬菜,该蔬菜种植基地的经理对超市采购经理说:"你们超市规模大,资金实力雄厚,经济效益好,进购一点我们的蔬菜对你们而言根本不算什么,可对我们来讲却是生死攸关呀,能与你们合作是我们的荣幸。"超市采购经理听后态度缓和许多,随后双方在融洽的氛围中达成了协议。

(3) 营造低调气氛。

低调气氛是指谈判气氛严肃、冷淡或对立,不快或消极因素构成谈判情势主导因素的开局氛围。

营造低调气氛通常包括以下几种方法。

①压抑法。

压抑法是以沉重、抑郁的心情、冷峻的语言诱发对方的消极情感,致使一种低沉、严峻的气氛笼罩在谈判开始阶段。

艾柯卡如何获得15亿美金贷款担保

美国克莱斯勒公司总经理艾柯卡1979年在克莱斯勒公司濒临倒闭时临危受命,他上任后做的第一件大事就是请求美国政府同意为公司15亿美元的紧急贷款提供担保,以维持公司最低限度的生产活动。但是,此建议一出,立即在美国社会引起了一场轩然大波。在崇尚自由竞争的美国,公众几乎是众口一词:让克莱斯勒赶紧倒闭吧!大部分国会议员也不同意政府涉入私营企业的经营。1979年10月18日,艾柯卡第一次出席国会为此而举行的有相关政府机构、银行参加的听证会。在听证会上,艾柯卡一开始就明确地提出自己的立场:"我相信诸位都明白,我今天在这里绝不只是代表我一个人说话。我代表着成千上万依靠克莱斯勒公司为生的人们,事情就是那么简单。我们有14万职工和他们的家属,4 700家汽车商及所属的15万职工,1.9万家供应商和其他雇用的25万人,还有这些人的全部家属。"为了让这些议员认清后果,他又提出:"如果克莱斯勒公司倒闭了,全国的失业率会在一夜之间暴涨0.5个百分点,美国政府在第一年里就得为这高达几十万的失业人口花费27亿美元的保险金和福利金。各位可以自由选择,你们是想现在就付27亿美元呢?还是将它的一半用来提供贷款担保,并可在日后全部收回呢?"他随后又指出,日本汽车正乘虚而入,如果克莱斯勒倒闭了,它的几十万职员就得成为日本的佣工。艾柯卡让这些议员彻底认清了拒绝克莱斯勒请求的后果,成功地转变了他们的态度,达到了自己期望的目标。最后,艾柯卡拿到了他所需要的15亿美元的贷款担保。

(资料来源:孙绍年. 商务谈判理论与实务. 北京:清华大学出版社,北京交通大学出版社,2007)

②沉默法。

沉默法是以沉默的方式来给谈判气氛降温,从而达到向对方施加心理压力的目的。

 小案例

25秒沉默之后

沉默和忍耐是日本商人常用的一种谈判策略。在一次美日贸易谈判中，美国代表提出美日联合向巴西开放一种新的生产设备和工艺技术，然后等待日方丰田公司代表的答复。25秒过去了，三位日商还是默不作声，低着头，双手搭在桌面上。美国代表在难熬的沉默中渐渐失去热情和耐心，很快降低了谈判的期望值。

采用沉默法时要注意以下几点。

一是要有恰当的沉默理由。通常，人们采用的理由有假装对某项技术问题不理解，假装不理解对方对某个问题的陈述，假装对对方的某个礼仪失误表示十分不满。

二是沉默要有度，适时出击，掌握主动。

③消磨法。

消磨法是指采取手段消磨谈判对手的精力，从而削弱其自信和锐气，形成低调谈判气氛。

 小案例

再 讲 一 遍

日本航空公司决定向美国麦道公司购买10架新型麦道客机，遂派出代表团前往美国谈判。日航代表刚到美国，麦道公司就来电表示，约定第二天在麦道公司会议室举行谈判。第二天，三位日航代表拖带一副疲态，慢吞吞地踱进会议室。谈判开始，日方代表不紧不慢地喝着咖啡，好像是在缓解时差的不适。而麦道公司的代表个个肃穆威严，他们看到日方代表的疲惫之态，认为这是最佳的可乘之机，遂抓紧时机，开始谈判。麦道公司代表显然做好了充分的准备，谈判开始，他们就相继打开3台放映机，拿出一系列的图表、数据、字幕、辅助资料，给对方以咄咄逼人的态势。从早上9点到中午11点半，麦道公司的谈判代表侃侃而谈，自认为本公司的谈判准备工作天衣无缝，一定会把日方代表搞得无话可说。两个多小时的讲解完毕，麦道公司代表脸上露出了得意的微笑。可是日航代表却一直默默无语。

麦道的领队不解地问："你们难道不明白？你们什么不明白？"

日航领队笑笑说："一切。"

麦道主谈迫切地问："一切是什么意思，你们能否具体说一下从哪里开始不明白的。"

日航助理歉意地说："对不起，从您拉上窗帘的那一刻。"日航领队随之点点头，表示同意。

麦道领队被气得鼻子都歪了，脸上青一阵、红一阵，真想上去踢日航代表几脚。他泄气地倚在门旁，松了松领带，有气无力地说："那么，你们希望我们再做些什么呢？"

日航领队歉意地说："很简单，你们可以再讲一遍吗？"

麦道公司别无选择，只好机械地重复着那两个半小时的介绍。当初的热情和信心此时已消失得无影无踪。

（资料来源：吕晨钟．学谈判必读的95个中外案例．北京：北京工业大学出版社，2005）

④指责法。

指责法是指对对手的某项错误或礼仪失误严加指责，使其感到内疚，从而达到营造低调开局气氛的目的。

 小案例

揪住对方错误的小辫子

巴西一家公司到美国采购成套设备。巴西谈判小组成员因为上街购物耽误了时间，当他们到达谈判地点时，比预定时间晚了45分钟。美方代表对此极为不满，花了很长时间来指责巴西代表不遵守时间，没有信用，如果这样下去，以后很多工作很难合作，浪费时间就是浪费资源、浪费金钱。对此，巴西代表感到理亏，只好不停地向美方代表道歉。谈判开始以后，美方似乎还对巴西代表来迟一事耿耿于怀，一时间弄得巴西代表手足无措。说话处处被动，无心与美方代表讨价还价，对美方提出的许多要求也没有静下心来认真考虑，匆匆忙忙就签订了合同。

等到合同签订以后，巴西代表平静下来，才发现自己吃了大亏，上了美方的当，但为时已晚。

(资料来源：肖华．商务谈判实训．北京：中国劳动社会保障出版社，2005)

总之，商务谈判开局气氛在很大程度上影响着整个谈判趋势和走向，谈判双方要善于运用灵活的技巧来争取有利于己方的谈判氛围。

谈判气氛的形成并非完全是人为因素的结果，客观条件也会对谈判气氛有重要影响，如节假日、天气情况、突发事件等。因此，在营造谈判氛围时，一定要注意外界客观因素的影响。

谈判环境对谈判氛围的形成有着不容小视的作用，设计不同的谈判环境，可以形成或热情洋溢、或亲切自然、或庄重严肃、或压抑沉闷的谈判氛围。古往今来，用环境来塑造谈判气氛的例子比比皆是，森林小屋、乡间别墅、皇宫大院、茶吧酒店，甚至是游艇等都曾是谈判的场所。

8.1.4 开局的注意事项

开局阶段注意：把握气氛形成的关键时机；留有足够时间运用中性话题加强沟通；树立诚实可信、富有合作精神的谈判者形象；利用正式谈判前场外非正式接触的机会。着重应注意以下5点。

1. 开场白的节奏要得当

开场白阶段又称为"破冰"期阶段，指谈判双方进入具体交易内容谈判讨论前，见面、寒暄及对谈判内容以外的话题进行交流的那段时间和过程。虽然与谈判主题关系不大，但却非常重要，为以后的谈判定下了一个基调。

2. 动作自然得体，讲究表情语言

动作自然得体——由于各国、各民族文化习俗的不同，对各种动作的反应也不尽相同。比如，初次见面时的握手就颇有讲究，有的外宾认为这是一种友好的表示，给人以亲近感；而有的外宾则会觉得对方是在故弄玄虚，有意谄媚，就会产生一种厌恶感。因此，谈判者应事先了解对方的背景、性格特点，区别不同的情况，采用不同的形体语言。

讲究表情语言——表情语言是无声的信息，是内心情感的表露，这主要是指形象、

表情、眼神等。洽谈人员是信心十足还是满腹狐疑，是轻松愉快还是紧张呆滞，可以通过表情流露出来。洽谈人员是诚实还是狡猾，是活泼还是凝重也都可以通过眼神表现出来。洽谈人员应该时刻注意自己的表情，通过表情和眼神表示出友好、合作的愿望。

3. 破题引人入胜

如果说开局是谈判气氛形成的关键阶段，那么破题则是关键中的关键，就好比围棋中的"天王山"，既是对方之要点也是我们之要点。

因为双方都要通过破题来表明自己的观点、立场，也都要通过破题来了解对方。由于谈判即将开始，难免会心情紧张，因此出现张口结舌、言不由衷或盲目迎合对方的现象，这对下面的正式谈判将会产生不良的影响。为了防止这种现象的发生，应该事先做好充分准备，做到有备而来。比如，可以把预计谈判时间的5%作为"入题"阶段，若谈判准备进行1小时，就用3分钟时间沉思；如果谈判要持续几天，最好在谈生意前的某个晚上，找机会请对方一起吃顿饭。

4. 树立良好的第一印象

与客户会晤时留下的第一印象，往往影响到日后两者之间的关系。一般给对方第一印象的时间只有7秒。从接触一开始，7秒的时间你就已经给对方留下一个印象，是否专业，能干不能干就能判断出来。专业行为表现包括下面三个方面的内容。

①外表，即穿着打扮怎么样。
②身体语言及面部表情。身体语言包括姿势语言。
③日常工作和生活中的礼仪，包括像握手、对话、会议礼仪、电梯礼仪等。

5. 要注重礼仪

在商务活动中，一方往往通过对方的仪容仪表、举止言谈来判断对方，并通过对方来分析他（她）所代表的企业的可信程度，进而影响与其交往的程度。由此可见，在商务活动中，双方人员的高尚道德情操，彬彬有礼的言谈举止，渊博的知识，得体的礼遇，都会给对方留下深刻的印象，并对企业产生好感，减少谈判阻力，推动交易成功。

案例链接

一口痰"吐掉"一项合作

《文汇报》曾有一篇报道，题目是《一口痰"吐掉"一项合作》。说某医疗器械厂与外商达成了引进"大输液管"生产线的协议，眼看第二天就要签字了。可当这个厂的厂长陪同外商参观车间的时候，习惯性地向墙角吐了一口痰，然后用鞋底去擦。这一幕让外商彻夜难眠，他让翻译给那位厂长送去一封信："恕我直言，一个厂长的卫生习惯可以反映一个工厂的管理素质。况且，我们今后要生产的是用来治病的输液皮管。贵国有句谚语：人命关天！请原谅我的不辞而别……"一项已基本谈成的项目，就这样被一口痰"吐"掉了。

任务8.2 做好开局陈述与倡议

在报价和磋商之前，为了摸清对方的原则和态度，可作开局陈述和倡议。

8.2.1 开局陈述

开局陈述又称开场陈述，即双方分别明自己对有关问题的看法和原则，开局陈述的重点是双方的利益但它不是具体的而是原则性地、简明扼要地把对几个问题的主见提出来。

开局陈述一般包括陈述的内容、表达的方式和对对方建议的反应三个方面。

8.2.1.1　陈述的内容

陈述的内容是指洽谈双方各自的观点和立场。在陈述自己的观点时，通常采取"横向铺开"的方法，而不是深谈某一个问题。每一方都要独立地把自己的观点做一个全面的陈述，并且要给对方以充分弄清我方意图的机会，然后听取对方的全面陈述，并弄清对方的意图。

开局陈述内容一般包括：

①我方认为这次应涉及的问题和讨论顺序，即我方对问题的理解。

②我方希望通过谈判取得的利益，哪些方面对我方来讲是至关重要的，即我方的利益与首要利益。

③我方可以采取何种方式为双方共同获得利益做出贡献，即我方可向对方做出的让步和商谈事项。

④我方的原则、以前合作的结果、己方在对方享有的信誉、今后双方合作中可能出现的良好机会或障碍。

8.2.1.2　开局陈述的技巧

正式的商业味十足的陈述，最好以诚挚和轻松的方式表达出来。陈述的时间要把握好度，双方尽量平分秋色，切忌出现独霸会场的局面。发言内容要简短而突出重点，恰如其分地把感情倾向表示出来即可。要准确易懂、简明扼要，关键的话要准确地、肯定地讲清楚。例如"希望有关技术方面问题的讨论结果，能使我们双方都满意。"在遣词造句和态度上，应尽量轻松愉快，具有幽默感，以减少引起对方焦虑、不满和气愤的可能。要因人而异，措辞得体，善用语言技巧，否则只会使对方产生敌意，筑起一道防御之墙，丧失其原来可能协助或支持自己的机会。要注意结束语。陈述的结束语需特别斟酌，表明己方陈述只是为了使对方明白己方的意图，而不是向对方挑战或强加给对方接受。例如"是否说清楚了""这是我们的初步意见，不知你们想法如何"等都是比较好的语句。

8.2.1.3　选择合适的陈述方式

陈述的方式即如何表达，通常能够加强已经建立起来的洽谈气氛。

开局陈述方式有：协商式陈述、坦诚式陈述、保留式陈述、进攻式陈述、挑剔式陈述、幽默式陈述等常用的开局陈述方式。

①协商式陈述。

协商式陈述也称一致式开局陈述，是指以协商、肯定的语言进行陈述，使彼此产生好感，创造出双方对谈判的理解充满"一致性"的感觉，从而使谈判双方在一种友好、愉快的气氛中不断将谈判引向深入的方式。

这种开局陈述方式适用于谈判双方实力比较接近，双方没有商务往来的经历，都希望此次谈判有一个好的开端。谈判中，己方要多用外交礼节性语言、中性话题，使双方在平等、合作的气氛中开局。此外，己方还要报以充分尊重对方意见的态度，语言要友好礼貌，但又不刻意奉承；姿态上不卑不亢，沉稳中不失热情，自信但不自傲，把握适当的分寸，顺利打开局面。

运用协商式陈述方法时可以采用以下几种方式：

问询方式：将答案设计成问句来询问对方。

补充方式：对对方意见进行补充，使自己的意见变成对方的意见。

协商方式：以协商口吻征求谈判对手的意见，然后对其表示赞同，按其意见开展工作。

协商式的开局陈述："根据我们双方以往的合作经历，我想这次谈判也会非常顺利，你们说是吧。从我们之前的沟通情况来看，目前问题主要集中在价格上，你们认为呢？当然货物的质量也至关重要，质量不好的货物价格再便宜你们也一定不会购买的，是吧。你们看我们把质量和价格放到前面讨论怎么样？当然，你们是我们的老客户，若订货数量大，我们将给予你们额外的折扣。至于交易的其他方面也好商量，希望通过磋商，我们能达成到双方满意的合作。"

美丽的亚美利加

1972年2月，美国总统尼克松访华，中美双方将要展开一场具有重大历史意义的国际谈判。为了创造一种融洽和谐的谈判环境和气氛，中国方面在周恩来总理的亲自领导下，对谈判过程中的各种环境都做了精心而又周密的准备和安排，甚至对宴会上要演奏的中美两国民间乐曲都进行了精心的挑选。在欢迎尼克松一行的国宴上，当军乐队熟练地演奏起由周总理亲自选定的"美丽的亚美利加"时，尼克松总统简直听呆了，他绝没有想到能在中国北京听到他如此熟悉的乐曲，而且，这是他平生最喜爱的、指定在他的就职典礼上演奏的家乡乐曲。敬酒时，他特地到乐队前表示感谢，此时，国宴达到了高潮，一种融洽而热烈的气氛也同时感染了美国客人。一个小小的精心安排，赢得了和谐融洽的谈判气氛，为中美谈判创造了一个良好的开局。这不能不说是一种高超的谈判艺术。

②坦诚式陈述。

坦诚式陈述是指以开诚布公的方式向谈判对手陈述自己的观点或意愿，尽快打开谈判局面的方式。

这种陈述方式适合双方曾经有过商务往来或有长期业务往来，相互比较了解，而且关系很好的谈判对象。有时还可用于实力不如对方的谈判者。在双方都了解事实的前提下，坦率地表明己方存在的弱点，使对方理智地考虑谈判目标。这种陈述方式也表达出实力较弱一方充满自信和实事求是的精神。

以这种陈述方式开局时，谈判双方可以真诚、热情地畅谈双方过去的合作关系，适当地称赞对方在商务中的良好信誉，坦率地陈述己方的观点以及对谈判的期望，使对方产生信任感。

土 朋 友

北京某区一位党委书记在同外商谈判时，发现对方对自己的身份持有强烈的戒备心理，而这种状态明显妨碍了谈判的顺利进行。于是，这位党委书记当机立断，站起来说道："我是党委书记，但也懂经济、搞经济，并且拥有决策权。我们摊子小，并且实力不大，但人实在，愿意真诚与贵方合作。咱们谈成也好，谈不成也罢，至少你这个外来的

'洋先生'可以交一个我这样的'土朋友'"。

寥寥几句坦诚肺腑之言，打消了对方的疑惑，使谈判顺利发展。

③保留式陈述。

保留式陈述是以严谨和凝重的语言表达对谈判的高度重视和鲜明态度，使对方放弃某些不恰当的意图，以把握谈判进程的方式。

这种开局方式适用于谈判双方曾有过商务往来，但对方表现得不太令人满意，己方要通过慎重的态度，引起对方对某些问题的重视的情况。

对于这种陈述开局方式，可以用一些礼貌性的提问来试探对方的态度、想法，注意与对方保持一定的距离；可以对对方的一些关键问题不做彻底、确切的回答，而是有所保留，从而给对方造成神秘感，以吸引对方慢慢接受己方的一些谈判条件。这种策略也适用于己方对谈判对手的某些情况存在疑问，需要经过简短的接触摸底来加以确认的情况。

运用这种方式需要注意的是，谈判中应以诚信为本，向对方传达的可以是模糊的信息，但不能是虚假信息，否则，会将自己陷入非常难堪的局面之中。

小案例

嗯……我不知道

美国一位著名谈判专家有一次替他邻居与保险公司交涉赔偿事宜。谈判是在专家的客厅里进行的，理赔员先发表了意见："先生，我知道你是交涉专家，一向都是针对巨额款项谈判，恐怕我无法承受你的要价。我们公司若是只出100元的赔偿金，你觉得如何？"

专家表情严肃地沉默着。根据以往经验，不论对方提出的条件如何，都应表示出不满意，因为当对方提出第一个条件后，总是暗示着可以提出第二个，甚至第三个。

理赔员果然沉不住气了："抱歉，请勿介意我刚才的提议，我再加一点，200元如何？"

"加一点，抱歉，无法接受。"

理赔员继续说："好吧，那么300元如何？"

专家等了一会儿道："300？嗯……我不知道。"

理赔员显得有点惊慌，他说："好吧，400元。"

"400？嗯……我不知道。"

"就赔500元吧！"

"500？嗯……我不知道。"

"这样吧，600元。"

专家无疑又用了"嗯……我不知道"，最后这件理赔案终于在950元的条件下达成协议，而邻居原本只希望要300元！

这位专家事后认为，"嗯……我不知道"这样的回答真是效力无穷。

解析：谈判是一项双向的交涉活动，每方都在认真地捕捉对方的反应，以随时调整自己原先的方案，一方干脆不表明自己的态度，只用"不知道"这个可以从多种角度去理解的词，竟然使得理赔员心中没了底，价钱一个劲儿自动往上涨。既然来参加谈判，就不可能对谈判目标不知道，"不知道"的真正含义恐怕是不想告诉你你想知道的吧。这是一种不传达的信息传达。

（资料来源：百度文库）

④进攻式陈述。

进攻式陈述是通过语言或行为来表达己方强硬的姿态，以获得谈判对手必要的尊重，并借以制造心理优势，使谈判顺利进行下去的方式。

这种开局方式只有在以下情况适用：谈判对手有某种不尊重己方的倾向，居高临下，以某种气势压人。此时，己方要采取以攻为守的策略，变被动为主动，捍卫己方的尊严和正当权益，使双方站在平等的地位上进行谈判。

使用这种方式时必须谨慎，注意保持有理、有利、有节，避免开局阶段就处于剑拔弩张的气氛中，使谈判陷入僵局。要切中问题要害，既表现出己方的自尊、自信和认真的态度，又不能过于咄咄逼人，使谈判气氛过于紧张。一旦问题表达清楚，对方也有所改观，谈判向好的方向发展，就应及时调节气氛，重新建立起友好、轻松的谈判气氛。

⑤挑剔式陈述。

挑剔式陈述是指开局时对对手的某项错误或礼仪失误严加指责，使其感到内疚，从而达到营造低调气氛、迫使对手让步的方式。

⑥幽默式陈述。

幽默式陈述是指用幽默的方式来消除谈判对手的戒备心理，使其积极参与到谈判中，从而营造适宜开局气氛的方法。在商务谈判中，幽默是谈判者关系的润滑剂，它以善意的微笑代替抱怨，避免争吵，使你与他人的关系变得更有意义。在商务谈判中能取得意想不到的效果，对化解谈判时的尴尬、减轻谈判压力、调节谈判气氛有着十分重要的作用。

8.2.2 倡议

开局陈述已经向对方明示了各自的利益与合作的愿望，接下来就需要对存在的交易障碍或问题提出协调解决的方案，即倡议。在倡议阶段，双方各自提出各种设想和解决问题的方案，一方从另一方的倡议中得到启发，达成共识，使双方成交前景渐趋明朗。

提倡议应注意以下几点：

①提倡议要直截了当，简单明了。

当一个倡议提出后，人们往往会陷于该倡议的讨论。提出新倡议要直截了当、简单明了，把双方注意力吸引到新的倡议上，切忌拐弯抹角、含含糊糊。

例如：

"为了保证交货期，是否可以找铁路方面疏通一下？"

"为减少对质量的争议，我们建立交货双方检验制度怎么样？"

②倡议要具有可行性。

倡议的目的是使对方从中有所启发，引导双方进入实质性谈判。因此，倡议必须具有可行性，否则就失去了倡议的意义。

③双方可互提倡议。

如果一方对对方某个倡议纠缠不休，而未提出自己的倡议，应设法引导对方提出他们的设想。只有双方通力合作，充分发挥各自的创造潜力提出各种设想，然后在各种设想的基础上寻求最佳方案，才有可能使谈判顺利进行下去。

例如：

"你们看，是不是还有其他的思路，我们一起来讨论讨论？""我们讨论一下哪种方案可行,好吗?"

【特别提示】

不要过多地为自己的倡议辩护,也不要直接地抨击对方提出的倡议。这是因为倡议的提出和下一步最佳方案的确定需要双方的共同商讨,如果过多地为自己辩护,或激烈地抨击对方的倡议,则会引起对方的反感或增加对方的敌意,这样会人为地给共同确定最佳方案制造障碍。双方应把前面大家提出的所有想法统统列出来,探讨一下每种设想的可行性。

任务 8.3　做好谈判的摸底

8.3.1　什么是谈判摸底

谈判摸底即摸清对方的谈判意图和谈判诚意,掌握对方通过谈判所要达到的目标、真正关心的经济利益所在,以及谈判对手的性格、爱好、能力、权限,对方公司的经营状况、技术水平、人员素质、产品质量等信息,为后继谈判做好铺垫。

谈判摸底是在开局陈述、倡议的沟通过程中完成的。如陈述完毕后,要留出一定时间让对方表示一下意见,把对方视为回音壁,注意对自己的陈述有何反应,并寻找出对方的目的与动机和自己的差别,做好摸底工作。

8.3.2　谈判摸底的技巧

(1)倾听。要全神贯注地听,并积极回应对方,克服先入为主的障碍,分析鉴别对方发言的内容,听懂对方陈述的内容。如果有什么不清楚的地方,可以向对方提问,并做好记录。

(2)观察。在商务谈判中,谈判者的表情、姿态、动作等往往传递着非常重要的信息,捕捉和解读这些信息,可以使我们更深入地了解谈判对手的性格、态度、经验和能力,更准确地把握谈判对手的真实意图。

微课:把握谈判摸底的技巧

(3)提问。对于对方的陈述中有不清楚或己方有想了解的内容,可向对方提问,但要注意提问的方式方法,注意提问的速度,注意对手的心境。

(4)回答。一般情况下,在谈判中应当针对对方提出的问题,实事求是地正面回答。但是,如果对所有的问题都正面提供答案,并不一定是最好的答复。因此,应答问题必须运用一定的技巧。

(5)分析归纳。

通过开局陈述及问答环节,结合对方的行为举止,双方应该就对方的底细有一个较为清楚的认识。

1)对方的谈判诚意。

分析对方谈判诚意应考虑以下几个问题:

①自洽谈开始以来,对方的态度及行为表现如何?

②在开局陈述时,对方是否对我方开诚布公?

③在我方进行开局陈述时,对方是否专心地倾听?

④对方是否向我方提出问题,表现出对我方实力及磋商问题的关注?

⑤对方提出倡议、采纳我方倡议、与我方商讨倡议是不是积极主动?

⑥对方还有哪些可以选择的合作伙伴?

通过对以上问题的观察和思考，把握对方此次谈判是诚心合作的，还是试探的或是收集信息的或达到其他目的的。如果通过摸底交谈，发现对方并不是同我们一样采取合作的态度，则我方就需要相应地从根本上改变洽谈的方针。否则，我们就有被对方利用的危险。

2）对方的谈判目标与利益取向，所要解决的关键问题。

了解对方的谈判意图、想通过此次谈判达到的目标、比较关注或比较坚持的交易条件、可协商让步的方面，以及为达到谈判目的要着力解决的关键问题。

商务谈判中，精明的谈判对手都不会透露自己的全部意图和目的，总是竭力隐瞒自己的压力和危机所在，以免被对方抓住弱点。甚至有些谈判对手声东击西、故布疑阵，诱使对方上当，达到己方的真正目的。这就要求谈判人员认真仔细地思考和甄别，透过现象看到本质。

3）对方的谈判实力。

了解对方公司规模、经营状况、技术水平、人员素质、产品品种、质量等信息；对方谈判人员的地位、能力、权限、性格、爱好；谈判组成员间的关系、相互协调配合程度；对方对谈判的准备程度，以及对谈判所表现出来的信心、耐心等。

8.3.3　谈判摸底的防御策略

防御是指对谈判对方企图窥探我方谈判"底盘"的防备和抵御。"底"涉及谈判双方的根本利益，摸清对方的"底"，可以争取谈判的主动权，相对获得较大的利益。

微课：谈判摸底的防御策略

在商务谈判中，我们既要摸清对方的底，也要防止对方摸我们的底。因此，在摸底阶段，谈判双方都要相应做好对对方摸底的防御。

对谈判对手摸底的防御策略有三种，分别是平安防御法、婉拒防御法、沉默防御法。

1. 平安防御法

在商务谈判中我方谈判人员以平稳安全、步步为营、万无一失的答问方式，防备对方对我方谈判"底盘"进行窥探的策略方法。

2. 婉拒防御法

在商务谈判中我方谈判人员婉言回绝对方的某些发问和要求，使对方既无计可施，又无法翻脸，使我方有效地防备对方对谈判"底盘"进行窥探的策略和方法。可以避实就虚、假装不知、混淆视听、鱼目混珠、转移话题、偷换概念。

运用婉拒防御法的策略：

（1）尽量把"不"说得委婉些。

如"这样做，可能给贵方带来不便，真抱歉！但……"等。

（2）将"不"字改为"建议"的方式说出。如"那样虽然不错，但如果采取……措施，我想将会更好些。"

（3）用己方的苦衷来表示"不"的意思。如"您的这个意见很好，但我们实在没有这个能力……"等。

婉拒防御法的实质就是我们要"学会说不"。

 小案例

孙行长如何说"不"

马经理与孙行长是大学时代的好朋友,由于经营不善,马经理的公司屡屡亏损,于是打算请孙行长帮忙贷款 3 000 万元,重振旗鼓。孙行长很是为难,对方是好朋友,不帮忙说不过去,可是帮忙又怕他还不上贷款。正踌躇间,他的秘书给他出了个主意,让他去见马经理时带上相关的政策文件,告诉马经理由于国家政策已经无法贷款,这样既避免承担风险,又不会伤了朋友感情。

3. 沉默防御法

是指在商务谈判中我方谈判人员以默默不言的方式,试探和刺激谈判对方的种种反应,以防备对方对我方谈判底盘进行窥测的策略方法。

使用沉默防御法要注意以下几个问题:

一是沉默要选好时机。

二是沉默要比试耐心。

三是沉默要善用心思。

有效的沉默能给对方感受他被拒绝印象,我方可以不必明白说出"不"字,也能把"无言的不"传达给对方;沉默还常使对方难以忍受,在死一般沉静之中,对方往往会失去冷静,不知所措,忙乱,急于用话来填补"真空",这正是保护己方、了解对方大好时机,甚至会取得意想不到的结果。

 项目小结

谈判开局气氛是通过谈判人员的姿态、目光、动作、语言而建立起来的洽谈氛围。谈判开局气氛的营造应该服务于谈判的目标和策略,应随谈判特点的不同而不同。营造谈判气氛要考虑谈判双方之间的关系、谈判双方的实力、谈判的主题、双方谈判人员个人之间的关系等因素。

开局陈述,即双方分别明自己对有关问题的看法和原则,开局陈述的重点是双方的利益但它不是具体的而是原则性地、简明扼要地把对几个问题的意见提出来。开局陈述方式有:协商式陈述、坦诚式陈述、保留式陈述、进攻式陈述、挑剔式陈述、幽默式陈述等常用的开局陈述方式。

倡议就是对存在的交易障碍或问题提出协调解决的方案。

谈判摸底就是摸清对方的谈判意图和谈判诚意,掌握对方通过谈判所要达到的目标、真正关心的经济利益所在,以及谈判对手的性格、爱好、能力、权限,对方公司的经营状况、技术水平、人员素质、产品质量等信息。谈判摸底是在双方开局的沟通过程中完成的。谈判摸底的技巧是要把握住以下关键环节:倾听、观察、提问、回答、分析归纳。

防御是指对谈判对方企图窥探我方谈判"底盘"的防备和抵御。对谈判对手摸底的防御策略有三种,分别是平安防御法、婉拒防御法、沉默防御法。

同步综合实训

一、知识夯实闯关考验

1. 多选题

1）营造谈判开局气氛的影响因素有哪些？（   ）

A. 谈判双方之间的关系是否融洽

B. 谈判双方的实力高低

C. 谈判的主题是否双方悦纳

D. 双方谈判人员个人之间的关系是否融洽

2）开局气氛有三种类型：（   ）。

A. 高调气氛　　B. 自然气氛　　　C. 低调气氛　　　D. 热烈气氛

2. 判断题

1）开局气氛是谈判双方在非实质性谈判阶段的相互态度，通过谈判人员的姿态、目光、动作、语言而建立起来的洽谈氛围。（   ）

2）谈判气氛的营造应该服务于谈判的目标和策略，服务于谈判各阶段的任务。（   ）

3）高调气氛是指谈判双方情绪积极、态度热情，愉快因素成为谈判情势主导因素的谈判开局气氛。（   ）

4）自然气氛是指谈判双方情绪平稳，态度既不热情，也不消沉，平淡融洽成为谈判主导因素的谈判气氛。（   ）

5）低调气氛是指谈判气氛严肃、冷淡或对立，不快或消极因素构成谈判情势主导因素的开局氛围。（   ）

6）商务谈判开局气氛在很大程度上影响着整个谈判进展趋向。（   ）

二、技能提升综合实训

实训内容：进行一次实践购物谈判，购买以列明购买清单的物品，亲自与售货员进行谈判，营造合适的开局气氛，总结经验。

 自我领悟微语录

_____

_____

_____

项目九　商务谈判磋商

学习目标

知识目标：
理解影响报价的因素、报价的技巧。
掌握讨价、还价及让步的技巧。
掌握破解僵局、拒绝的技巧。

能力目标：
能运用讨价、还价、让步技巧进行谈判交易磋商。
能化解谈判僵局、巧妙拒绝无法接受的交易条件。

素质目标：
培养谈判人员树立自信心和双赢理念。
培养创新精神、进取态度和竞争意识。
培养团队合作、不怕挫折，勇于承担责任。
培养诚信敬业、协调沟通和随机应变能力。

重点和难点

重点：
本项目中的重点是谈判报价、讨论、还价、让步、破解僵局和拒绝等策略和技巧的掌握。

难点：
本项目的难点是能将谈判报价、讨论、还价、让步、破解僵局和拒绝策略和技巧灵活运用，取得谈判成功。

项目引例

中日农机设备交易谈判

中国某公司与日本某公司围绕进口农机设备，进行了一场别开生面的竞争与合作、竞争与让步的谈判。

谈判一开局，按照国际惯例，首先由卖方报价。日方首次报价为1 000万日元。这一报价比实际卖价偏高许多。由于中方事前已摸清了国际行情的变化，深知日方是在放"试探气球"，因此中方直截了当地指出："这个报价不能作为谈判的基础"。日方对中方如此果断地拒绝了这个报价感到震惊。他们分析，中方可能对国际市场行情的变化有所了解，因而日方的高目标恐难实现。于是日方便转移话题，介绍起产品的特点及其优良的质量，以求采取迂回前进的方法来支持自己的报价。但中方一眼就看穿了对方在唱"空城计"。

第二轮谈判开始后，双方首先漫谈了一阵，调节了情绪，增进了感情，创造了有利于谈判的友好气氛。之后，日方再次报价，同意削价100万日元。虽然日方表明这个价格是总经理批准的，但根据情况看，此次降价是谈判者自行决定的。由此可见，日方报价中所含水分仍然不小，弹性很大。基于此，中方确定"还盘"价格为750万日元，日方立即回绝，说这个价格很难成交。中方坚持与日方探讨了几次，均没有结果。于是，中方主谈人使用了具有决定意义的一招，郑重向对方指出："这次引进，我们从几家公司中选中了贵公司，这说明我们成交的诚意。此价虽比公司销往C国的价格低一点，但由于运往上海口岸比运往C国的费用低，所以利润并没有减少。另外一点是，诸位也知道我国有关部门的外汇政策规定，这笔生意允许我们使用的外汇只有这些。要增加，需要审批。如果这样，那就只好等下去，改日再谈。A国、C国还等着我们的邀请。"说到这里，中方主谈人把一直捏在手里的王牌亮了出来，恰到好处地向对方泄露，并把中国外汇使用批文和A国、C国的文件传给了日方主谈人。

日方见后大为惊讶，他们坚持继续讨价还价的决心被摧毁了，陷入必须"竞卖"的困境：要么压价握手成交，要么谈判就此告吹。日方掂量再三，还是认为成交可以获利，告吹只能赔本。因此最后谈判就在中方的价格下成交了。

解析： 磋商阶段是整个商务谈判的关键性阶段。谈判双方在这个阶段中就价格问题讨价还价、反复磋商，竭力使谈判朝着对自己有利的方向发展，直至最终达成谈判协议。

磋商阶段是商务谈判的中心环节，是谈判双方就交易的具体内容进行反复磋商的过程。其中价格谈判是磋商阶段的核心和贯穿始终的主线。在这个阶段，双方要充分展示自己的谈判能力和创造性地解决问题的能力。磋商阶段是整个商务谈判过程中费时最长、困难最多、直接影响谈判结局的关键性阶段，也是最能体现谈判者胆识、意志和才华的阶段。

（资料来源：赵莉．商务谈判．北京：电子工业出版社，2013）

实训任务清单

任务情境	长春博雅会议会展服务有限公司（简称博雅公司），是一家集会议接待、展览展示、商务考察、票务为一体的综合性服务公司。与长春宜信贸易有限公司（宜信公司）是多年的客户关系。宜信公司每周都有大型现场会议，双方签定了一年期的合同，马上就要到期了，博雅公司提出了续签的意向，可宜信公司推三阻四的，并提出要重新谈价的意向。经双方经多次沟通后，定于12月24日，博雅公司商务代表到宜信公司就承接筹办大型会议事宜进行商务谈判。现在博雅会议会展服务有限公司的商务代表需制订商务谈判方案，公司领导责成王天一所在的团队完成这项任务
任务要求	博雅公司的商务代表完成与宜信公司的商务代表，就承接筹办大型会议进行商务谈判。博雅公司决定派王天一团队完成此次谈判
任务实施步骤	
步骤1	根据谈判对象，王天一挑选组员，组建谈判团队，任务分工，明确目标
步骤2	以小组为单位，搜集对方相关信息并做好谈判前的筹备工作

续表

任务实施步骤	
步骤3	模拟谈判,包含商务谈判的开局、磋商过程,并确定最终的谈判结果
步骤4	双方小组总结汇报

任务评价和成绩评定					
任务评价考核内容	考核要求及评分标准	分值	成绩评定(分制)		
			自评（ %）	互评（ %）	师评（ %）
任务分工	人员选择合适	10			
	分工明确	10			
模拟谈判 谈判蹉商	谈判步骤完整	20			
	能利用谈判技巧进行蹉商	20			
仪态仪表	声音洪亮、充满自信	10			
	衣着正式、无小动作	10			
团队合作	合作完成	20			

实训指导

磋商阶段是商务谈判的中心环节,谈判双方就交易的具体内容进行反复磋商的过程。其中价格谈判是磋商阶段的核心和贯穿始终的主线。在这个阶段,双方要充分展示自己的谈判能力和创造性地解决问题的能力。磋商阶段是整个商务谈判过程中费时最长、困难最多、直接影响谈判结局的关键性阶段,也是最能体现谈判者胆识、意志和才华的阶段。

在这一阶段,双方主要是集中力量处理价格问题。一般来说,磋商阶段主要包括报价、讨价、还价、让步等几个环节。

任务9.1 确定谈判报价

谈判双方在结束相互摸底的交谈之后,就要将话题转向有关交易内容的讨论,即开始报价。广义的报价泛指谈判的一方对另一方提出的所有要求,包括商品的数量、质量、包装、价格、装运、保险、支付、商检、索赔、仲裁等交易条件。狭义的报价指谈判一方向另一方报出商品交易价格。这里讨论的报价指狭义的报价。

1. 影响报价的因素

影响价格的直接因素主要有商品本身的价值以及市场供求情况。这些因素又是由许多子因素决定的,它们之间相互联系、不断变化、互相影响。因此价格的确定是一个复杂的、动态的指标。影响商务谈判价格的具体因素主要有以下几个方面。

(1) 宏观环境。任何商务谈判都是在客观的社会、政治、经济、人口、军事、文化、地理等大环境下进行的,离开了环境研究谈判是没有任何意义的。如战乱时期,人们的谈判心理和观念都会发生很大的转变,人们对基本需要的满足欲望就会非常强烈,他就不会花太多的精力去进行与自身基本需要无关的高端商务谈判。这样满足基本需要的那些产品价格就会相对上升。

（2）产业背景。根据产业经济学的基本理论，任何特定的产业都有一个生命周期，前期、成长期、成熟期、升级换代期。虽然我们说"没有夕阳的产业，只有夕阳的产品"，但我们还是可以对一个产业进行发展阶段的判断。

（3）市场结构。市场结构就是市场竞争情况，按照西方经济学对市场结构的划分，有完全竞争、垄断竞争、寡头垄断和完全垄断四种。事实上，市场结构与产业的发展阶段密切相关。一般而言，随着整个产业的不断成熟，进入该领域的生产厂家也就越多，竞争就越激烈，相对稳定的市场结构就容易形成。在完全竞争的市场条件下，竞争者就只能是价格的接受者而不是价格的制定者；在完全垄断的情况下；垄断企业对价格的调控能力就很强；在垄断竞争、寡头垄断两种情况下，企业有着一定程度的价格影响力。

（4）成本。"谁都不会做亏本的买卖"是一句从商者的口头禅，其实质就是要求我们在做买卖时要时刻关注产品的成本，成本几乎可以说是所有商务谈判的底线。成本包括生产成本和交易成本。生产成本是指该产品在生产过程中所花费的成本，交易成本是商品在交易过程中所花费的信息采集、处理等费用。所以，谈判者在进行报价时，应充分考虑产品的生产成本和交易成本。

（5）产品的供求。产品的供求也就是市场行情，是指该谈判的标的物由于市场供求的变化而引起的价格的波动。西方经济学认为，供不应求必然导致价格上涨；反之，则会下降。产品行情是产品供求状况的反应，是价格磋商的主要依据。谈判的价格不能离开市场行情。否则，谈判成功的可能性小。

（6）谈判者的需求情况。日常生活中，一件时尚新款电子产品，即使价格较高，年轻人也可以接受，而老年人可能偏重实际价值，就不会接受。

（7）产品的技术含量和复杂程度。产品的技术结构、性能越复杂、越精细，其价格就会越高，同时可以参照的同类产品也减少，价格标准的伸缩性也就越大。

（8）产品的包装。包装是产品价值实现的有效载体。在人们生活水平普遍提高，消费观念日益转型的情况下，包装的作用日益得到体现，包装的档次、品位、价格等都影响产品的价格。

（9）交货数量、时间与地点。

①大宗交易或一揽子交易要比小笔生意或单一买卖更能减少价格在谈判中的阻力。在大宗交易中，万元的价格差额可能算不了什么；而在小笔生意中，蝇头小利也会斤斤计较。在一揽子交易中，货物质量不等，价格也不同，交易者往往忽略价格核算的精确性。

②交货时间对商务谈判的价格影响很大，对交货时间要求越紧迫，报价就可以报高些；如果某方不考虑交货期的早晚，只注重价格的高低，最终的价格可能就低一些。旺季畅销产品，供不应求，则价格上扬，此时对价格就不是很敏感。而淡季滞销，供过于求，为减少积压和加速资金周转，只能削价促销。所以实际谈判中交货期不可以太长，否则也可能吃亏，因为市场在变化。

③地点的远近也是价格确定过程中要考虑的一个因素。交货地点越远，需要的运费越多，需要承担的责任和风险越大，报价就越较高。

（10）支付方式。商务谈判中，货款的支付方式是采取汇付、托收还是信用证进行支付，支付工具是现金交易还是票据结算（支票、本票和汇票），是一次性付款还是分期付款或延期付款等，都对价格有重要影响。一般而言，远期交易比即期交易的报价高，非现金交易比现金交易价格高。谈判中，如能提出易于被对方接受的支付方式，将会使己方在价格上占据优势。

（11）附带条件和服务。谈判和服务，如质量保证、提前交货、安装调试、免费维修、供应配件等，能为客户带来安全感和许多实际利益，人们往往愿意"多花钱，买放心""多花钱，买便利"，为此支付费用。

（12）产品和企业的声誉。

产品和企业的声誉，对价格有重要影响。人们对优质名牌产品的价格，或对声誉卓著的企业的报价，往往有信任感。因此，人们宁可出高价买优质名品，也不愿意与轻视合同、不守信誉的企业打交道。

（13）交货期。

交货期如在商品销售旺季，成交价会高一些；若在销售淡季，成交价则会较低。一般而言，交货期越短，成交价相对越高；交货期越长，成交价相对越低。

（14）竞争者报价。

竞争者的报价对谈判报价的影响很直接。为争取谈判成功，应参照竞争对手的报价及交易条件确定己方报价，否则就会陷入被动。

当然，除此之外，还有很多影响价格的因素，如对方的谈判能力、合作预期等，这就需要谈判人员根据具体情况具体分析了。

2. 报价原则

报价的高低对整个谈判进程会产生实质性影响，要成功地进行报价，谈判人员必须把握好以下原则。

（1）守住底线。报价之前确定一个价格底线。确定价格底线是指最低（或最高）可以接受的最终谈判价格，有了确定的价格底线，谈判人员能心中有数，避免盲目报价。

（2）预留空间。一般来说，一方报价之后，对方立即接受的例子较为少见。通常一方报价后，对方要还价，除特殊情况外，卖方的价格一经报出，就不能再提高了；同样作为买方的报价也是不能降低的。因此，对卖方来说，报价是要报出最高价，而买方则要报出最低价。

（3）合理适度。在实际的商品买卖中，卖方希望卖出商品的价格越高越好，而买方则希望买进商品的价格越低越好。在这种冲突的对决中，谈判一方向另一方报价时，不仅要考虑报价所获利益，还要考虑该报价被对方接受的可能性，即报价成功的概率，报价的高低必须是合情合理的，能找出合适的理由为之辩护。若价格高（或低）到讲不出道理的地步，对方必会认为你缺少诚意，或终止谈判扬长而去；或以其人之道还治其人之身，相对地来个"漫天抬价"；或提出质问，使己方丧失信誉。

（4）灵活变通。报价必须考虑到当时的谈判环境和与对方的关系状况，灵活应变。如果对方为了自己的利益而向己方施加压力，则己方必须以高价（低价）反击对方，以保护己方的利益。如果双方关系比较友好，特别是有过较长的合作关系，报价就应当稳妥一点，出价过高（过低）会有损于双方的关系。如果己方有许多竞争对手，那就必须把要价压低（抬高）到至少能受到邀请而继续谈判的程度，否则会失去继续谈判的机会，更谈不上达成协议。

3. 报价的形式

（1）书面报价。

书面报价，通常是谈判一方事先为谈判提供了较详尽的文字材料、数据图表等，表明谈判者愿意承担的义务。书面报价的优点是可使对方有时间针对报价做充分准备，进而加快谈判进程。书面报价的缺点是书面报价属于文字的东西，写在纸上缺少热情，在翻译成另一国文字时，往往会掩盖掉一些精细之处；白纸黑字不易变动，客观上成为谈判者承担责任的记录，这不利于谈判后期的变更。

实力强大的谈判者或至少双方实力相当时可使用书面报价；对于实力不强的谈判者就不要采用书面报价的方法，而应尽量进行一些非正规的谈判。

（2）口头报价。

口头报价，通常是谈判双方在谈判过程中把各自的报价即所有的交易条件口头表达出来。口头报价具有很大的灵活性；口头报价可以充分利用谈判者的个人谈判技巧，如利用情感心理因素，以察言观色、见机行事。但口头报价时，谈判者容易对对方所述内容没有真正理解而产生误会，对一些复杂的东西，如统计数字、计划图表、规格型号等难以阐述清楚；口头谈判容易影响谈判进度。

为了避免口头谈判的不利之处，在谈判之前，可以准备一份印有报价一方所在企业或公司交易的要点、某些特殊要求以及各种具体数据的简目表。

4. 报价顺序

关于谈判双方中谁先报价是个微妙的问题，报价的先后在某种程度上将对谈判结果产生实质性影响。

谈判者一般都希望谈判尽可能按己方意图进行，因此要以实际的步骤来树立己方在谈判中的影响。一方面，己方如果首先报价就为以后的讨价还价树立了一个界碑，实际上等于为谈判划定了一个框架或基准线，最终谈判将在这个范围内达成。另一方面，先报价如果出乎对方的预料和期望值，会使对方失去信心。先报价在整个谈判中会持续地发挥作用，因此先报价比后报价影响要大得多。

微课：谈判中报价顺序选择

（1）先报价的利弊。

有利之处：先报价比后报价（还价）更具有影响力，先报出的价格将为以后的讨价还价定基。因为先报价不仅为谈判结果确定了一个无法超越的上限（卖方的报价）或下限（买方的报价），而且在整个谈判过程中将或多或少地支配对方的期望水平。如卖方报价某种材料每吨 2 000 元，一般情况下，双方磋商结果的最终成交价不会超过 2 000 元。

不利之处：当己方对市场行情及对手的意图了解不清时，贸然先报价往往会限制自身期望值。对方听了报价后，因对报价方的价格起点有了解，可以修改调整他们原先的想法（或报价），从而获得本来得不到的好处。对方听了报价后并不还价，却对报价方的报价发起进攻，百般挑剔，迫使其进一步降价，而不泄露他们究竟打算出多高的价。

案例链接

贸然报价的弊端

美国加州一家机械厂的老板哈罗德准备出售他的三台更新下来的机床。有一家公司闻讯前来洽谈。哈罗德先生十分高兴，细细一盘算，准备开价360万美元，即每台120万美元。

当谈判进入实质性阶段时，哈罗德先生正欲报价，却突然打住了，他想："可否先听听对方的想法？"结果对方在对这几台机器的磨损与故障做了一系列分析和评价后说："看来，我公司最多只能以每台140万美元的价格买下这三台机床，多一分钱也不行。"哈罗德先生大为惊喜，竭力掩饰住内心的欢喜，装着不满意，讨价还价了一番，最后自然是顺利成交。

（资料来源于网络）

（2）先报价的情况。

①如果预计谈判将会出现激烈竞争的场合，或是冲突气氛较浓的场合，"先下手为强"。即应当先报价以争取更大的影响，争取在谈判开始就占据主动。如果在合作气氛较浓的场合，先报价后报价就没有什么实质性的差别。

②在一般情况下，发起谈判的一方或卖方会先报价。

③若对方是行家，自己也是行家，则谁先报价都可以；对方是行家，而自己不是行家，则后报价对己方较为有利；若对方不是行家，则不论自己是不是行家，先报价对己方较为有利。

（3）后报价的利弊。

其有利之处是：对方在明处，可以根据对方的报价及时地修改己方的价格，以争取最大的利益。

后报价的弊病也很明显，即被对方占据了主动，而且必须在对方划定的价格范围内进行谈判。

（4）针对不同情况采取不同策略。

①如果预期谈判将会出现你争我斗、各不相让的气氛，那么"先下手为强"的策略就比较适用。

②如果己方的谈判实力强于对方，或者说与对方相比，己方在谈判中处于相对有利的地位，那么，己方先报价是有利的。尤其是在对方对本次交易的市场行情不太熟悉的情况下，先报价的好处就更大。

③如果谈判对方是老客户，同己方有较长的业务往来，而且双方合作一向较愉快，在这种情况下，谁先报价对双方来说都无足轻重。

④就一般惯例而言，发起谈判的人应带头先报价。

⑤如谈判双方都是谈判行家，则谁先报价均可。如谈判对方是谈判行家，自己不是谈判行家，则让对方先报价可能较为有利。

⑥如对方是外行，暂且不论自己是不是外行，自己先报价可能较为有利，因为这样做可以对对方起一定的引导或支配作用。

⑦按照惯例，由卖方先报价。卖方报价是一种义务，买方还价也是一种义务。

5. 报价战术

在国际商务谈判中，有两种典型的报价战术——西欧式报价和日本式报价。

（1）西欧式报价。

西欧式报价是一种典型的高报价方式。其模式是：首先提出有较大回旋余地的价格，然后根据买卖双方的实力对比情况和该笔交易的国际市场竞争等因素，通过给予各种优惠，如数量折扣、价格折扣、佣金和支付条件上的优惠（如延长支付期限、提供优惠信贷等）来逐步软化买方的条件和接近买方的市场，最终达到成交的目的。这种报价方法只要能够稳住买方，往往会有一个不错的结果。

微课：商务谈判报价的战术

应对这种报价方式时，谈判者可要求对方出示报价或还价的依据，或者己方出示报价或还价的依据。

（2）日本式报价。

日本式报价是一种典型的低报价方式。它通常是先提出一个低于己方实际要求的谈判价格，以低价和让利来吸引对方，试图首先击败参与竞争的同类对手，然后再与被引诱上钩的买方或卖方进行真正的谈判，迫使其让步，最终达到己方的目的。以卖方为例，以该方法先报出最低价格一般是以卖方最有利的结算条件为前提的，而且在这种低价格交易条件下，各个方面都很难全部满足买方的需要，一旦买方要求改变有关条件，卖方就会相应提高价格。因此，买卖双方最后成交的价格，往往高于起初的价格。在面临众多的竞争对手时，此种报价方式是一种较讲究策略和有吸引力的报价方式。

在应对这种报价方式时，谈判者可把对方的报价内容与其他卖主的报价内容一一对比和计算，并直截了当地提出异议；不为对方的小利所迷惑，可以根据己方的经验和调查结果报给对方一个一揽子交易的价格，变被动为主动。

与西欧式报价相比，日本式报价虽有利于初始的竞争，但从买方的购买心理来讲，一般人总是较习惯于物品价格由高到低，逐渐降价。

微课：商务谈判报价的技巧

6. 报价技巧

（1）加法报价。

加法报价是指在商务谈判中，有时怕报高价会吓跑客户，就把价格分解成若干层次渐进提出，使若干次的报价，最后加起来仍等于当初想一次性报出的高价。

例如，文具商向画家推销一套墨、纸，如果他一次报高价，画家可能根本不会买。但文具商可以先报笔价，要价很低，后再谈墨价，要价也不高；待笔、墨卖出之后，接着谈纸价，再谈砚价，抬高价格。画家已经买了笔和墨，自然想"配套"，不忍放弃纸和砚，文具商在谈判中便很难在价格方面做出让步了。

采用加法报价，卖方多半是靠所出售的商品具有系列组合性和配套性。买方一旦买了组件1，就无法割舍组件2和组件3了。针对这一情况，作为买方，在谈判前就要考虑好商品的系列化特点，谈判中及时发现卖方"加法报价"的企图，挫败这种"诱招"。

（2）除法报价。

除法报价是一种价格分解术，以商品的数量或用时间等概念为除数，以商品价格为被除数，得出一种数字很小的价格，使买主对本来不低的价格产生一种便宜、低廉的感觉。

例如，大众汽车在一次新POLO贷款购车活动中打出了"活动期间，新POLO全系半价提车，日供3元起"的宣传口号，使客户产生错觉，每天只花3元钱就能开上新POLO，从而吸引了不少客户的注意力。

（3）组合报价。

组合报价不仅要考虑主要商品的价格，还要考虑其配件等辅助商品的价格。许多厂商采用组合报价，对主要商品报低价，但对辅助商品却报高价，并由此增加赢利。例如，某些设备报价相对较低，但专用耗材的价格却较高。

（4）差别报价。

差别报价是指在商务谈判中针对客户性质、购买数量、交易时间、支付方式等方面的不同，采取不同的报价。例如，对老客户或大批量需求的客户，为巩固良好的客户关系或建立起稳定的交易联系，可适当实行价格折扣；有时为开拓新市场，对新客户也可给予适当让利；商品需求旺淡季报价也不同，且一次性付款的报价低，分期付款报价高。

（5）浮动报价。

一些长期项目或有后续费用发生的项目，考虑未来可能发生的费用，报价时可在基本价格确定后留有一定的浮动空间。例如，大型工程的工期一般短则一两年，长则五六年甚至十年，其间有诸多事先无法预知的费用要发生，可以报出可确定的工程造价，后续发生临时费用按双方认可的方式核算。

（6）对比报价。

在报价时将本商品与另一可比商品的价格进行对比，以突出相同使用价值的不同价格；将本商品的价格与另一种商品的价格进行对比，以突出相同价格的更高使用价值，往往可以增强报价的可信度和说服力，一般有很好的效果。例如，推销员对顾客说："这支笔是贵了些，但也只相当于 2 包红塔山，一支笔可以用四五年，而两包红塔山只能抽两天。"

（7）数字陷阱。

数字陷阱是指卖方抛出自己制作的商品成本构成计算表（其项目繁多，计算复杂）给买方，用于支持卖方总要价合理性，在分类成本中"掺水分"，以加大总成本，为卖方的高价提供证明与依据。数字陷阱一般是在商品交易内容多，成本构成繁杂，成本计算方法无统一标准，或是对方攻势太盛的情形下使用。

（8）心理报价。

对于普通商品，采用尾数报价，会给人价格计算精确、相对低的感受，有利于顾客接受。而对于特殊商品，如名贵西服、珠宝、豪华轿车等采用整数报价，给人高贵、气派的感觉，迎合对方心理。

在报价时，一般应注意：报价要坚定而果断地提出，不保留，不犹豫，报价非常明确清楚，要件一一讲清楚，必要时开出价单；或一边讲一边写出来，让对方看清楚，使对方准确地了解己方的期望，含混不清易使对方产生误解。

不要对所报价格做过多的解释、说明和辩解，也没有必要为那些合乎情理的事情进行解释和说明，因为对方肯定会对有关问题提出质询。如果在对方询问之前，己方主动地加以说明，会使对方意识到己方最关心的问题是什么，而这种问题对方有可能从未考虑过，有时过多地说明和解释会使对方从中找出破绽或突破口。

7. 报价策略

一般报价都是从己方最大利益出发，有以下 5 种策略和技巧。

①先发制人。

谈判进入报价阶段以后，谈判人员面临的第一个问题就是由哪方首先提出报价。孰先孰后的问题，不仅仅是形式上的次序问题，也会对谈判过程的发展产生巨大的影响。一方面，先报价可以先发制人，率先出击，掌握主动，为谈判规定了一个框架，使最终协议围绕着这个范围达成。另一方面，先报价有时候会出乎对方意料和设想，打乱对方阵脚，动摇对方期望。

如果本方处于优势地位，而对方却不大了解行情，那么率先报价就可以为谈判塑造一个基准。当双方实力相当时，先报价也会掌握主动，一定程度上影响对手。但是先报价也有一定的弊端。一方面，对方了解我方报价后会对原有的交易条件进行调整。由于己方先报价，对方可以了解我方的交易起点，修改原先报价，以获得本来得不到的好处。如卖方先报的价格低于买方预备出的价格，或者高出程度不高，此时买方就会降低原来的报价，获得更多利益。另一方面，先报价会给对方攻击的理由，让对方集中力量攻击己方报价，迫使己方一步步降低价格。

如果己方谈判实力明显强于对方，或者处于有利地位可以采取先发制人策略，先下手为强，划定谈判基准。免得对方在价格上过于争论，拖延谈判时间。如果双方有着长期友好的合作关系，对产品价格状况相当了解，或者双方都是谈判的行家，此时报价的先后对谈判影响不大，可以采取先发制人的策略。

②后发制人。

优先报价的一方总会暴露出自己的意图和底线，使对方能够做出相应调整，或者使对方在磋商中迫使己方按照他们的路子走。尤其是己方处于劣势或不了解行情时，先报价是很不利的，后发制人也是一种有效的策略。采取后报价的策略，通过听取对方的报价来了解行情，扩大己方思路和视野。

③吊筑高台。

罗杰·道森曾指出，"优势谈判最主要的法则之一就是，在开始和对手谈判时，你所开出的条件一定要高出你的期望。"亨利·基辛格甚至说："谈判桌前的结果完全取决于你能在多大程度上抬高自己的要求。"吊筑高台策略也就是高报价，又叫欧式报价，指卖方提出一个高于己方实际要求的谈判起点，是含有较大虚头的高价，然后根据买卖双方的实力对比和具体的外部竞争状况与对手讨价还价，给予各种优惠，在此基础上做出一定的让步，使对方感觉占了便宜。

一般情况下，卖方的起始报价应该是防御性的最高报价，在此基础上逐步降低价格。美国一位谈判专家的试验表明，如果买主出价较低，往往能以较低的价格成交；如果卖主喊价较高，则往往以较高的价格成交；如果卖主喊价出乎意料得高，只要能坚持到底，在谈判不破裂的情况下，往往会有很好的收获。运作这种策略时，喊价要狠，让步要慢。凭借这种方法，谈判者一开始便可削弱对方的信心，同时还能乘机考验对方的实力并确定对方的立场。

案例链接

23个条件

一位来自得克萨斯州阿马里洛的律师约翰·布罗德富特代表他的客户谈判购买一处不动产，虽然一切都很顺利，可是他想："我试试看我的这个方法是否有效。"于是他拟出了一份文件，向卖方提出了23条要求，其中的一些要求显然十分荒唐。他相信，只要卖方一看到这份文件，立刻就会拒绝其中至少一半的条件。可是让他大为吃惊的是，他发现对方居然只对其中的一条表示出了强烈反对。即便如此，约翰还是没有欣然答应，他坚持了几天时间，直到最后才不情愿地答应了。虽然约翰只是放弃了这23个条件中的一个，卖方还是觉得自己赢得了这场谈判。

解析：报价前需要清楚地界定自己的目标。

（资料来源：本案例由作者根据相关资料改写）

④抛放低球。

抛放低球是低报价的策略，又叫日本式报价，是事先提出一个低于己方实际要求的谈判起点，以让利来吸引对方，通过低价击败同类竞争对手，引诱对方与其谈判。这种低报价策略有时候是由买方给出，买方提出自己所能接受的价格底线，或者通过给出较高的价格率先得到谈判的机会，避免竞争对手的加入。但一般情况下最后的成交价格往往高于买方的最低价格。

有时候卖方也会给出最低报价，将最低价格列在价格表上，引起买主的兴趣。由于这种价格一般是以卖方最有利的结算条件为前提，但往往不能满足买方的需要，如果买方要求改变有关条件，卖主就会相应地提高价格。低报价一方面可以排斥竞争对手，吸引买方；另一方面，当其他卖主败下阵时，这时买方原有的优势不复存在，想要达到一定的需求，只好任卖方一点点把价格抬高才能实现。

较低的价格并不意味着卖方放弃对高利润的追求，而是引鱼上钩的诱饵，是诱惑对方，引起对方注意和兴趣的手段。抛放低球实际上与吊筑高台殊途同归，两者只有形式上的不同，而没有实质性的区别。一般而言，抛放低球有利于竞争，吊筑高台则比较符合人们的价格心理。多数人习惯于价格由高到低，逐步下降，而不是相反的变动趋势。

⑤化整为零。

化整为零是把一个整体分成许多零散部分。毛泽东主席在《抗日游击战争的战略问题》中指出："一般地说来，游击队当分散使用，即所谓'化整为零'。"商务谈判中化整为零报价法是指谈判的一方在整体项目不好谈的情况下，将其项目分成若干块分块议价的方法。

化整为零有时候采取加法报价法，在报价的时候有时怕报高价会吓跑客户，于是不一次性提出所有要求或说出总的价格，而是把要求分几次提出，或把产品进行分解，说出每件产品的价格。

经分解的要求往往容易被接受。有时候采取减法报价法，在提出总的价格后把总体进行分解，一一说明。有时候也可以采取除法报价，也就是报出自己的总要求，然后再根据某种参数（时间、用途等），将价格分解成最小单价的价格，使买方觉得报价不高，可以接受。如保险公司为动员液化石油气用户参加保险，宣传说：参加液化气保险，每天只交保险费1元，若遇到事故，则可得到高达1万元的保险赔偿金。

任务9.2　展开价格解释与评论

在商务谈判中，在讨价前通常会展开价格解释与评论。

1. 价格解释

价格解释是指报价方就其报价的依据、计算方式等所做的介绍、说明或解答。价格评价是还价之前的必要铺垫。因此，价格解释是价格谈判过程中承前启后的重要环节，也是运用价格谈判技巧的重要舞台。

价格解释对于交易双方都有重要作用。从报价方来看，可以利用价格解释，充分表白所报价格的真实性和合理性，增强其说服力，迫使对方接受报价或缩小讨价的期望值；从交易对方来看，可以通过报价方价格解释分析讨价还价的余地，进而确定价格评论应针对的要害。

（1）价格解释的方式。

价格解释的内容应根据具体交易项目确定。例如，对货物买卖价格的解释，对技术许可基本费、技术资料费、技术服务费等的解释，对工程承包中的料价和工价的解释等。同时价格解释的内容应层次清楚，最好按照报价内容的次序逐一进行解释。

价格解释对买卖双方都有重要作用。从卖方来看，可以利用价格解释充分表明所报价的真实性、合理性，增强其说服力，软化买方的要求，以迫使买方接受报价或降低买方的期望值；从买方来看，可以通过价格解释了解卖方报价的实质和可信程度，掌握卖方薄弱之处，估量讨价还价的余地，进而确定价格评论应针对的要害。

（2）价格解释的技巧。

价格解释的原则是有理、有利、有节。其具体技巧主要有以下几个方面。

① 不问不答。

对方未提出问题，一般不必主动解释；对方提出问题，也只做简明的答复。过多的说明或辩解容易使对方从中发现己方的破绽和弱点，让对方寻找到进攻点和突破口。

② 有问必答。

报价后，对对方提出质疑和问题，都要坦诚、肯定、流畅地一一作答，如躲躲闪闪、吞吞吐吐就容易引起对方的怀疑，甚至会提醒对方注意，进而穷追不舍。为此卖方在报价前应充分掌握各种相关资料、信息，通过价格解释表明报价的真实性、可信度。

③ 避实就虚。

在价格解释中，应多强调自己的货物、技术、服务等特点，多谈些好讲的、不成问题的问题。若对方提出某些不好讲的问题，应尽量避其要害或转移话题，对于有的问题也可采取"拖"的办法：先诚恳记下对方的问题，承诺过几天给予答复，过几天人家不找就算了，找的话再变通解答。

④ 能言勿书。

价格解释能用口头语言的，就不用文字书写；实在要写的，写在黑板上；非要落到纸上的，宜粗不宜细。这样会有解释、修改、否定的退路，否则白纸黑字具体详尽，想再解释、更改就被动了。

价格解释中，买方的应对策略应当是善于提问，并设法把问题引导到卖方有意躲避或买方最为关注之处，迫使卖方回答，以达到目的。

2. 价格评论

（1）价格评论的意义。

价格评论是指买方对卖方所报的价格及其解释的评析和论述。

价格评论的内容与价格解释的内容应基本对应一致，同时，也应注意根据价格解释的内容逐一予以评论。

价格评论的作用从买方来看，在于可针对卖方价格解释中的不实之词指出其报价的不合理之处，从而在讨价还价之前先压一压"虚头"、挤一挤"水分"，为之后的价格谈判创造有利的条件；从卖方来看，其实是对报价及其解释的反馈，便于了解买方的需求、交易欲望，以及最为关切的问题，以利于进一步的价格解释。

（2）价格评论的技巧。

价格评论的原则是针锋相对、以理服人。其具体技巧主要有以下几个。

①既要猛烈，又要掌握节奏。

猛烈指准中求狠，即切中要害、猛烈攻击、着力渲染，卖方不承诺降价，买方就不松口。掌握节奏就是评论时不要像"竹筒倒豆子"，一下子把所有问题都摆出来，而是要一个问题、一个问题地发问、评论，把卖方一步一步地通向被动，使其不降价就下不了台。

②重在说理，以理服人。

对于买方的价格评论，卖方往往以种种理由解释，不会轻易认输，因为认输就意味着要降价。若要卖方"俯首称臣"，必要充分说理、以理服人。买方手中的"价格分析材料""卖方解释中的漏洞"等就是手上的理。说理应心平气和，切忌态度、语气粗暴。只有在卖方死不认、无理搅三分时，买方才可以严厉的态度和语气对其施加压力。一般来说，卖方要维护自身形象，谋求长期的交易利益，就不会不讲理。当买方有理在手时，也要以理服人，以诚待人，不可穷追猛打，把谈判气氛搞僵。

③既要自由发言，又要严密组织。

在价格谈判中，买方参加谈判的人员虽然都可以针对卖方的报价及解释发表意见、加以评论，但鉴于卖方也在了解买方的意图，摸清卖方的"底牌"，所以每个人决不能想怎么评论就怎么评论，而是要事先精心策划、分配台词，然后在主谈人的暗示下，其他人员适时、适度发言。这样，表面上看大家是自由发言，但实际上是经过严密组织的。自由发言是为了显示买方内部立场的一致，以增加卖方的心理压力；严密组织则是为了巩固买方自己的防线，不给卖方以可乘之机。

④评论中侦察，侦察中评论。

当买方进行价格评论时，卖方会进一步解释，这是正常现象。对此，买方不仅要允许其辩解，而且要注意倾听，善于引导，以便侦察其反应。实际上，谈判需要"舌头"，也需要"耳朵"。买方通过卖方的辩解，可以了解更多的情况，使评论走向纵深发展，从而赢得价格谈判的最终胜利。

案例链接

爱迪生的谈判

爱迪生在某公司当电气技师时，他的一项发明获得了专利。某公司经理向他表示愿意购买这项专利权，并问他要多少钱。当时，爱迪生想：要能卖到50 000美元就很不错了，但他没有说出来，只是督促经理说："您一定知道我的这项专利对公司的价值了，所以，价钱还是请您自己说一说吧！"经理报价道："40万美元，怎么样？"还能怎么样！谈判当然是没费周折就顺利结束了。爱迪生因此而获得了意想不到的巨款，为日后的发明创造提供了资金。

解析：在这次谈判中，事先未有任何准备、对他的发明对公司的价值一无所知的爱迪生如果先报价肯定会遭受巨大的损失。爱迪生此次谈判的成功就在于采取了"在自己对价格不甚了解的情况下让对方先报价"的策略，让对方先开口，使爱迪生多获得了30多万美元的收益。经理的开价与他预料的价格简直是天壤之别。在这种情况下，最佳的选择就是把报价的主动权让给对方，通过对方的报价，来探查对方的目的、动机，摸清对方的虚实，然后及时调整自己的谈判计划，重新确定报价。

（资料来源：易开刚．现代商务谈判．上海：上海财经大学出版社，2005）

任务9.3　进行商务谈判讨价

微课：进行谈判
讨价还价

　　讨价是指一方报价之后，另一方认为其报价离己方期望目标太远，而要求报价方重新报价或调整价格的行为。如果说报价后的价格解释和价格评论是价格磋商的序幕，那么，讨价就是价格磋商的正式开始。

1. 商务谈判讨价方式类型

　　讨价可以分为笼统讨价和具体讨价。另外，在讨价时还应注意讨价次数、讨价方法和讨价时的态度。

　　①笼统讨价。

　　笼统讨价又称全面讨价，是指对总体价格和条件的各个方面要求重新报价。它常常用于评论之后的第一次要价，或者较复杂交易的第一次要价。一般是买方从总体报价条件全局来看要求卖方重新报价。例如："请就我方刚才提出的意见报出贵方的改善价格""贵方已听到我们的意见，若不能重新报出具有成交诚意的价格，我们的交易将难以成功""我方的评论意见说到此，待贵方做出新的报价后再说"。这三种说法均是全面讨价的方式，只是态度一个比一个强硬，这要视对方的态度和报价的虚实程度而定，但目的都是要求对方重新报价。

　　②具体讨价。

　　具体讨价又称针对性讨价，是指买方对分项价格和具体的报价内容要求卖方重新报价。它常常用于对方第一次改善价格之后，适用于不易采用全面讨价方式的讨价。如对虚头较少、内容简单的报价，在评论完毕后即可进入有针对性的、要求明确的讨价。在第一次改善价格后的讨价时，"具体"的要求在于准确性与针对性，而不在于"全部"将自己的材料都暴露出来。在实际操作中是将具体的讨价内容分成凡类，如可以按内容分：例如商务谈判中的购买设备可分为设备备件、技术、资料等；也可以按报价的虚头大小分，可分成大、中、小三类。分类的目的是要体现具体性，即具体问题具体分析。实际讨价一般从虚头大的那一类开始进行。

2. 讨价的起点与次数

　　①讨价的起点。从实践看，讨价起点的确定有两种方法：按评论秩序定讨价起点和按利益最大化定讨价起点。前者符合逻辑，但其成功取决于评论秩序的选择。若评论是及时有利，此顺序会有效；反之，则有问题。后者是经实践证明的屡战屡胜、战必有效的方法。

　　②讨价的次数。这既是一个客观数，也是一个心理数。作为客观数，是指因交易内容而客观存在的讨价次数。因为其讨价的依据是评价，当对方改善报价接近评价的水平，那么这改善的次数即为客观次数。这是以客观效果来判定讨价次数的。客观存在有两类：一

是谈判对手不能一次就把价格条件改善到位，需要多次压价；二是有的交易内容本身复杂，包含的类别多。当按分类具体讨价时，其次数自然就多。被讨价人均有保持良好形象的追求，即使谈判地位再优越的谈判对手也不例外。在商务谈判中，谈判的对方一般不大可能跟着己方的评价走，这样就产生一个"心理次数"的问题。俗话讲"事不过三"，其实就是个"心理数"，第一次，理所当然；第二次，理解（可以忍受）；第三次，可能产生反感（对抗）；第四次，不予理会。所以在心理上，人们可以顺利进行二次讨价，第三次就要视情况而定了。心理次数不反映改善价格是否接近评价的水平，只反映对方对己方的讨价做出了反应，对所提条件愿意考虑，但何时何地则不予明言，比如有可能在全局定价时总体考虑。因此，这个讨价次数难以确定。在谈判的实践中，讨价次数要根据价格分析的情况和报价方价格改善的状况来定。只要报价方没有明显的让步，则说明其可能留有很大的余地。而报价方为了自身的利益，一般在做了两次价格改善后就会"封门"，此时，他们一般要求对方接受改善价或直接要求还价。

3. 讨价的阶段

讨价一般分为三个阶段，不同的阶段采用不同的讨价方法。

第一阶段，由于讨价刚开始，对卖方价格的具体情况尚欠了解。因而，讨价的方法是全面讨价，即要求对方从总体上改善报价。

第二阶段，讨价进入具体内容，这时的讨价方法是针对性讨价。即在对方报价的基础上，找出明显不合理、虚头、含水分大的项目，针对这些不合理的部分要求改善报价。

第三阶段，是讨价的最后阶段，讨价方法是全面讨价。因为经过针对性讨价，含水分大的项目已降下来，这时只能从总体上要求对方改善价格。讨价方在做出讨价表示并得到对方反应之后，必须对此进行策略性分析。若首次讨价，就能得到对方改善报价的反应，这就说明对方报价中的策略性虚报部分可能较大，价格中所含的虚头、水分较多，或者也可能表明对方急于促成交易的心理。但是一般来说，报价者开始都会固守自己的价格立场，不会轻易还价。另外，即使报价方做出改善报价的反应，还要分析其让步是否具有实质性内容。只要没有实质性改善，讨价方就应继续抓住报价中的实质性内容或关键的谬误，并盯住不放。同时，依据对方的权限、成交的决心、双方实力对比及关系好坏，判定或改变讨价策略，进一步改变对方的期望。

4. 讨价的态度

讨价应本着尊重对方的态度进行，要以理服人。评价方的讨价应采用启发的方式来诱导对方改善价格，并为还价做好准备。如果在讨价阶段就采用不适当的方式，则会使谈判过早陷入僵局，而于结果不利。因此，在初期、中期的讨价即还价前的讨价中，应保持平和信赖的气氛，充分说理以求最大的效益。在这个阶段，报价方通常会寻找一些借口来作为改善报价的理由，如"算错了""内部调整""我不要某些费用了"等。对于报价方寻找这些无论有无逻辑的理由来作为自己调价的借口，己方都应该欢迎，给对方调整台阶，鼓励他降价，而不应揭穿或取笑。

任务9.4　进行商务谈判还价

还价是谈判中买方根据卖方的报价，结合己方的谈判目标，主动或应卖方要求提出自己的价格条件的行为。它通常是由买方在一次或几次讨价后应卖方要求而做出的。

报价、讨价和重新报价与还价的关系十分密切。前者的方式和价格水平不但决定还价的方式与出价水平，而且还决定还价的时机。一般来说，报价方作了数次调价后，往往会强烈要求卖方还价。

微课：商务谈判
还价技巧

1. 还价的原则

还价的精髓在于后发制人。为此，买方必须针对卖方的报价，并结合讨价的过程，对己方准备做出的还价进行周密的筹划。在商务谈判中，要进行有效的还价就必须遵循以下几项原则。

（1）摸清对方报价意图。还价之前必须充分了解对方报价的全部内容，准确了解对方提出条件的真实意图。要做到这一点，在还价之前需设法摸清对方报价中的条件哪些是关键的、主要的；哪些是虚设的或诱惑性的。只有把这一切搞清楚，才能提出科学的报价。

（2）综合权衡各方需要。认真估算对方的保留价格和对己方的期望值，确定己方还价方案的起点、理想价格和底线等重要目标。

（3）还价在谈判可协调范围内。还价要达到后发制人的目的，决不仅是形成与对方报价的差异，而应力求给对方造成较大的压力和影响，或改变对方的期望，同时又应使对方有接受的可能。还价应控制在双方谈判的协议区内，即谈判双方互为临界点和争取点之间的范围。超过此范围，谈判难以取得成功。这是还价总的指导思想。

如果对方的报价超出己方价格谈判协议区的范围，与己方要提出的还价条件相差甚大时，不必草率地提出自己的还价，而应先拒绝对方的报价。必要时可以中断谈判，给对方一个重新出价的机会，让对方另行报价。

2. 还价的方式

还价中，谈判者要确保自己的利益和主动地位，首先就应善于根据交易内容、所报价格及讨价方式，采用对应的还价方式。

（1）按照谈判中还价的项目划分。

按照谈判中还价的项目，还价方式可分为以下三类。

①总体还价：总体还价即一揽子还价，它是全面讨价对应的还价方式。

②分组还价：分组还价是与具体讨价对应的还价方式。它是指把交易内容划分成若干类别或部分，然后按各类价格中的含水量或按各部分的具体情况逐一还价。

③单项还价：单项还价是以所报价格的最小项目还价，如对成套设备，分别按主机、辅机、配件等不同的项目还价。

（2）按照谈判中还价的依据划分。

按照谈判中还价的依据，还价方式分为两类：按参照价还价、按成本还价。

①按参照价还价：这是指己方无法准确掌握所谈商品本身的价值，只能以相同类商品的价格或竞争商品的价格做参照进行还价。采用这种方式的关键是所选择的用以参照的商品的可比性，以及价格的合理性，只有可比价格合理，还价才能使对方信服。

②按成本还价：这是指己方能计算出所谈商品的成本，并以此为基础再加上一定比率的利润作为依据进行还价。采用这种方式的关键是所计算成本的准确性，成本计算得比较准确，还价的说服力就比较强。

案例链接

还价有技巧

荷兰某公司向中国某工厂"一揽子"出售一条窗式空调机生产线，总价接近400万美元。"交钥匙"项目的做法的特点是，技术有保证，对于买方倒也省事，就是价格不菲，买卖双方就此进行了谈判。买方提出，交易方式不重要，可以"一揽子"出售全部设备，也可不"交钥匙"，关键是物美价廉。卖方解释，不了解中方的情况，"交钥匙"较为简单，交易风险也小。

买方又提出卖价太高。卖方的"一揽子"价格内容让人不易理解，仅看最终结果不行。卖方介绍其公司习惯和信誉，并保证一定会做到货真价实，让买方别担心。买方希望将"一揽子"价格中的技术费和设备费给分出来，卖方推托了一阵后除掉了技术费和设备费。买方进一步要求卖方将技术费按工艺流程或单项技术分成单项价，将设备费按清单所列单台设备分出相应单价。对此，卖方以公司秘密、工作量大、难以分解、这次不行以后再说等为由进行推托，而买方很客气地坚持阐述己方的观点：卖方为大公司，应有信誉；报价自己做，分解自然也容易；总价看似无理，分解了易于理解；既然谈交易条件，分项价就不是秘密；不按分项价谈，谈判破裂得快……经过反复推敲，卖方同意了买方的要求。

两天后，卖方发来了分项技术价和设备清单价，买方十分高兴，赞扬了卖方的工作效率和谈判诚意，表示将认真研究卖方报价。通过对工艺技术项评估，又按卖方提供的设备清单向制造商询价，结果主要生产线的设备售价仅需160万美元。当恢复谈判时，买方先向卖方谈了对技术费的看法。由于空调机技术系传统技术，且这项技术深度在机械、电气、制冷系统之下，因此技术费不应很高，然后将调查到的设备总价告诉了卖方。买方介绍的信息有根有据，介绍的态度诚恳坦率，成交的心愿真诚热切，表明的困难真实可信，因此，买方的上述做法使卖方感到十分惊讶和钦佩。卖方开价时只表示佩服，但并不接受买方的调查结果，认为160万美元的设备不含买方的采购费用、组建生产线费用及保证费用。买方对此表示理解。作为补偿，买方可以分担部分工作，如按卖方清单要求自己采购生产设备，可承担部分组建生产线的工作。双方对这几项工作又进行了讨论，并由此引到中方采购设备后，钱及技术保证的分工与责任等问题的谈判上。为确保生产线顺利投产，买方确认了卖方必须承担的工作。在分清责任的基础上，价格条件就可以谈了。卖方想做这笔生意，这是其进入中国家电市场的"桥头堡"。买方有意要这条生产线，但投产能力有限，认为既然由"交钥匙"改为"拼盘"建设生产线，卖价应该降低。双方最后协议为：共同采购设备，其价格在250万美元以内，卖方保证生产线技术，由买方配合建设生产线。为此，卖方提供技术指导和对买方人员的培训，其总价不超过50万美元。

（资料来源：杨晶. 商务谈判. 北京：清华大学出版社，2005）

3. 还价起点的确定

还价方式确定后，关键的问题是要确定还价起点。还价起点即买方的初始报价，它是买方第一次公开报出打算成交的条件。其高低直接关系到自己的经济利益，也影响着价格谈判的进程。

（1）还价起点确定的原则。

①起点要低。

还价起点低能给对方造成压力，并影响和改变对方的判断。

②要接近成交目标价格。

还价起点应该低，但不是越低越好。还价起点要接近成交目标，至少要接近对方的保留价格，以使对方有接受的可能性。否则，太低将使对方失去交易兴趣，从而退出谈判，或者使己方不得不重新还价并陷于被动。

（2）还价起点确定的参照因素。

①报价中的含水量。

在价格谈判中，虽然经过讨价，报价方对其报价做出了改善，但改善的程度各不相同。因此，重新报价中的含水量是确定还价起点的第一项因素。对于所含水分较少的报价，报价起点应当较高，以使对方同样感到交易的诚意；对于所含水分较多的报价，或者对方报价只做出很小的改善便千方百计地要求己方立即还价者，还价起点就应较低，以使还价与成交价格同报价中的含水量相适应。同时，在对方的报价中，会存在不同部分含水量的差异，因而还价起点的高低也应有所不同，以此增强还价的针对性并为己方争取更大的利益。

②成交差距。

对方报价与己方准备成交的价格目标的差距，是确定还价起点的一项因素。对方与己方准备成交的价格目标的差距越小，还价起点应当越高；对方与己方准备成交的价格目标的差距越大，还价起点就应越低。当然，不论还价起点高低，都要低于己方准备成交的价格，以便为以后的讨价还价留下余地。

③还价次数。

这是确定还价起点的第三项因素。一般来说，还价次数取决于谈判双方产品价格差距以及讨价还价难易程度。如果价格差距大，对方报价"水分大"，报价次数要多准备一些，以便层层挤压对方。反之，如果差距小，对方报价"水分小"，还价松一些，还价次数方可减少，以加速成交。

总之，通盘考虑上述各项因素，确定好还价起点，才能为价格谈判中的讨价还价取得较好的收益。

4. 还价技巧

（1）投石问路。

投石问路是指谈判者有意提出一些假设条件来试探对方虚实，通过对方的反应和回答，来琢磨和探测对方的意向与底细，摸清情况再予以还价。

例如，"如果我们购买的数量增加一倍，你方的价格是多少？""如果我方与贵方长期合作，贵方的价格能优惠多少？""如果我方对原产品做包装上的改动，价格上会有何变化？""如果我们全买下你们的货，价格是多少？""如果我方购买贵方其他系列的产品，能否价格上再优惠些？""如果我方以现金支付或分期付款的形式，价格上有多少差别？"，等等。一般来说，任何一个假设条件都能使讨价者进一步了解对方，而且令对方难以拒绝回答。

使用投石问路策略最关键的在于提问的方式。不同的谈判过程，获取信息的提问方法不同，提问形式有六种类型。一是一般性提问，如"你认为如何""你为什么这样做"等；二是直接性提问，如"这不就是事实吗"等；三是发现事实提问，如"何处""何人""何时""何事何物""如何""为何"等;四是探讨性提问,如"是,不是""你认为"等;五是选择性提问,如"是这样,还是那样"等;六是假设性提问,如"假如……会怎样"等。例如,一个购买机械设备的进口商,如果想了解卖方的商业习惯以及真实目标时,可以向对方提出如下问题。

①假如我们订货的数量加倍(或减半)呢?
②假如我们和您签订长期的合同呢?
③假如我们将保证金减少(或增加)呢?
④假如我们自己供给原材料呢?
⑤假如我们分期付款(或延期付款或一次性付清)呢?
⑥假如我们成套购买(或仅购零部件或仅购主机)呢?

如果卖方对上述问题都作做了较全面的回答,任何一个问题都会使买方更进一步了解对方的商业习惯和动机。这时买方如果提出要求,卖方想要拒绝就很难了。所以多数卖方宁愿降低价格,也不愿意接受这种疲劳轰炸式的提问。这些提问方式是有力的谈判工具,因而必须审慎地、有选择地、灵活地运用这一工具。

此策略一般是在市场价格行情不稳定、无把握,或是对对方不太了解的情形下使用。实施时要注意:提问要多,且要做到虚虚实实,煞有介事;要让对方难以摸清你的真实意图。

案例链接

投石问路

有一次,某外商想购买我国的香料油,并与我方进行谈判。在谈判过程中,外商出价每千克40美元,但我方并不了解对方的真实价码。为了试探对方的真实程度,我方代表采用投石问路的方法,开口便要每千克48美元,对方一听我方的要价,急得连忙摇头说:"不,不,这要价太昂贵了。你们怎么能指望我方出45美元以上的价钱来购买呢?"对方在不经意的情况下将底价透露给了我方。我方代表抓住时机,立即追问一句:"这么说,你们是愿意以每千克45美元的价格成交啦?"外商只得勉强说:"可以考虑。"双方通过进一步洽谈,结果以每千克45美元的价格成交。这个结果比我方原定的成交价要高出数美元。

(资料来源:冯砚,丁立. 商务谈判. 北京:中国商务出版社,2010)

(2)吹毛求疵。

吹毛求疵就是故意挑毛病,通常做法是在商务谈判中针对对方的商品或相关问题,再三挑毛病,使对方的信心降低,从而使对方做出让步,为还价做好铺垫。

吹毛求疵使用的关键点在于挑剔问题恰到好处。世界上没有十全十美的事物,任何东西必然都有一定的缺陷。在价格磋商中,还价者为了给自己制造理由,也为了向对方表明自己是内行,常常采用言不由衷、吹毛求疵的技巧。其做法通常是:针对卖方的商品,千方百计地寻找缺点,"鸡蛋里挑骨头",并夸大其词、虚张声势。另外,即使内心对商品是满意的,也非要说成不满意,并故意提出令对方无法满足的要求,表明自己委曲求全,以此为自己还价提供依据。

商务谈判中的大量事实证明,"言不由衷、吹毛求疵"不仅是可行的,而且是富有成效的。它容易动摇卖方的自信心，迫使卖方接受买方的还价，从而使买方获得较大的利益。当然"言不由衷、吹毛求疵"不能过于苛刻，应合乎情理和取得卖方的理解。否则，卖方会觉得买方缺乏诚意，甚至会被卖方识破。

如果对方应用了该技巧，则己方应对时必须要有耐心，要能直攻腹地、开门见山地与对方商讨谈判中的实际问题；而对于缺乏关联的问题和要求，要能避重就轻或视若无睹地一笔带过。

案例链接

竟然会如此挑"毛病"

美国谈判学家罗切斯特有一次去买冰箱，他看中了一台冰箱，营业员告诉他售价为249.5美元。

罗切斯特走过去这儿瞧瞧，那儿摸摸，然后对营业员说："这冰箱不光滑，有点儿瑕疵。"

罗切斯特问营业员："你们这一型号的冰箱一共有几种颜色？"

营业员：共有32种色（并马上为他拿来了样品本）。

罗切斯特指着店里没有那种颜色的冰箱说："这种颜色与我家厨房的颜色正好匹配，其他色与我家厨房的颜色都不是太协调。"过了一会儿，罗切斯特又打开了冰箱，看了里面的结构后问营业员："这冰箱附有制冰器？"营业员回答说："是的，这个制冰器一天24小时都可以为你制造冰块，每小时只要2分钱的电费。"

罗切斯特听了后说："哎呀，这太不好了。我孩子有哮喘，医生说绝对不能吃冰，绝对不行。你可以帮助我把这个制冰器拆下来吗？"

营业员说："制冰器是无法拆下来的，它是和制冷系统连在一起的。"

罗切斯特又接着说："我知道，但是这个制冰器对我根本没有用，却要我付钱，这太不合算了。"

罗切斯特在购买冰箱的过程中，再三挑剔，到了近乎不近情理的地步，但他指出的毛病又在情理之中，且又有购买的意愿，卖主只好耐心解释，结果罗切斯特以相当低的价格——不到200美元买回他中意的那台冰箱。

（资料来源：作者根据相关资料改写）

提出的问题应恰到好处，把握分寸，对提出的问题和要求不能过于苛刻，如果把针尖大的毛病说成比鸡蛋还大，很容易引起对方的反感，认为你没有合作的诚意。此外，提出的问题一定是对方商品中确实存在的，而不能无中生有。

（3）先造势后还价。

先造势后还价的基本做法是在对方开价后不急于还价，而是指出市场行情的变化态势（涨价或降价及其原因），或是强调本方的实力与优势（明示或暗示对方的弱势），构筑有利于本方的形势，然后再提出本方的要价。

运用此技巧可以给对方造成心理压力，从而使其松动价格立场，并做出让步。但运用不当，有可能吓跑对方，或使对方产生抵触情绪，从而遭到对方的强烈反击，使谈判举步维艰或不欢而散。

先造势后还价一般是在对方有求于与本方达成交易，且市场行情明显有利于本方，本方优势突出的情形下使用。实施中,造势要有客观事实为依据,表达的语气要肯定,还价的态度要坚决,同时根据需要,灵活掌握造势的尺度。

(4) 滚雪球。

滚雪球,就是积少成多,是指为了实现自己的利益,耐心地、一项一项地谈,一点一点地争取,达到聚沙成塔、集腋成裘的效果。

滚雪球的根源在于以下几点。

①人们通常对微不足道的事情不太计较,也不想为了一点儿利益的分歧而影响交易关系。这样,买方便可以利用这种心态将总体交易进行分解,然后逐项分别还价,通过各项获得的似乎微薄的利益,最终实现自己的利益目标。

②细分后的交易项目因其具体,容易寻找还价理由,使自己的还价具有针对性和有根有据,从而易于被接受。

(5) 最大预算。

运用最大预算策略通常是在还价中,一方面对卖方的商品及报价表示出兴趣,另一方面又以自己的最大预算为由迫使卖方最后让步和接受自己的出价。运用这种策略时要注意以下几点。

①掌握还价时机。经过多次价格交锋,卖方报价中的水分已不多,此时以最大预算的策略还价,是最后一次迫使对方让步。

②判断卖方的意愿。一般卖方成交心切,易于接受买方最大预算的还价。否则,卖方会待价而沽,"少一分钱也不卖"。

③准备变通办法。万一卖方不管你最大预算真假如何,仍坚持原有立场,那么买方须有变通方法。一是固守最大预算,对方不让步,己方也不让步,只好以无奈为由中断交易;二是维护最大预算,对方不让步,己方做适当让步,可以酌减某项交易内容,或者后补价款,以便以此为台阶实现交易。

(6) 感情投资。

谈判中的人际关系因素至为重要,想使自己在谈判中提出的各项意见、建议能被对方所接受,最有效的是首先必须和自己的谈判对手建立起信任与友情。还价中,感情投资的运用一般有以下要求。

①尊重对手。在谈判过程中,要遵循平等、互利原则,对于谈判对手必须充分尊重,而绝不应敌视。要做到台上是对手,台下是朋友。要注意展示己方的修养和人格魅力。

②互谅互让。谈判过程中要从大局出发,善于寻求共同利益,求同存异。对于一些较为次要的问题,不要过分计较;要主动迎合对方,使对方觉得你能站在他的角度考虑问题,从而赢得好感。

③多交流沟通。注意利用谈判中的间隙,谈论业务范围以外对方感兴趣的话题,借以增加交流,增进友情。对于彼此之间有过交往的,要常叙旧,回顾以往合作的经历和取得的成功,增强此次合作的信心。

任务 9.5　适当的谈判让步

让步是指在商务谈判双方就某一个利益问题争执不下时,为了促成谈判成功,一方或双方采用的放弃部分利益为代价的谈判策略。

深谙谈判真谛的人都懂得，在任何一场商务谈判中，谈判双方都是需要做出让步的。没有让步就没有谈判的成功。不断讨价还价的过程，就是双方不断让步的过程。从某种意义上说，让步是谈判双方为达成协议而必须承担的义务。

1. 让步的原则

（1）正确选择让步时机。

让步的时机能够影响谈判的效果。如果让步过早，容易使对方认为是"顺带"得到的小让步，这将使对方得寸进尺；如果让步过晚，除非让步的价值非常大，否则将失去应有的作用。一般而言，主要的让步应在成交期之前，以便影响成交机会，而次要的、象征性的让步可以放在最后时刻，作为最后的"甜头"。

（2）只在最需要的时候让步。

要注意让步的时机选择和时间效果。让步通常意味着妥协和某种利益的牺牲，对让步一方来说，做出让步的承诺就要失去一定的利益，不是迫不得已，不要轻易让步。

（3）把握"交换"让步的尺度。

谈判中"交换"让步是一种习惯性的行为，但要注意：一方在让步后应等待和争取对方让步，在对方让步前，绝对不要再让步。

（4）让步应有明确的利益目标。

让步的根本目的是维护己方的利益。通过让步从对方获得利益补偿，通过让步换取对方更大的让步，通过让步来实现既定利益。

（5）让步要分清轻重缓急。

让步是一种有分寸的行为，要分清轻重缓急。为了在谈判中争取主动，保留余地，一般不要首先在原则问题、重大问题上让步，也不要首先在对方还未迫切要求的事项上让步。

（6）要让对方感到让步的艰难。

不要让对方轻易得到己方的让步，哪怕是微小的让步，从心理学的角度分析，人们对轻易得到的东西通常是不加珍惜的。

（7）及时挽回失误。

在商务谈判中，一旦出现让步失误，在协议尚未签订之前，应采取巧妙的方式予以收回。值得注意的是，收回让步一定要坦诚承认，及时收回，不可拖延，以免造成更大失误。

（8）严格控制让步的次数、频率和幅度。

一般认为，谈判中让步的次数不宜过多，过多不仅意味着利益损失大，而且影响谈判者的信誉、诚意和效率；频率也不可过快，过快容易鼓舞对方的斗志和士气；幅度更不可过大，过大可能会使对方感到己方报价的水分大，这样只能使对方攻击更猛烈。

【特别提示】

从心理学的角度分析，人们对轻易得到的东西通常不加珍惜。不要轻易让对方得到己方的让步，哪怕是微小的让步。只要有让步，对方就觉得还可以讨价还价，轻易得到的让步对方也不珍惜。

2. 让步的方式

在商务谈判实践中，人们总结出常见的九种方式。现在假设买卖双方各准备让步60元，又都准备让四次，那么，他应该怎么去做呢，如表 3-1 所示为 9 种让步方式情况表。

表 3-1　9 种让步方式情况表

序号	让步的类型	第一步	第二步	第三步	第四步
1	坚定冒险型	0	0	0	100
2	强硬态度型	5	5	5	……
3	刺激欲望型	25	25	25	25
4	诱发幻想型	13	22	28	37
5	希望成交型	37	28	22	13
6	妥协成交型	43	33	20	4
7	或冷或热型	80	18	0	2
8	虚伪报价型	83	17	−1	+1
9	愚蠢缴枪型	100	0	0	0

注：表格中的数字，对于卖方来说，是报价时逐步减少的数字；对于买方来说，是报价时逐步增加的数字。

（1）坚定冒险型。

这种让步的特点是谈判的前阶段里丝毫不让步，给人一种没有讨价还价余地的感觉。只要对方比较软弱，有可能得到很大利益，但更大的可能是导致谈判的破裂。这种让步方式使用的场合比较少而特殊，由于要冒很大的风险，所以使用起来应该慎重。

（2）强硬态度型。

这种让步的特点是有所让步，但幅度很小，因而给对方一种十分强硬的感觉，而第四步之所以用省略号，是因为有可能一直让下去，也有可能到此为止，不再让步了。这种让步方式风险也比较大，所以，也应该慎用为好。

（3）刺激欲望型。

这种让步的特点是定额增减，它会刺激对方要你继续让步的欲望，因为在三个 25 之后，对方都等到了一个 25，那么在第四个 25 之后，对方也完全有理由等待第五个 25、第六个 25……而你一旦停止让步，就很难说服对方，从而很可能导致谈判的中止或破裂。

（4）诱发幻想型。

这种让步方式比第三种让步方式更糟，其特点是每次让步都比以前的幅度来得大，这会使对方坚信，只要他坚持下去，你总会做出越来越大的让步。这无疑诱发了对方的幻想给你带来难以收拾的后果。

（5）希望成交型。

看上去这种让步方式与第四种让步方式的幅度正好颠倒了一下，实质上两者有本质的区别。这种让步的高明之处在于：一是显示出让步者是愿意妥协、希望成交的；二是显示出让步者的立场越来越强硬，即让步不是无边无际的，而是明白地告诉对方让步到什么时候为止，对方不要再抱什么幻想了。这种让步方式在合作性较强的谈判中常常使用。

（6）妥协成交型。

这种让步的特点是先做一次很大的让步，从而向对方表示一种强烈的妥协姿态，表明自己的成交欲望。然而，让步幅度的急剧减小，也清楚地告诉对方，自己已经尽了最大的努力，要做进一步的让步根本不可能了。这种让步方式往往是在谈判实力较弱的场合中使用。

（7）或冷或热型。

开始让步的幅度巨大，表示出强烈的妥协态度；后来让步的幅度又剧减，表示出强烈的拒绝态度。开始的妥协使对方抱有很高的期望，后来的拒绝又使对方突然非常失望。这样或冷或热，使对方很难适应。

（8）虚伪报价型。

所谓虚伪报价型，可从让步的数字中看出有个起伏的过程，第三步（-1）是在前两步让了100元的基础上，减去1元，实际上成了99元，这当然会遭到对方的坚决反对。于是第四步再加上1元，实际上还是100元。在大多数正规庄重的谈判场合，决不能采用这种让步方式，因为会给人虚伪欺诈之感，有失身份和体面。

（9）愚蠢缴枪型。

这种让步方式是谈判一上来就把自己所能做的让步和盘托出，从而断送了自己讨价还价的所有资本，下面因为没有退让的余地，只好完全拒绝做任何进一步的退让。

上述9种让步的类型，又可粗略地分为3种。

①常用型：希望成交型和妥协成交型。

②慎用型：坚定冒险型、强硬态度型、或冷或热型和虚伪报价型。这些类型必须视具体情况而定，应小心而慎重地采用，不然很可能会惨遭失败。

③忌用型：刺激欲望型、诱发幻想型和愚蠢缴枪型。这3种类型是外行人经常容易犯的错误，一般地说，在谈判中不能采用。

3. 让步策略

不止一个人曾经说过：谈判是一门艺术。谈判之所以能被称之为艺术，在很大程度上是因为谈判的成功绝不仅仅来自攻城略地的快感，而在于有底线的妥协。一场富有诚意的谈判总会以双赢为目标，这种目标决定了谈判者的行为，一味地妥协退让会使谈判参与者铩羽而归；但拒绝任何退让，只顾己方利益的谈判参与者同样会一败涂地。因此，在谈判中谈判者应审时度势，诱导谈判对手发现共同的利益区，在此区域内寻求最利于本方的合作方案。可采用的让步策略有以下几种：

微课：商务谈判让步策略

（1）唱红白脸。

商务谈判中，所谓的红白脸策略，也被称为演双簧。

在红脸白脸策略的使用过程中，白脸扮演的是强硬派，在谈判中态度强硬坚决，寸步不让，咄咄逼人，几乎没有商量的余地。红脸扮演的是温和派，在谈判中态度温和。当谈判处于僵局时，红脸人则尽力撮合双方合作，以至于达成于己方有利的协议。

唱白脸的人先与对方交锋，他通常态度强硬，让对手产生极大的反感。当谈判进入僵持状态时，红脸人则及时表现出体谅对方的难处，放弃己方的有些苛刻条件和要做出一定的让步。

运用红白脸策略应注意的事项：

一是注意白脸的核心是立场坚定，坚决不让步。

扮演者并不是毫无素养、不讲礼仪，不要态度蛮横，高门大嗓，唾沫横飞，显出"俗相"，也不一定老是虎着脸，反倒可以有笑容，条件要得狠，处处讲理又寸步不让。红脸的核心是善于协调，红脸应为主谈人或负责人，要求善于把握火候，让白脸好下台，及时请对方表态。

二是注意出场顺序，一般情况是白脸先出场，但不是绝对的，要灵活运用，也可以红脸先出场。

三是注意扮演红白脸并不是一定要两个人配合，一个人也可完成。我们难免有一个人与对方谈判的时候，也可能运用这种策略，这个时候你可以将不在场的领导、公司文件、董事会机构等设定为白脸角色。

如，"不是我不想再给你让了，是我们经理规定了最低只能这个价，再低就得我们自己补差价了。"

【特别提示】

其一，扮"鹰派"——白脸的人既要"凶"，又要出言在理，保持良好形象。

比如，态度强硬，寸步不让，但又处处讲理，决不蛮横。外表上，不要高门大嗓，唾沫横飞，显出俗相；也不一定老是虎着脸，反倒可以有笑容，只是"立场"要硬，条件要得狠。

其二，扮"鸽派"的红脸，应为主谈人或负责人。要求善于把握火候，让"白脸"好下台，及时请对方表态。

其三，若是一个人同时扮演"红白脸"，要机动灵活。

如发起强攻时，声色俱厉的时间不宜过长，同时说出的硬话要给自己留有余地，否则会把自己给绊住了。若由于过于冲动而被动时，最好的解法就是"暂停""休会"或"散会"。通过改变时间，以争取请示、汇报、研究被动局面的化解法。

（2）步步为营。

步步为营是指谈判者在谈判过程中步步设防，试探着前进。己方做出了一点让步，就缠住对方不放，要求对方也做出让步，以消耗对方的锐气，坚守自己的阵地。

【特别提示】

使用步步为营技巧应注意做到：有理有据，使对方觉得情有可原；退让小而缓，使对方感到己方的每一次让步都是做出了重大牺牲。一般情况下，己方做出一次让步后，需坚持要对方做出一次或多次对等（或是较大）的让步，然后己方才有可能做出新一轮的让步。

（3）互惠互利。

谈判不仅仅是有利于某一方的洽谈，一方做出了让步，必然期望对方对此有所补偿，获得更大的让步。为了能顺利地争取对方互惠互利的让步，商务谈判人员可采取以下两种技巧。

①当己方谈判人员提出让步时，向对方表明，我们做出这个让步是与公司政策或公司主管的指示相悖的。因此，己方同意这样一个让步，对方也必须在某个问题上有所回报，这样我们回去也好有个交代。

②把己方的让步与对方的让步直接联系起来，表明己方可以做出这次让步，只要对方能在己方要求问题上让步，一切就不存在问题。谈判高手总是用条件句"如果……那

么……"来表述自己的让步,"如果……"是明确要求对方做出的让步内容,"那么……"是己方做出的让步。这种表达有两个作用,一是己方的让步是以对方的让步为条件的,对方如果不做出相应让步,己方的让步也就不成立了;二是指定对方必须做出己方所需要的让步,以免对方用无关紧要的、不痛不痒的让步来搪塞。

(4) 先苦后甜。

先苦后甜是指在谈判中先用苛刻的条件使对方产生疑虑、压抑等心态,以大幅度降低对手的期望值,然后在实际谈判中逐步给予优惠或让步,使对方的心理得到满足而达成一致。

人们对外界的刺激总是先入为主,如果先入的刺激为甜,再加一点苦,则觉得更苦;相反,若先入刺激为苦,再加一点甜,则觉得更甜。该技巧就是用苦降低对方的期望值,用甜满足对方的心理需要,因而较容易实现谈判目标。

先苦后甜策略的应用是有限度的,在决定采用时要注意避免"过犹不及",所提出的条件不能过于苛刻,要掌握分寸。

(5) 声东击西。

声东击西又被称作"明修栈道,暗度陈仓"。具体做法是在己方无关紧要的或不成问题的交易条件上纠缠不休,大做文章,通过这些次要问题的让步,在对方不知不觉中保证己方关键利益的实现。例如,对方最关心的是价格问题,而我方最关心的是交货时间。这时,谈判的焦点不直接放到价格和交货时间上,而是放到价格和运输方式上,通过运输方式的让步,满足对方价格利益要求,同时在对方未察觉中保证了交货时间的有利条件。

(6) 无损让步。

无损让步是己方的让步并不减少自己的利益,甚至实际未做任何让步,而对手却感到你在让步的让步技巧。

例如,"你签一年的会场使用合同,我们赠送你一次选择在城郊刚建成的会所使用会议室的机会"。

看似是让步,实则没并不减少自己利益,一次会议只能使用一个地点,况且是郊区未必会去选用。

无损让步可采取以下方法。

①向对手说明,其他大公司或者有地位、有实力的人也接受了相同的条件。

②明示或者暗示这次谈判成功将会对以后的交易产生有利的影响。

③反复向对手保证他享受了最优惠的条件。

④尽量圆满、严密、反复地解释自己的观点、理由,详尽地提供有关证明、材料,注意不要正面反对对方的观点。

⑤反复强调己方某些优厚条件,如交货日期、付款方式、运输问题、售后服务甚至保证条件等。

⑥努力帮助对方了解自己产品的优点和市场行情。

⑦全神贯注地倾听对方的讲话,不要打岔,不要反驳,在恰当的时候重述对方的要求和处境。通常人们都喜欢自己被别人了解,"人们满意时,就会付出高价"。

4. 迫使对方让步策略

(1) 制造竞争。

当一方存在竞争对手时,其谈判的实力就大为减弱,创造竞争条件是谈判中迫使对方让步的最有效武器和策略。因此，在谈判中，"脚踏两只船"，谈判人员有意识地制造和保持对方的竞争局面，迫使对方让步。

具体做法有以下两点。

①有竞争对手的利用竞争对手。进行谈判前多考察几家厂商，同时邀请他们前来谈判，并在谈判过程中适当透露一些有关竞争对手的情况。在与一家厂商达成协议前，不要过早结束与其他厂商的谈判，保持竞争局面。

微课：迫使对方让步策略

②没有竞争对手的制造竞争对手。如果谈判者没有或不方便引入竞争对手，也可巧妙地为对方虚构一个竞争对手，制造假象来迷惑对方，同样也可起到削弱对方实力和地位的作用。

引入竞争对力的魅力

2007年7月底，一位律师想把公司会议室的地面和墙壁重新装修一下。他一边开车一边寻找蹲点在马路边上揽生意的小工。找了很长时间，终于在路边发现了一位等生意的小工。他把小工带到会议室，和小工讲了装修的基本要求，并问小工能否按要求做好。小工很有信心地告诉律师，他就是专门做这一行的，绝对没有问题。律师问全部做好要多少钱。

小工拿出纸和笔算了一下说："一共3 700元。"讨价还价了一会，小工让步了400元之后就不肯再让步了。

正好，这天，律师的一位朋友也在，做谈判咨询和培训的。律师的朋友走进会议室问小工："按照刚才讲的要求做好，一共多少钱？"

小工回答："全部做好3 700元，优惠400元。"

律师的朋友说："告诉我你愿意做的最低价格是多少？"

小工说："这已经是最低了，再低我就赚不到钱，白干了。"

律师的朋友说："好吧，把你的价格写在自己的名片上给我，回去等我电话。实话告诉你，你是第一个来看的人，待会还有两个人过来看。在你出去之前，你把价格仔细再算一遍，把你的最低价格写下来。今天是礼拜五，如果明天上午接到我的电话，你就过来做。如果没有我的电话，你就不用来了。"

小工停顿了一下，说道："那我再算一遍吧。"

律师的朋友说："好。"

大约过了三分钟，小工说："老板，就2 600元吧，再低真不能做了。"

律师的朋友说："好吧，你把价格写下来就可以了，你不能做别人可能愿意做。"接过名片看了看，上面写着：最低价2 500元。

律师的朋友说："小伙子，你很聪明，明天是否有我的电话，看你的运气了。"第二天早上，律师给小工打电话，叫他抓紧时间在双休日把事情全部做完。

（资料来源：作者根据网络相关资料编写）

（2）走马换将。

车轮战术是指在谈判桌上的一方遇到关键性问题或与对方有无法解决的分歧时，借口自己不能决定或其他理由，走马换将，转由他人再进行谈判。这里的"他人"可以是上级、领导，也可以是同伴、委托人等。不断更换己方的谈判代表，有助于形成一种人数、气势的强势，有意延长谈判时间，将消耗对方的精力，促其做出更大让步。

（3）以林遮木。

以林遮木比喻人们被事物的总体所掩盖，忽略了事物的重点和要点。以林遮木策略就是，一方故意向另一方提供一大堆复杂、琐碎甚至多半是不切实际的信息、资料，致使对方埋头查找所提供的资料，却分辨不清哪些是与谈判内容有直接关系的材料，既浪费了时间、精力，还没掌握所需情况，甚至还会被对方的假情报所迷惑。以林遮木的另一种表现手法是一方故意向对方介绍较多的情况，以分散对方的注意力，遮盖真实意图或关键所在，造成对方错觉，争取更多的让步。

运用该策略可以转移对方的视线，困扰对方思维，消耗对方的体力与精力，最终实现乱中取胜。

（4）疲劳战术。

谈判者在谈判过程中不但要集中精力，而且要保持体力充沛，如果过于疲劳就会出现反应迟钝、行为能力减弱、对事情马马虎虎的情况，甚至犯下在精力充沛时根本不可能出现的错误。具体做法是把对方的娱乐机会安排得满满的，或用不断换人迫使对方进行重复谈判的车轮战术。其目的是通过重复谈判延长时间，干扰对方的注意力，瓦解其意志，等到对方筋疲力尽、头昏脑涨之时，己方即可反守为攻，抓住对方的漏洞促使其做出让步。

采用这样的疲劳战术，要求己方事先有足够的思想准备，并确定每一回的战略战术，以求更有效地击败对方的进攻，争取更大的谈判优势。在实际谈判中，确实有许多人以有耐心或善于运用疲劳战术著称。中东一些企业家最常用的交易战术，就是白天天气非常热时请欧洲的代表观光，到了晚上招待他们观赏歌舞表演。到了深夜，白天不见踪影的中东代表团领队出现了，想必已有充分的休息，他们神采奕奕地和欧洲代表展开谈判。欧洲代表经过一天的奔波，早已疲惫不堪，只想上床休息，尽快结束谈判，那么其在谈判中必然让步。

（5）适当沉默。

这种策略是向对方发出调整价格的指令，然后保持沉默。你可以说："你的价格我们接受不了，请重新出个价吧。""对不起，你必须调整一下价格。"然后闭口不言。

任何谈判都要注意实效，能够在有限的时间内取得各自的利益。有些时候谈判者口若悬河、妙语连珠，以绝对优势压倒对方，但谈判结果却不一定令人满意，有时候往往说话最少的一方会取得最多的收益。言多必失，沉默是金，说话多了可能让对方找出己方谈话的漏洞予以攻击，或者无意中透露出不该透露的信息，过早显示己方底牌。

在谈判中，如果遇到难缠的对手可以适当运用沉默是金的策略。如果对方提出过分的条件或价格时，沉默可以给对方施加压力，让对方感觉到己方对其报价的不满，为了不至于谈判破裂而反思自己的条件，从而做出一些让步。在谈判僵局中，往往先开口的一方是做出让步的一方。

（6）虚张声势。

在有些谈判中，谈判者在让步时给对方造成一种错觉，但实际上只不过舍弃了一些微不足道的东西。本来满意了，但仍然装作不满意，不情愿成交，等待或要求对方再让步。

如谈判人员说:"看起来不错,不过我要先向董事会汇报一下。这样吧,我明天给你最终答复。"第二天,这个谈判人员告诉对方:"天啊,董事会真不好对付。我原以为他们会接受我的建议,可他们告诉我,除非你能把价格再降 200 元否则这笔生意怕是没希望了。"其实这个谈判人员根本没有向董事会汇报,对手却往往心甘情愿让步。

(7) 软硬兼施。

具体做法是:己方主谈人或负责人找一个借口暂时回避,让"强硬派"挂帅出阵,将对方的注意力引向自己,采取强硬立场,唇枪舌剑,寸步不让,从气势上压倒对方,给对方在心理上造成错觉,迫使对方让步,或者索性将对方主谈人激怒,使其怒中失态。

一旦己方主谈人估计已获得预期效果时,即回到谈判桌边,但不要马上发表意见,而是让己方调和者以缓和的口气和诚恳的态度,与对方谈判。

案例链接

和我谈还是和"休斯"谈

有一回,传奇人物——亿万富翁休斯想购买飞机。他列出 34 项条件,而其中的 11 项是必须要达到的。起先,休斯亲自出马与飞机制造厂商洽谈,但却怎么谈都谈不拢。最后搞得这位大富翁勃然大怒,拂袖而去。不过,休斯仍旧不死心,便找了一位代理人,帮他出面继续谈判。休斯告诉代理人,只要能达到那 11 项条件,他便满意了。而谈判的结果是,这位代理人居然把 34 项条件都达到了。休斯十分佩服代理人的本事,便问他是怎么做到的。代理人回答:"很简单,每次谈判一旦陷入僵局,我便问他们——你们到底是希望和我谈呢?还是希望再请休斯本人出面来谈?经我这么一问,对方只好乖乖地说——算了算了,一切就照你的意思办吧!"

(资料来源:石永恒. 商务谈判实务与案例. 北京:机械工业出版社,2008)

(8) 乘胜追击。

用总结性话语鼓励对方:"看许多问题已经解决了,给你的优惠也是空前的,现在就剩这些了。如果不一并解决,那不可惜了吗?""四个难题已经解决三个了,剩下一个如果也能一并解决,其他的小问题就好办了。让我们再继续努力,好好讨论唯一的难题吧。如果就这样放弃了,大家都会觉得遗憾的。"以上这种说法,往往能使人继续做出让步,争取交易成功。

(9) 情绪爆发。

我们知道,情绪爆发能带来各种各样的后果,例如愤怒往往使对方丧胆而让步,恐惧能将双方的心拴在一起,冷漠则表示出漠不关心的态度从而换来对方的热情,坦率能换取对方的信任等。正因为如此,有些谈判者才利用人们对上述种种情绪表露之反应状态,故意使自己的情绪突然爆发而达到各种目的。

经常可见的是"盛怒",因为当一个人突然发起脾气时,另一方总是会陷入反思或反省的局面之中,怀疑自己是不是做得太过分了,有时甚至害怕整个局势会因此而失去控制,从而有可能马上检讨或让步,这时就给对方以可乘之机。于是愤怒者就很可能把简单的问题复杂化,使得对方糊里糊涂地为了避免事态的扩大,只好草草收场,同意一些违心的要求。

运用此策略把握时机和强度,要恰到好处,既起到威慑对方、打乱对方阵脚的效果,又不至于让对方觉得是小题大做，有意制造谈判僵局，破坏彼此间的友好关系。

（10）欲擒故纵。

欲擒故纵策略即对于想要得到的交易谈判，故意通过掩盖措施，装作无所谓，让对方感到我方是不在意、不在乎的态度，使对方在压力下率先做出让步，确保在预想条件下成交的做法。在欲擒故纵策略的做法上，务必使我方的态度保持不冷不热、不紧不慢的状态。例如，日程安排上不显急切；在对方激烈强硬时，让其表现，采取"不怕后果"的轻蔑态度等。使用欲擒故纵策略的关键是，务必使假信息或假象做得足以让对方相信。人们通常有一种心理：越是偷偷得来的信息，其真实性越不容置疑。所以，最好是通过非官方、非正式渠道传播，或第三方之口发布，这样对方反而更加信任。

如："李经理，这样吧，你可以拿回去跟贵公司领导商量一下，考虑一下这个价格是否可以。没有利润的项目，我想公司不会做。"

"王总，我觉得双方合作项目没问题，这个钱到底出多少，我也不介意。但我现在手头有两三个项目等着我考虑，这个项目对我来说，可有可无。"

"宋经理，我方刚刚已经把价格降低了10%，而贵方寸步不让，我想我没有办法回去交差。价格还是原来价格，不能降低了。"

"这位先生，这条牛仔裤你要不要？不要的话，我可留给别人了，今天早上另外一位先生看中了，说是等一下过来取。你要的话，这条给你，我会去仓库再去拿一条给那位先生。"

如：购买一套二手房，在买卖过程中，一旦向卖方表达了强烈的购买意向，这会使得议价的可能性大大降低。因此，即使购买方再满意，也不要急于表现出内心的真实想法。这时候可以采用欲擒故纵的策略，看到自己满意的房子，当中介催促付定金的时候，可以告诉对方自己同时也看中了另外一套更加实惠一点的房子，务必请对方容许自己再考虑考虑。这么做的潜台词就是告诉对方如愿意在价格方面做出一点让步的话，还是有交易的可能的。如果在交易的时候，带了大量的现金，更加冲击了卖方的眼球，卖方更加容易让步。

（11）最后通牒。

最后通牒策略是指为迫使对方进一步让步，给谈判规定最高价格或最后期限，告知对方如果不接受，己方就退出谈判。就是在向对方施加压力，迫使对方做出让步。

最后通牒的适用条件有以下几点。

①谈判者已尝试过其他策略都不再有效，最后通牒成了唯一可能迫使对方再让步的办法。

②己方已退让到防御点，不能再让步。

③己方在谈判中拥有绝对优势。比如：己方是该产品的唯一供应商，其他竞争者的条件都不如己方等情况。

最后通牒使用时应注意以下几点。

①最后通牒的言辞不要过硬。言辞太锋利容易伤害对方的自尊心，而言辞比较委婉易于为对方考虑和接受。最后通牒要有令人信服的理由和委婉的解释，以免对方产生敌意。最后通牒只是为了让对方再次慎重考虑己方建议的成交条件，而不是胁迫对方接受。

②最后通牒的时机要恰当。一般是在己方处于有利地位或最后关键时刻才宜使用最后通

牒。经过旷日持久的谈判，对方花费大量人力、物力、财力和时间，一旦拒绝己方的要求，这些成本将付诸东流。这样，对方会因无法担负失去这笔交易所造成的损失而做出让步。

③最后通牒要留有余地。还价中最后通牒是迫使对方再做让步的一种手段，并非一定是若对方不接受条件，谈判即告破裂。若经最后较量，对方仍坚守立场，为实现交易己方也可自找台阶。

④具体地表达最后通牒的条件或时限。如："200元每件卖不卖？不卖就无法成交了。""明天12：00之前你们还不答应我方条件，我们只好按计划先回国了。"一般而言，条件越具体，给对方的压力就越大。

⑤配合实际行动增强施压效果。如：收拾东西走人，同旅馆结账，出示已经买好的机票、车票等。

⑥最后通牒要由主谈人发出。由主谈人发出最后通牒才能代表组织的权威意见，其他谈判人员发出最后通牒，对方不一定相信，威力会削弱。

在交易市场谈判中，最后付款成交之前，一定要走走看。你一走，对方的最后一让可能就被你逼出来了。你走了，卖家也不叫你，说明水分被挤干了，你可以再回去买下。

注意事项：最后通牒既能帮助，也能损害提出一方的议价力量。如果对方相信，提出方就胜利了；如果不相信，提出方的气势就会被削弱。从对方的立场来讲，了解掌握这一策略也是十分必要的。因为如果不了解最后通牒的奥妙，很可能被对方的虚张声势所迷惑，付出较大的代价。

案例链接

中国某进出口公司与意大利某电子公司的谈判

意大利某电子公司欲向中国某进出口公司出售半导体生产用的设备，派人来北京与中方谈判。双方在设备性能方面较快地达成了协议，随即进入了价格谈判。中方认为其设备性能不错，但价格偏高，要求降价。较量一番后，意方报了一个改善3%的价格。中方要求再降，意方坚决不同意，要求中方还价。中方还价要求降价15%。

意方听到中方还价条件，沉默了一会，从包里翻出了一张机票说："贵方的条件太苛刻，我方难以承受。为了表示交易诚意，我再降2%。贵方若同意，我们就签约；贵方若不同意，这是我明天下午2:00回国的机票，按时走人。"说完站起来就要走，临走又留下一句话："我住在友谊宾馆××楼××号房，贵方有了决定，请明日中午12:00以前给我电话。"

中方在会后认真研究了该方案，认为5%的降价不能接受，至少应该要降7%。如何能再谈判呢？中方调查了明天下午2:00是否有飞往意大利或欧洲的航班，结果没有。第二天早上10:00中方让翻译给该宾馆房间打电话，告诉他："昨天贵方改善的条件反映了贵方交易的诚意，我方表示赞赏。作为一种响应，我方也愿意改变条件，只要贵方降10%。"意方看到中方一步让了5%，觉得可以谈判了，于是希望马上与中方见面。中方赶到宾馆谈判并建议，在此之前双方各让了5%，最后一让也应该对等，建议将剩下5%的差距让一半，即以降价7.5%成交。最终意方同意了中方的建议。

解析：

（1）从讨价还价的步骤上看，双方把握得很好。先是意方报价，中方讨价；然后意方让步 3%，中方再讨价；意方不再让步，要求中方还价；中方于是狠狠一还，要求降价 15%。

（2）意方使用最后通牒策略的时机过早。第一，中方才第一次报价，意方就使用了最后通牒策略，显得缺乏诚意和耐心；第二，意方自己也才让步了一次 3%，远没有退让到自己的防御点。若中方一开始就引入强有力的竞争对手，意方所冒的风险就相当大。

（3）中方次日给宾馆打电话主动让步 5% 的做法过于软弱。既已知道意方是假通牒，意方可能正发愁该如何继续谈判呢，中方主动让步 5% 以求谈判继续没有必要。只要一个电话，意方必定同意接着谈判。

（4）中方赶到宾馆的做法不妥。意方希望马上与中方见面，就应该让意方赶过来，中方主动上门谈判会削弱己方的谈判实力和地位。

（5）中方主动建议将剩下 5% 的差距让一半的做法不妥。中方应该把相差 5% 的问题提出来，向意方征求解决的办法。若意方提出折中，各让 2.5%，那就对中方非常有利。中方此时应该告诉对方，己方没有那么多可让，现在只有 2.5% 的差距了，双方再努力一下就可以解决问题。意方为最后成交，相信会再做出让步，这样中方不必让 2.5% 了。

（资料来源于网络）

5. 阻止对方进攻的策略

（1）限制策略。

微课：阻止对方进攻策略

限制策略，是指在谈判中假借某种客观因素或条件的制约而无法满足对方的要求为由，坚定立场，阻止对方进攻，从而迫使对方做出让步的一种谈判策略。

①权力限制。

上司的授权、公司的政策以及交易的惯例限制了谈判人员所拥有的权力。一个谈判人员的权力受到限制后，可以很坦然地对对方的要求说"不"。如果你告诉对方"领导没给我这个权限，我答应不了"，那么对方就会意识到，在这件事上你不会怎么让步了。

②财政限制。

这是利用己方在财政方面所受的限制，向对方施加影响，达到防止其进攻目的的一种策略。例如，买方可能会说"我们很喜欢你们的产品，遗憾的是，公司预算只有这么多"。卖方则可能表示"我们成本就这么多，因此价格不能再低了"。向对方说明你的困难甚至面临的窘境，往往能取得比较好的效果。

③资料限制。

当对方要求就某一问题进一步解释时，己方可以用抱歉的口气告诉对方：实在对不起，有关这方面的详细资料己方手头暂时没有，或者没有备齐，因此暂时还不能做出答复。对方在听过这番话后，自然会暂时放下该问题，这就阻止了对方咄咄逼人的进攻。

④其他方面的限制。

其他方面的限制包括自然环境、人力资源、生产技术要求、时间等因素在内的限制，都可用来阻止对方的进攻。

经验表明，该策略使用的频率与效率是成反比的。限制策略运用过多，会使对方怀疑你的身份、能力及谈判诚意。如果对方认为你不具有谈判中主要问题的决策权，或缺乏谈判诚意就会失去与你谈判的兴趣。

（2）不开先例。

不开先例是指在谈判中，握有优势的当事人一方为了坚持和实现自己所提出的交易条件，以没有先例为由来拒绝让步促使对方就范、接受自己条件的一种强硬策略。

不开先例是拒绝对方又不伤面子的两全其美的好办法。例如，"你们这个报价，我方实在无法接受，因为我们这种型号产品售价一直是××元。""我们的最低批发价就是这个价，因此，对你们来讲也是一样。"

采用这一策略时，必须要注意不开先例是否属实。如果对方有事实证据表明，你只是对他不开先例，那就会弄巧成拙、适得其反了。

（3）示弱以求怜悯。

在一般情况下，人们总是同情弱者，不愿落井下石。示弱者在对方就某一问题提请让步、而其又无法以适当理由拒绝时，就装出一副可怜巴巴的样子，进行乞求。例如，若按对方要求去办公司必将破产倒闭，或是他本人就会被公司解雇等，要求对方高抬贵手，放弃要求。

示弱策略的使用要注意：弱于情理，给对方一个合情合理的理由，主动示弱，使用的次数与效果成反比。

（4）休会暂停。

谈判对手步步紧逼，己方无力招架时，可提请休会，避开对方锋芒，寻求应对之策。同时也可与对手私下沟通，调节谈判气氛。

任务 9.6　破解谈判的僵局

谈判僵局是指在商务谈判过程中，当双方对所谈问题的利益要求差距较大，各方又都不肯做出让步，导致双方因暂时不可调和的矛盾而形成的对峙，而使谈判呈现出一种不进不退的僵持局面。

微课：破解商务谈判僵局

僵局的出现不等于谈判的破裂，但僵局出现后对谈判双方的利益和情绪都会产生不良影响，不利于谈判协议的达成。谈判过程中难免会出现僵局，能否破解谈判僵局，就成为谈判能否继续进行下去的关键。

1. 僵局产生的原因

（1）立场观点的争执。

谈判各方各自坚持自己的立场观点而排斥对方的立场观点，形成僵持不下的局面。在谈判过程中如果双方对各自立场观点产生主观偏见，认为己方是正确合理的，而对方是错误的，并且谁也不肯放弃自己的立场观点，这往往会出现争执，陷入僵局。双方真正的利益需求被这种立场观点的争论所搅乱，而双方又为了维护自己的面子，不但不愿做出让步，反而用否定的语气指责对方，迫使对方改变立场观点，谈判就变成了不可相容的立场对立。谈判者出于对己方立场观点的维护心理往往会产生偏见，不能冷静尊重对方观点和客观事实。双方都固执己见排斥对方，而把利益忘在脑后，甚至为了捍卫立场观点的正确而以退出谈判相要挟。

这种僵局处理不好就会破坏谈判的合作气氛，浪费谈判时间，甚至伤害双方的感情，最终使谈判走向破裂的结局。立场观点争执所导致的僵局是比较常见的，因为人们很容易在谈判时陷入立场观点的争执不能自拔而使谈判陷入僵局。

(2) 面对强迫的反抗。

谈判一方向另一方施加强迫条件，被强迫一方越是受到逼迫，就越不退让，从而形成僵局。一方占有一定的优势，他们以优势者自居向对方提出不合理的交易条件，强迫对方接受，否则就威胁对方。被强迫一方出于维护自身利益或是维护尊严的需要，拒绝接受对方强加于己方的不合理条件，反抗对方强迫。这样双方僵持不下，使谈判陷入僵局。

(3) 信息沟通的障碍。

谈判过程是一个信息沟通的过程，只有双方信息实现正确、全面、顺畅的沟通，才能互相深入了解，才能正确把握和理解对方的利益和条件。但是实际上双方的信息沟通会遇到种种障碍，造成信息沟通受阻或失真，使双方产生对立，从而陷入僵局。

信息沟通障碍指双方在交流信息过程中由于主客观原因所造成的理解障碍。其主要表现为：由于双方文化背景差异所造成的观念障碍、习俗障碍、语言障碍，由于知识结构、教育程度的差异所造成的问题理解差异，由于心理、性格差异所造成的情感障碍；由于表达能力、表达方式的差异所造成的传播障碍，等等。信息沟通障碍使谈判双方不能准确、真实、全面地进行信息、观念、情感的沟通，甚至会产生误解和对立情绪，使谈判不能顺利进行下去。

(4) 谈判人员素质低下。

谈判者行为的失误常常会引起对方的不满，使其产生抵触情绪和强烈的对抗，使谈判陷入僵局。例如，个别谈判人员工作作风、礼节礼貌、言谈举止、谈判方法等方面出现严重失误，触犯了对方的尊严或利益，就会产生对立情绪，使谈判很难顺利进行下去，造成很难堪的局面。

(5) 偶发因素的干扰。

在商务谈判所经历的一段时间内有可能出现一些偶然发生的情况。当这些情况涉及谈判某一方的利益得失时，谈判就会由于这些偶发因素的干扰而陷入僵局。例如，在谈判期间外部环境发生突变，某一谈判方如果按原有条件谈判就会蒙受利益损失，于是他便推翻已做出的让步，从而引起对方的不满，使谈判陷入僵局。由于谈判不可能处于真空地带，谈判者随时都要根据外部环境的变化而调整自己的谈判策略和交易条件，因此这种僵局的出现也就不可避免了。

以上是造成谈判僵局的几种因素。谈判中出现僵局是很自然的事情，虽然人人都不希望出现僵局，但是出现僵局也并不可怕。面对僵局不要惊慌失措或情绪沮丧，更不要一味指责对方没有诚意，要弄清楚僵局产生的真实原因是什么，分歧点究竟是什么，谈判的形势怎样，然后运用有效的策略技巧突破僵局，使谈判顺利进行下去。

2. 僵局的处理原则

(1) 冷静地理智思考。

谈判者在处理僵局时，要能防止和克服过激情绪所带来的干扰。一名优秀的谈判者必须具备头脑冷静、心平气和的谈判素养。只有这样才能面对僵局而不慌乱。只有冷静思考，才能厘清头绪，正确分析问题，有效地解决问题。相反，靠拍桌子、踢椅子等冲动行事来处理僵局是于事无补的，反而会带来负面效应。

(2) 协调好双方的利益。

当双方在同一问题上发生尖锐对立，并且各自理由充足，均既无法说服对方，又不能接受对方的条件，从而使谈判陷入僵局时，应认真分析双方的利益所在，只有平衡好双方的利益才有可能破解僵局。让双方从各自的目前利益和长远利益两个方面来看问题，使双方的目前利益、长远利益做出调整，寻找双方都能接受的平衡点，最终达成谈判协议。因为如果都追求目前利益，可能都失去长远利益，这对双方都是不利的。只有双方都做出让步，以协调双方的关系，才能保证双方的利益都得到实现。

(3) 欢迎不同意见。

不同意见，既是谈判顺利进行的障碍，也是一种信号。它表明实质性的谈判已开始。如果谈判双方就不同意见互相沟通，最终达成一致意见，谈判就会成功在望。因此，作为一名谈判人员，不应对不同意见持拒绝和反对的态度；而应持欢迎和尊重的态度。这种态度会使我们能更加平心静气地倾听对方的意见，从而掌握更多的信息和资料，也体现了一名谈判者的宽广胸怀。

(4) 避免争吵。

争吵无助于矛盾的解决，只能使矛盾激化。如果谈判双方出现争吵，就会使双方对立情绪加重，从而很难破解僵局达成协议。即使一方在争吵中获胜，另一方无论从感情上还是心理上都很难持相同的意见，谈判仍有重重障碍。所以一名谈判高手是通过据理力争，而不是和别人大吵大嚷来解决问题的。

(5) 正确认识谈判的僵局。

许多谈判人员把僵局视为谈判失败，企图竭力避免它，在这种思想指导下，不是采取积极的措施加以缓和，而是消极躲避。在谈判开始之前，就祈求能顺利地与对方达成协议，完成交易，别出意外，别出麻烦。特别是当他负有与对方签约的使命时，这种心情就更为迫切。这样一来，为避免出现僵局，就事事、处处迁就对方，一旦陷入僵局，就会很快地失去信心和耐心，甚至怀疑起自己的判断力，对预先制订的计划也产生了动摇。这种思想阻碍谈判人员更好地运用谈判策略，结果可能会达成一个对己不利的协议。

应该看到，僵局出现对双方都不利。如果能正确认识，恰当处理，会变不利为有利。我们不赞成那种把僵局视为一种策略，运用它胁迫对手妥协的办法，但也不能一味地妥协退让。这样，不但僵局避免不了，还会使自己十分被动。只要具备勇气和耐心，在保全对方面子的前提下，灵活运用各种策略、技巧，僵局就不是攻克不了的堡垒。

(6) 语言适度。

语言适度指谈判者要向对方传播一些必要的信息，但又不透露己方的一些重要信息，同时积极倾听。这样不但和谈判对方进行了必要的沟通，而且可探出对方的动机和目的，形成对等的谈判气氛。

3. 破解僵局的方法

谈判出现僵局，就会影响谈判协议的达成。无疑，这是谈判人员都不愿看到的。因此，在双方都有诚意的谈判中，尽量避免出现僵局。但是，谈判本身又是双方利益的分配，是双方的讨价还价，僵局的出现也就不可避免。因此，仅从主观愿望上不愿出现谈判僵局是不够的，也是不现实的，必须正确认识、慎重对待、认真处理这一问题。要掌握处理谈判僵局的策略与技巧，从而更好地争取主动，为谈判协议的签订铺平道路。

(1) 回避分歧，转移议题破解僵局。

当双方对某一议题产生严重分歧都不愿意让步而陷入僵局时，一味地争辩并解决不了问题，可以采用回避有分歧的议题，换一个新的议题与对方谈判。

①可采取横向式的谈判。由于话题和利益间的关联性，当其他话题取得成功时，再回来谈陷入僵局的话题，便会比以前容易得多。

例如：在价格问题上双方互不相让，僵住了，可以先暂时搁置一旁，改谈交货期、付款方式等其他问题。如果在这些议题上对方感到满意了，再重新回过头来讨论价格问题，阻力就会小一些，商量的余地也更大些，从而弥合分歧，使谈判出现新的转机。

②激发热情，语言鼓励破解僵局。

当谈判出现僵局时，你可以用话语鼓励对方："看，许多问题都已解决了，现在就剩这一点了。如果不一并解决的话，那不就太可惜了吗？"这种说法，看似很平常，实际上却能鼓动人，发挥很大的作用。

③叙述旧情，强调双方的共同点。这就是通过回顾双方以往的合作历史，强调和突出共同点和合作的成果，以此来削弱彼此的对立情绪，以达到破解僵局的目的。

（2）多种方案，选择替代破解僵局。

俗话说得好，"条条大路通罗马"，在商务谈判上也是如此。如果双方仅仅采用一种方案进行谈判，当这种方案不能为双方同时接受时，就会形成僵局。实际上，谈判中往往存在多种满足双方利益的方案，在谈判准备期间就应该准备出多种可供选择的方案。一旦一种方案遇到障碍，就可以提供其他的备用方案供对方选择，使"山重水复疑无路"的局面转变成"柳暗花明又一村"的好形势。谁能够创造性提供可选择的方案，谁就能掌握谈判的主动权。当然这种替代方案要既能维护己方切身利益，又能兼顾对方的需求，才能使对方对替代方案感兴趣，进而从新的方案中寻找双方的共识。

同时也可以对一个方案中的某一部分采用不同的替代方法，如：另选商议的时间。例如，彼此再约定好重新商议的时间，以便讨论较难解决的问题，因为到那时也许会有更多的资料和更充分的理由。

（3）总结休会破解僵局。

当谈判出现僵局而一时无法用其他方法破解僵局时，可以采用冷调处理的方法，即暂时休会，也可以说是暂时休战。由于双方争执不下，情绪对立，很难冷静下来进行周密的思考。

休会策略不仅是谈判人员为了恢复体力、精力的一种生理需求，而且是谈判人员调节情绪、控制谈判过程、缓和谈判气氛、融洽双方关系的一种策略技巧。

（4）调解仲裁破解僵局。

当出现了比较严重的僵持局面时，彼此间的感情可能都受到了伤害。因此，即使一方提出缓和建议，另一方在感情上也难以接受。在这种情况下，最好寻找一个双方都能够接受的中间人作为调解人或仲裁人。

（5）更换谈判人员破解僵局。

谈判人员在争议问题时言语伤害了对方，或谈判人员的主张欠妥，使谈判陷入僵局，可调换人员。在这种情况下调换人员也常蕴含了向谈判对方致歉的意思，向对方发出信号：我方已做好了妥协、退让的准备，希望对方也能做出相应的灵活表示。

（6）利用"一揽子"交易破解僵局。

所谓"一揽子"交易，即向对方提出谈判方案时，好坏条件搭配在一起，像卖"三明治"一样，要卖一起卖，要同意一齐同意。往往有这种情况，卖方在报价里包含了可让与不可让的条件，所以向他还价时，可采用把高档与低档的价加在一起还的做法。比如把设备、备件、配套件三类价均分出 A、B、C 三个方案，这样报价时即可获得不同的利润指标。在价格谈判时，卖方应视谈判气氛、对方心理再妥协让步。作为还价的人也应如此，即把对方货物分成三档价，还价时取设备的 A 档价、备件 B 档价、配套件 C 档价，而不是都为 A 档价或 B 档价。这种方法的优点在于有吸引力，具有平衡性，对方易于接受，可以起突破僵局的作用。尽管在一次还价总额高的情况下该策略不一定有突破僵局的作用，但仍不失为一个合理还价的理由。

（7）有效退让破解僵局。

达到谈判目的的途径是多种多样的，谈判结果所体现的利益也是多方面的。有时谈判双方对某一方面的利益分割僵持不下，就轻易地宣告谈判破裂，这实在是不明智的。他们没有想到，其实只要在某些问题上稍做让步，而在另一些方面就能争取更好的条件。这种辩证的思路是一个成熟的商务谈判者应该具备的。

就拿从国外购买设备的合作谈判来看，有些谈判者常常因价格分歧，而不欢而散，至于诸如设备功能、交货时间、运输条件、付款方式等尚未涉及，就匆匆地退出了谈判。事实上，购货一方有时可以考虑接受稍高的价格，然而在购货条件方面，就更有理由向对方提出更多的要求，如增加若干功能，或缩短交货期，或者在规定的年限内。

（8）适当馈赠破解僵局。

谈判者在相互交往的过程中，适当地互赠些礼品，会对增进双方的友谊、沟通双方的感情起到一定的作用，也是普通的社交礼仪。西方学者幽默地称之为"润滑策略"。每一个精明的谈判者都知道：给予对方热情的接待、良好的照顾和服务，对于谈判往往产生重大的影响。它对于防止谈判出现僵局是一个行之有效的途径，这就等于直接明确地向对手表示"友情第一"。

（9）场外沟通破解僵局。

谈判会场外沟通亦称"场外交易""会下交易"等。它是一种非正式谈判，双方可以无拘无束地交换意见，达到沟通、消除障碍、避免出现僵局之目的。对于正式谈判出现的僵局，同样可以用场外沟通的途径直接进行解释，消除隔阂。

采用场外沟通策略的时机有以下几点。

①谈判双方在正式会谈中，相持不下，即将陷入僵局。彼此虽有求和之心，但在谈判桌上碍于面子，难以启齿。

②当谈判陷入僵局时，谈判双方或一方的幕后主持人希望借助非正式的场合进行私下商谈，从而缓解僵局。

③谈判双方的代表因为身份问题，不宜在谈判桌上让步以破解僵局，但是可以借助私下交谈破解僵局，这样又可不牵扯到身份问题。例如：谈判的领导者不是专家，但实际做决定的却是专家。这样，在非正式场合，专家就可以因为身份问题而出面从容商谈，破解僵局。

④谈判对手在正式场合严肃、固执、傲慢、自负、喜好奉承。这样，在非正式场合给予其恰当的恭维（因为恭维别人不宜在谈判桌上进行），就有可能使其做较大的让步，以破解僵局。

⑤谈判对手喜好郊游、娱乐。这样，在谈判桌上谈不成的东西，在郊游和娱乐的场合就有可能谈成，从而破解僵局，达成有利于己方的协议。

（10）以硬碰硬破解僵局。

当对方通过制造僵局，给你施加太大压力时，妥协退让已无法满足对方的欲望，应采用以硬碰硬的办法向对方反击，让对方自动放弃过高要求。比如，揭露对方制造僵局的用心，让对方自己放弃所要求的条件。有些谈判对手便会自动降低自己的要求，使谈判得以进行下去。也可以离开谈判桌，以显示自己的强硬立场。如果对方想与你谈成这笔生意，他们会再来找你；这时，他们的要求就会改变，谈判的主动权就掌握在了你的手里。如果对方不来找你也不可惜，因为如果自己继续同对方谈判，只能使自己的利益降到最低点；这样，谈成还不如谈不成。

（11）幽默法破解僵局。

当谈判中出现双方争执不下或出现尴尬局面的时候，谈判者可采用幽默的方式缓解紧张气氛，从而避免矛盾的激化。

案例链接

柯伦泰"鲱鱼"谈判

有一段时期，苏联与挪威曾经就购买挪威鲱鱼进行了长时间的谈判。在谈判中，深知贸易谈判诀窍的挪威人，开价高得出奇。苏联的谈判代表与挪威人进行了艰苦的讨价还价，挪威人就是坚持不让步。谈判进行了一轮又一轮，代表换了一个又一个，还是没有结果。为了解决这一贸易难题，苏联政府派柯伦泰为全权贸易代表。柯伦泰面对挪威人报出的高价，针锋相对地还了一个极低的价格，谈判像以往一样陷入僵局。挪威人并不在乎僵局。因为不管怎样，苏联人要吃鲱鱼，就得找他们买，那是"姜太公钓鱼，愿者上钩"。而柯伦泰是拖不起也让不起，而且还非成功不可。情急之余，柯伦泰使用了幽默法来拒绝挪威人。她对挪威人说："好吧！我同意你们提出的价格。如果我的政府不同意这个价格，我愿意用自己的工资来支付差额。但是，这自然要分期付款。"堂堂的绅士能把女士逼到这种地步吗？所以，在忍不住一笑之余，挪威谈判人员就一致同意将鲱鱼的价格降到一定标准。柯伦泰用幽默法完成了她的前任历尽千辛万苦也未能完成的工作。

（资料来源：周海涛．商务谈判成功技巧．北京：中国纺织出版社，2006）

（12）以理服人破解僵局。

以理服人是指用充分的有关依据、资料，用理性温和的语言和严密的逻辑推理来影响和说服对方，从而缓和关系，打破僵局。此法在运用时要考虑对方的情感和面子，严禁说教。

（13）视而不见破解僵局。

对态度强硬的谈判对手，尽可能漠视他的态度，不予理睬，对于已经出现的僵局视而不见，当没有发生过，继续进行谈判。

案例链接

节外生枝

有一个智者和主妇的故事：在俄罗斯农村有一个4口之家，主人、主妇和他们的子女快乐地住在一所小房子里。后来，主人的父母年纪大了搬来和他们一起居住。因为房子小，大家挤在一起住起来很不舒服。主妇去请教智者，问该怎么办。智者叫她把母牛牵到屋里和他们一起住。过了3天，主妇去找智者，说现在更糟糕了，母牛在屋子里一动，5个人都得跟着动。智者叫他把两只母鸡也放到屋里。又过了3天，主妇到智者那里抱怨说，屋子里到处飞满了鸡毛，简直挤得受不了。智者先叫她把母牛牵出去。3天后，智者问主妇过得怎样。主妇说感觉舒服许多。智者叫她把母鸡也赶出去。从此以后，主妇全家5口人在小房子里舒服而又快乐地生活着。

解析： 在谈判中，有时可以故意节外生枝，提出一些似是而非的要求，给对方制造一些小麻烦。比如同意对方派遣技术专家，却又提出要求对方负担专家家属的全部费用。这就好比是突然牵来了一头母牛，以后你就可以把牵走的母牛作为你在谈判中的让步。当你把母牛牵走时，对方一定会大大松一口气，把这当成向领导汇报的成绩。而对你来说毫无损失，你不过是把牵来的牛又拉走而已。谈判中满足感十分重要，并不在于你真正的让步有多大，而在于对方的满意度。

项目小结

狭义的报价指谈判一方向另一方报出商品交易价格。报价受市场行情、产品成本、谈判者需求、交易性质、支付方式等诸多因素影响，应根据具体情况全面分析。报价应遵循确定底线、留有空间、合理适度、灵活变通原则，注意报价策略与技巧的运用。

价格解释是指报价方就其报价的依据、计算方式等所做的介绍说明或解答。价格解释必须遵守不问不答、有问必答、避虚就实、能言不书的原则。

价格评论是指对交易一方所报价格及其解释的评析和论述。价格评论的原则是针锋相对，以理服人。

讨价是指谈判中一方在首先报价并进行价格解释之后，对方如认为离自己的期望目标太远，或不符合自己的期望目标，则在价格评论的基础上要求对方改变报价的行为。讨价技巧为以理服人、强调额外利益、控制次数。

还价是指谈判一方根据对方的报价和自己的谈判目标，主动或应对方要求提出己方的价格条件。还价有总体还价、分项还价的方式。还价应注意遵循摸清对方报价、在双方价格协议区间内、综合权衡的原则，还应注意还价技巧的运用。

谈判中讨价还价的过程就是让步的过程，只有在价格磋商中相互让步，经过多轮的讨价还价互相靠拢，才能最终实现交易目标。让步策略与阻挡对手进攻策略在让步中应配合运用。

沟通的障碍、观点的争执、对强迫的反抗等因素均会导致谈判僵局的产生。处理僵局的原则是冷静地理性思考、协调好双方的利益、语言适度、避免争吵。

谈判要掌握拒绝的技巧，拒绝首先要明确拒绝的内容，再采取恰当的方式。

同步综合实训

一、知识夯实闯关考验

1. 多选题

1）"你们的产品如果我方一次性大批量采购100吨，你方的价格是多少？"这种还价技巧是（   ）。

   A. 投石问路   B. 先造势后还价   C. 积少成多

   D. 感情投资   E. 吹毛求疵

2）商务谈判讨价方式有哪些？（   ）。

   A. 笼统讨价   B. 具体讨价   C. 分步讨价   D. 全部讨价

3）在讨论还价中阻止对方进攻的策略（   ）。

   A. 限制策略   B. 不开先例   C. 示弱以求怜悯   D. 休会

2. 判断题

1）报价要坚定而果断地提出，没有保留，毫不犹豫。（   ）

2）还价，是指谈判一方根据对方的报价和自己的谈判目标，主动或应对方要求提出己方的价格条件。（   ）

二、技能提升综合实训

1. 案例分析

案例1

最后的友谊

在20世纪80年代，中日出口钢材谈判中，尽管我方提出了合理报价，经过反复磋商，仍未与日方达成协议，眼看谈判要不欢而散。我方代表并没有责怪对方，而是用一种委婉谦逊的口气，向日方道歉："你们这次来中国，我们照顾不周，请多包涵。虽然这次谈判没有取得成功，但在这十几天里，我们却建立了深厚的友谊。协议没达成，我们不怪你们，你们的权限毕竟有限，希望你们回去能及时把情况反映给你们总经理，谈判的大门随时向你们敞开。"日方谈判代表原认为一旦谈判失败，中方一定会给予冷遇，没想到中方在付出巨大努力而未果的情况下，一如既往地给予热情的招待，非常感动。回国后，他们经过反复核算，多方了解行情，认为我方提出的报价是合理的。后来主动向我方投来"绣球"，在中日双方的共同努力下，第二次谈判取得了圆满成功。

案例分析：在多数谈判人员带有一种签约式的谈判观念，即他们把通过谈判而成功签订合约作为最终目标，而不是作为一项合作项目的开始，这种观念很容易带来的一个问题就是谈判中过于重视眼前利益；而把签约作为建立长期健康合作关系的开始，则会使双方有更多的让步空间，并且使双方更加注重合作的重要性。

在本案例中，由于我方重视长期的合作，所以能够明智的对待本次谈判的"失败"，并最终利用这次谈判的"失败"，促成了最终谈判的成功。

案例2

以友为敌下台阶

有一次，中、美两家公司进行贸易谈判。美方代表依仗自己的技术优势，气焰嚣张地提出非常苛刻的条件让中方无法接受，谈判陷入僵持状态，无法继续进行下去了。这时，美国代表团中的一位青年代表约翰·史密斯先生站起来说:"我看,中方代表的意见有一定的道理,我们可以考虑。"美方首席代表对这突如其来的内部意见感到十分恼火,对约翰说:"你马上给我出去!"约翰只得退出会场。这时谈判会场更是乌云密布,会谈随时都会破裂。但此时美方的另一位代表向首席代表进言说:"是不是考虑一下,约翰说得也有些道理。"美方首席代表皱着眉头很勉强地点了点头。中方代表看见对方有些松动,就做了一些小让步,使会谈继续下去,取得了较好的结果。

案例分析:人们在为史密斯先生抱屈的时候是否想到,这一切都是美方预先设计好的策略。在表面上美方首席代表好像把自己人约翰·史密斯当成了敌人,但他的实际目的是利用这枚棋子,使谈判在破裂的边缘上及时止步并使中方自愿做出进一步的让步。

(资料来源 https:///wenku.baidu.com/view/dc1751d726fff705cc170a3e.html)

2. 课下实战训练

实训:购买以列明购买清单的物品,亲自与售货员进行谈判磋商,运用所学策略和技巧进行讨价还价,总结经验。

【实训目标】

通过实际的购物谈判活动,加深对商务谈判特征、要素、过程、内容的理解,并形成以成功商务谈判标准要求自己谈判行为的意识,并树立谈判双赢理念。

【实训内容】

以小组为单位,选择确定拟购买的商品,通过与对方谈判达成交易,总结谈判体会。

【实训步骤】

(1) 小组讨论确定要购买的商品(商品品种不限,可以是日常生活用品,也可以是代购物产品)。

(2) 初步调查市场,选择确定谈判对象。

(3) 分析谈判对手心理及寻求的利益。

(4) 小组讨论制订谈判计划。

(5) 与谈判对象展开谈判。

(6) 完成 600~800 字的总结。

(7) 课堂交流,教师点评。

【成果形式】

(1) 谈判过程记录影像。

(2) ×××商品购买谈判总结报告。

【实训考核】

小组实训成绩评分表

实训小组:_____   实训名称:_____

实训评价考核内容	考核标准	分项评分	得分
实训准备	市场调查充分 对谈判对手分析透彻	20	

续表

实训评价考核内容	考核标准		分项评分	得分
谈判表现	态度镇定 动作得体 随机应变 协调配合 意志顽强 表达清晰		25	
总结报告质量	语言流畅 内容完整 观点正确 条理清晰 制作精美		25	
交流讨论表现	代言人	仪表整洁端庄 举止动作得体 阳光自信 声音洪亮 表达流利 富有吸引力	15	
	团队	组员相互协作配合 积极主动回答提问	15	
总成绩				
教师评语			签名： 年 月 日	
学生意见			签名： 年 月 日	

 自我领悟微语录

_____

_____

_____

项目十　商务谈判终结

学习目标

知识目标：
掌握谈判结局的策略和技巧。

能力目标：
能抓住时机，采取适当方式结束谈判。

素质目标：
培养谈判人员树立自信心和双赢理念。
培养创新精神、进取态度和竞争意识。
培养团队合作精神，不怕挫折，勇于承担责任。
培养诚信敬业、协调沟通和随机应变能力。

重点和难点

重点：
本项目中的重点是商务谈判结局阶段策略的掌握。

难点：
本项目的难点是能采取适当方式结束谈判，达到谈判预期目标。

项目引例

×公司谈判成功的原因是什么？

中国×公司到迪拜与阿拉伯Y公司谈判出口纺织品的交易。中方给阿方提供了报价条件，阿方说需研究，约定次日早9：30到某饭店咖啡厅谈判。9：20，中方小组到了阿方指定的饭店，等到10点还未见阿方人影，咖啡已喝了好几杯。这时有人建议："走吧！"，有人抱怨："太过分了"，组长讲"既按约到此，就等下去吧"！一直等到10：30，阿方人员才晃晃悠悠到来，一见中方人员就高兴地握手致敬，但未讲一句道歉的话。

阿方要求中方降价，中方组长让阿语翻译告诉对方："我们按约定时间来此地，已等了一个小时，桌上咖啡杯的数量可以作证，我们诚心与你们做生意，价格不会虚（尽管留有余地），如贵方有意见，请将出具体方案来。"

对方笑了笑说："我昨天睡得太晚了，我们认为贵方谈判条件仍难以接受"。尽管中方做了多方面解释，阿方仍坚持中方降价，中方组长建议认真考虑后再谈。阿方代表沉思后，提出下午3：30到他家来谈。

下午3：30，中方小组准时到了阿方代表家，并带了几件高档丝绸衣料作礼品，在对方西式的客厅坐下后，阿方代表招来他的夫人与客人见面。其妻脸上没有阿拉伯妇女平时脸上佩戴的面罩，中方组长让阿语翻译表示问候并送上事先准备好的礼品。阿方代表夫人很高兴，见过面后，就退下去了。

中方人员借此气氛将新的价格条件告诉阿方代表，听完条件后即表示："不管新条件如何，贵方说研究，就拿出了新条件，我佩服贵方信誉好！"于是他也顺口讲出了自己的条件。

中方一听该条件虽与自己的新方案仍有距离但已进入成交线，翻译看着组长，组长很自然地说："贵方也很讲信用，研究了新方案，但看起来双方还有差距，怎么办呢？我有个建议，既然来到你的家，我们也不好意思只让你让步，我们一起让步如何？"阿方代表看了中方组长一眼说："可以考虑，但价格以外的条件呢？"中方组长："我们可以先谈其他条件，然后再谈价格。"于是，双方又把合同的产品规格、交货期等过了一遍，加以确认和订正。

阿方代表说："好吧，我们折中让步吧！将刚才贵方的报价与我的报价进行折中成交！"中方组长说："贵方的折中是个很好的建议，不过该条件对我方还是过高，我建议将贵方同意的折中价格与我方刚才的价格折中并以此成交。"阿方代表大笑，说："贵方真能讨价还价，看在贵方早上等我一个小时的诚意上，我同意！"

（资料来源，由作者根据相关资料改写）

解析： 中方正视了阿拉伯文化的特征尊重了对方习俗，虽然被"迟到"而怠慢，但由此却获得信任，阿方代表邀请中方谈判小组去家里，此举有三个信息：一是他接纳了中方作为朋友，二是他亦有交易的诚意，三是他改变谈判环境确保中方对报价有所改善。双方均表现了互谅互让的交易精神，而且在折中的运用上，各自的理由恰到好处，出师亦有名，双方最后的表态既在理又大气，这个结局也是较为成功的谈判典型。

实训任务清单

任务情境	长春博雅会议会展服务有限公司（简称博雅公司），是一家集会议接待、展览展示、商务考察、票务为一体的综合性服务公司。 2014年1月7日，市政府第13次常务会议通过了《长春市机动车驾驶员培训管理办法》，该办法于3月1日起施行。2013年12月26日，市政府第12次常务会议通过了《长春市汽车租赁管理办法》，该办法于2014年2月1日起施行。这两个办法的实施，将对城市机动车驾驶员培训行业、汽车租赁行业进一步规范和发展，起到积极的促进和推动作用。 为贯彻落实好这两个办法，经市政府批准，市法制办、市交通运输局于2014年2月26日在长春市政府新闻中心召开了《长春市机动车驾驶员培训管理办法》《长春市汽车租赁管理办法》颁布实施新闻发布会。 现在，长春市政新闻中心拟将本次专题新闻发布会的筹办工作外包，现与博雅公司商务代表就筹办新闻发布会进行谈判
任务要求	博雅公司的商务代表完成与长春市政新闻中心工作人员，就筹办新闻发布会进行商务谈判。公司决定派王天一领队完成任务

续表

任务实施步骤	
步骤1	根据谈判对象,王天一挑选组员,组建谈判团队,任务分工,明确目标
步骤2	以小组为单位,搜集对方相关信息并做好谈判前的筹备工作
步骤3	模拟谈判,包含商务谈判的开局、磋商过程,并确定最终的谈判结果
步骤4	双方小组总结汇报

任务评价和成绩评定					
任务评价考核内容	考核要求及评分标准	分值	成绩评定(分制)		
			自评(%)	互评(%)	师评(%)
任务分工	人员选择合适	10			
	分工明确	10			
模拟谈判	谈判步骤完整	20			
	谈判内容设定合理	20			
仪态仪表	声音洪亮、充满自信	10			
	衣着正式、无小动作	10			
团队合作	合作完成	20			

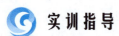

实训指导

任务10.1　商务谈判终结方式

微课:商务谈判终结阶段策略

商务谈判结束的方式存在3种:成交、中止和破裂。

(1)成交。

成交就是谈判双方达成协议,交易得到实现。成交的前提是双方对交易条件经过多次磋商达成共识,对全部或绝大部分问题没有实质上的分歧。

(2)中止。

中止是谈判双方因为某种原因未能达成全部或部分成交协议而由双方约定或单方要求暂时终结谈判的方式。中止谈判如果是发生在整个谈判进入最后阶段,在解决最后分歧时发生中止,就是终局性中止,并且作为一种谈判结束的方式被采用。

谈判中止的两种类型:客观性谈判中止与主观性谈判中止。

①客观性谈判中止。客观性谈判中止是指谈判各方在谈判过程中,由于阻碍谈判成功的客观原因,导致谈判不能达成协议而暂时中止谈判。

②主观性谈判中止。主观性谈判中止是指谈判各方在谈判中由于意见分歧而暂时中断谈判。如果谈判出现了主观性谈判中止,应正确分析原因,根据己方的需要,采取措施,重新谈判。破解主观性谈判中止包括以下3种方法。

a. 击中要害。当主观性谈判中止出现之后，谈判人员应找准原因，直接陈述利害，说服对方真诚地回到共同寻求解决问题的途径上来。注意在语言的运用上不可刺激对方，以防对方弄假成真。

b. 以毒攻毒。谈判人员如果确定是主观性谈判中止，并坚信对方不会放弃谈判，便可采取"以其人之道，还治其人之身"的方法。即以同样的理由宣布放弃谈判，以示绝不让步的强硬立场，迫使对方态度缓和，重新回到谈判桌前。

c. 找台阶。当谈判陷入主观性谈判中止时，导致这一局面的一方，由于心理和其他因素影响，一时很难放下面子，采取主动重新进行谈判。这时，破解谈判中止的方法就是主动为对方寻找下台的台阶，以便能够顺水推舟。

（3）破裂。

谈判破裂是因为谈判双方分歧严重而导致交易的失败。谈判破裂是商务谈判不可避免的现象。明智的谈判者在谈判破裂的情况下，均应争取友好破裂，避免愤然破裂。

①友好破裂。

友好破裂是指谈判双方在互相体谅对方困难的情况下结束谈判的做法。也就是谈判者通常所讲的"买卖不成仁义在"。在谈判手法上，让破裂成为一种自然结果，让对方没有误解。友好破裂的基础是相互理解、尊重、客观、留有余地。

②愤然破裂。

愤然破裂是指谈判双方在一种不冷静的情绪中结束未达成一致的谈判。导致愤然破裂的原因有：双方条件差距很大，互相指责对方；一方以高压方式强迫对手接受交易条件；对对方的态度、行为强烈不满，情绪激愤等。

无论哪种原因，除非是谈判策略的运用，否则愤然破裂对谈判的重建都是十分不利的，谈判中应尽量避免。

任务10.2 终结前应注意的问题

10.2.1 回顾总结前阶段的谈判

在交易达成的会谈之前，应进行最后的回顾和总结。其主要内容有以下几点。

（1）是否所有的内容都已谈妥，是否还有一些未能解决的问题，以及对这些问题的最后处理方案。

（2）所有交易条件的谈判结果是否已经达到己方期望的交易结果或谈判目标。

（3）最后让步的项目和幅度。

（4）采用何种特殊的结尾技巧。

（5）着手安排交易记录事宜。

回顾的时间和形式取决于谈判的规模。它可以安排在一天谈判结束后的休息时间里，也可安排在一个正式会议上。谈判者在对谈判的基本内容回顾总结之后就要对全面交易条件进行最后确定，双方都需要做最终的报价和最后的让步。

10.2.2 最终报价及最后让步

（1）最终报价。

最终报价时，谈判者要非常谨慎。因为报价过早会被对方认为还有可能做让步，因而对方会继续等待再获取利益的机会。报价过晚对局面已不起作用或影响太小。为了选好时机最好把最后的让步分成两步走：主要让步在最后期限之前提出，刚好给对方留下一定的时间回顾和考虑；如果有必要的话，次要让步应作为最后的甜头，安排在最后时刻做出。

（2）最后让步。

商务谈判中应严格把握最后让步的幅度。

最后让步幅度大小必须足以成为预示最后成交的标志。在决定最后让步幅度时，主要看对方接受让步的这个人在其组织中的级别。合适的让步幅度是：对职位较高的人刚好满足他维护其地位和尊严的需要；对职位较低的人，以使对方的上司不至于指责他未能坚持为度。

最后的让步与要求同时存在。除非己方的让步是全面接受对方的最后要求，否则必须让对方知道，不管己方在做出最后让步之前，还是在做出最后让步的全过程中，都希望对方予以响应，做出相应的让步。谈判者向对方发出这种信号的方法是：谈判者做出让步时，可示意对方这是他本人的意思，这个让步很可能使自己受到上级的批评，所以要求对方予以相应的回报；不直接给予让步，而是指出虽然他愿意这样做，但要以对方的让步作为交换。

（3）谈判记录及整理。

在谈判中，双方一般都要做洽谈记录。重要的内容要点应交换整理成简报或纪要，向双方公布，这样可以确保协议不致以后被撕毁。因为，这种文件具有一定的法律效力，在以后可能发生的纠纷中尤为重要。

在一项长期而复杂、有时甚至要延伸到若干次会议的大型谈判中，每当一个问题谈妥之时，都需要通读双方的记录，查对是否一致，不应存在任何含混不清的地方，这在激烈的谈判中尤为重要。

一般谈判者都争取己方做记录，因为谁保存记录，谁就掌握一定的主动权。如果对方向己方出示其会谈记录，那就必须认真检查、核实。

在签约前，谈判者必须对双方的谈判记录进行核实。一是核实双方的洽谈记录是否一致，二是要查对双方洽谈记录的重点是否突出、正确。检查之后的记录是起草书面协议的主要依据。

任务 10.3　谈判结束阶段策略

10.3.1　暗示对方

在谈判即将结束的时候，抓住最佳时机向对方发出信号，暗示对方尽快结束谈判。常见的谈判成交暗示信号主要有以下几种。

（1）一再向对方保证，现在结束是对对方最有利的，并告诉对方一些理由。

（2）谈判人员在阐明自己的立场时，完全是一种最后决定的语调，坐直身体，双臂交叉，文件放在一起，两眼盯着对方，不卑不亢，态度坦然。

（3）回答对方的任何问题尽可能简单，常常只回答一个"是"或"否"，使用短语，很少谈论据，表明确实没有折中的余地。

（4）谈判人员用最少的言辞阐明自己的立场，话语中表达出一定的承诺，而且没有讥诈的成分。如"好了，这就是我最后的主张，现在就看你的了"。

10.3.2 场外交易

　　场外交易策略是指当谈判进入结束阶段，双方将最后遗留的个别问题的分歧意见放下，东道主一方安排一些旅游、酒宴、娱乐项目，以缓解谈判气氛，争取达成协议的做法。在谈判后期，如果仍然把个别分歧问题摆到谈判桌上来商讨，往往难以达成协议，原因是有以下几点。

　　（1）经过长时间的谈判，人们已感到很厌烦，继续严肃地谈下去不仅影响谈判人员的情绪，而且还会影响谈判协商的结果。

　　（2）谈判桌上紧张、激烈、对立的气氛及情绪迫使谈判人员自然地去争取对方让步，让步方会认为丢了面子，可能会被对方视为投降或战败方。

　　（3）即使某一方主谈人或领导人头脑很清楚冷静，认为做出适当的让步以求尽快达成协议是符合己方利益的，但因同伴态度坚决、情绪激昂而难以当场做出让步的决定。

　　场外轻松、友好、融洽的气氛和情绪则很容易缓和双方剑拔弩张的紧张局面，轻松自在地谈论自己感兴趣的话题、交流私人感情，从而有助于化解谈判桌上遗留的问题，双方往往也会最大限度地相互做出让步而促成协议。

　　【特别提示】

　　需要指出的是，场外交易的运用，一定要注意谈判对手的不同习惯。有些国家的商人忌讳在酒席上谈生意，所以必须事先弄清楚，以防弄巧成拙。

10.3.3 最后让步

　　磋商阶段已消除了达成协议的主要障碍，但还要在最终协议以前，对交易条件尚存在的其他问题进行协调，做最后的让步。通常谈判人员在做最后的让步时应注意以下几个问题。

　　（1）让步时间的选择。

　　正确选择最后让步的时机，不宜太匆忙。最好把最后让步分两次进行，将重要的让步放在前面，作为成交的最后助推手段，希望得到对方的积极响应；将次要的让步放在最后时刻，作为成交的"礼物"。

　　（2）让步幅度的掌握。

　　最后的让步幅度不宜太大，否则对方会认为还有让步的余地，引起不必要的波折。但也不宜太小，否则影响不大，难以奏效。应该是既与前面的让步幅度相衔接，又使让步幅度推动最后成交。

　　（3）让步与要求同时提出。

　　在商务谈判中，谈判人员做出最后的让步时指出己方愿意这样做，但要以对方的让步作为交换。

　　【特别提示】

　　做出最后的让步后，谈判人员必须保持坚定，因为对方会想方设法来验证己方立场的坚定性，判断该让步是否是真正的终局或是最后的让步。

10.3.4 不遗余"利"

　　通常，在双方将交易的内容、条件大致确定，即将签约的时候，精明的谈判人员往往还要利用最后的机会，争取最后的一点收获。

在结束阶段取得最后利益的常规做法是：在签约之前，突然提出一个小小的请求，要求对方再让出一点点。由于谈判已进展到签约的阶段，谈判人员已付出很大的代价，也不愿为这一点点小利而伤了友谊，更不愿为这点小利而重新回到磋商阶段，因此，往往会很快答应这个请求，尽快签约。

10.3.5 总体条件交换

双方谈判临近预定谈判结束时间或阶段时，以各自的条件做整体的进退交换以求达成协议。双方谈判内容涉及许多项目，在每一个项目上已经进行了多次磋商和讨价还价。经过多个回合谈判后，双方可以将全部条件通盘考虑，做"一揽子"交易。例如，涉及多个内容的成套项目交易谈判、多种技术服务谈判、多种货物买卖谈判，可以统筹全局，总体一次性进行条件交换，使谈判进入终结阶段。

10.3.6 金蝉脱壳

该策略是以各种理由为借故，如经请示上级领导不同意按已谈妥的条件签合同等，拒绝签订合同，或提出重新谈判的建议或退出谈判。

该策略是谈判下策，可以作为避免签订严重不利于本方利益合同的一种手段，或出于特殊原因，需要退出此次谈判的措施，但其会有损于己方的商业信誉与形象。

该策略须审慎使用，切不可滥用。只有在市场发生了极大的变化，原来所谈交易条件无法履行或履行后须付出巨大代价的情况下，才选用此下策。实施此策略时要向对方深表歉意与遗憾，并拿出合理的理由和证据；要相机行事，果断退出。

【特别提示】

在商务谈判即将签约的时候，可谓大功告成，这时己方一定要注意为对方庆贺，赞赏对方杰出的谈判表现和取得的利益。相反，千万不要只顾自己高兴，喜形于色或用讥讽的语气与对方交谈，这纯属自找麻烦。因为如果己方这样做了，对方可能会推翻议定内容或突然提出其他要求而停止签约。

案例链接

售楼老板的让步技巧

一位年轻的先生谈起他买房子的经验。当他和售楼小姐杀价到590万，还想再往下杀时，对方的老板亲自出马了。这时买方就开始嫌弃了，嫌房子颜色不对、梁柱不对称等。俗话说，会嫌货的才是会买货的。那老板也心知肚明，后来同意以580万交房，但有一个条件就是必须当场做决定。

买方说要回去考虑考虑，毕竟买房子花的不是小钱。但老板很坚决，如果他回去了，隔天再来，还想再杀价，那就免谈。也就是说出了这个门再回来，价钱就回到590万，绝不二价！

因为买方嫌东嫌西，而老板已经照买方的要求减价了，如果还不买，出了这个门，就不是理想的买主了，老板要买方自己想清楚。

看起来，老板的要求似乎一点也不过分。于是，这位先生迫于情势，当场决定买下来。

事后他和朋友说起这件事，问为什么那老板不让他爽呢？朋友问他，你买这个房子后悔吗？他说，不后悔！朋友问，那贵吗？他说，不贵，附近的房子都要价六七百万，这房子质量好、价钱优。但因为始终有被老板强迫的感觉，虽然买了，却总觉得老板的方法不妥，使他心里老有疙瘩。

朋友最后说，他为什么要让你爽呢？对买方来讲，到底务实重要，还是面子重要？

项目小结

谈判结束可根据交易条件、谈判时间来判定，谈判结束可采取相应策略以达到最终目的。

商务谈判结束的方式存在3种：成交、中止和破裂。

商务谈判终结前应注意的问题：要回顾总结前阶段的谈判，对最终报价及最后让步，对谈判记录及整理。

在商务谈判即将签约的时候，可谓大功告成，要注意为对方庆贺，赞赏对方杰出的谈判表现和取得的利益。

同步综合实训

一、知识夯实闯关考验

1. 多选题

1）商务谈判结束的方式包括（　　）。

A. 成交　　　　　　B. 中止　　　　　　C. 破裂　　　　　　D. 终止

2）谈判结束阶段策略（　　）。

A. 暗示对方　　　　B. 场外交易　　　　C. 最后让步

D. 不遗余"利"　　 E. 金蝉脱壳　　　　F. 总体条件交换

2. 判断题

1. 谈判结束的方式中破裂分为友好破裂和愤然破裂两种。（　　）

2. 在谈判结束时采取最后让步策略时，我们要做好三个方面：让步时间的选择、让步幅度的掌握、让步与要求同时提出。（　　）

二、技能提升综合实训

1. 案例分析

小陈的"泄密"

小陈就公司一重要项目已经和对方谈了一礼拜了，对方是个谈判的老手，总是在不断地试探他的底线，迟迟不做决定，可是公司却希望早点谈出结果来。

小陈左思右想，如果要很快出结果就要做出巨大让步，这不符合公司利益；可不做巨大让步对方就会不断试探底线，往下压价，速度就快不起来。

突然，小陈灵光一闪，想出了一个主意。第二天，小陈又如约参加谈判，临走前叮嘱公司的同事在谈判进行一小时后打他手机。谈判开始后，小陈主动做出了一些让步，对方一看，事情出现了转机，立刻紧紧跟上，不断压价。小陈做出为难样子，摊开一份文件看了起来，沉吟半响，欲语还休。对方正要继续施加压力的时候，小陈的手机响了，他合上文件，到室外接电话去了。对手趁机打开文件，发现是头一天公司关于这一项目下的指示，明确标出了底线，规定小陈必须在两天内结束谈判。文件上的数字几经涂改，显然是在开会时大家不断推敲的结果。等小陈回来后，对方直接将价格压到了公司指示的底价上，小陈几经争取，对方也坚决不让步，并以破局威胁，小陈只好无奈地签署了协议。其实，所谓的文件根本就是小陈自己做出来故意给对方看的。

2. 课下实战训练

购物谈判的总结

【实训目标】

购买已列明购买清单的物品，与售货员的谈判进行终结处理，结束本次谈判，盘点谈判争取的收益，总结经验。

【实训内容】

以小组为单位，购买已列明购买清单的物品，通过与对方谈判达成交易，总结谈判经验。

【实训步骤】

（1）小组根据已列明的购买清单（商品品种不限，可以是日常生活用品，也可以是代购物产品）进行商品购买。

（2）与售货员确定报价。

（3）从商务谈判角度进行讨价还价。

（4）可以做适当的谈判让步，破解僵局。

（5）实践本节课学习的谈判结束阶段策略，成功购买。

（6）总结经验，分析完成600~800字的总结。

（7）课堂交流，教师点评。

【成果形式】

（1）购买及谈判过程记录影像。

（2）×××商品购买谈判经验总结报告。

【实训考核】

小组实训成绩评分表

实训小组：＿＿＿＿＿＿＿＿＿＿　　　　　　　实训名称：＿＿＿＿＿＿＿＿＿＿

实训评价考核内容	考核标准	分项评分	得分
实训准备	市场调查充分 对谈判商品价格背景了解透彻	20	
谈判表现	态度镇定 动作得体 随机应变 协调配合 意志顽强 表达清晰	25	
总结报告质量	语言流畅 内容完整 观点正确 条理清晰 制作精美	25	
交流讨论表现　代言人	仪表整洁端庄 举止动作得体 阳光自信 声音洪亮 表达流利 富有吸引力	15	
交流讨论表现　团队	组员相互协作配合 积极主动回答提问	15	
总成绩			

续表

实训评价考核内容	考核标准	分项评分	得分
教师评语		签名： 年　月　日	
学生意见		签名： 年　月　日	

自我领悟微语录

_____
_____
_____

模块四

商务谈判签约

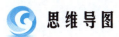
思维导图

商务谈判签约 — 签订与履行商务谈判合同 — 合同文本签订与复核
　　　　　　　　　　　　　　　　　　　　谈判签约仪式安排
　　　　　　　　　　　　　　　　　　　　谈判合同履行

课前思考

商务谈判的最终目的就是为了促成交易、签订合同。那么签订合同前需要做哪些准备工作？正式签订合同时要是否要遵循一定的程序？签订合同后合同具体履行又有哪几种情况？

同学们在本情境中要学习如何做好签订合同的准备工作，根据签约阶段的程序和礼仪，完成合同的签约仪式。虽然有时合同已经签订，但也会出现后续谈判，因此也需要掌握签约后各种谈判的要点，为合同的履行和纠纷的处理奠定基础。

模块简要

模块名称：商务谈判签约

模块简要：本模块通过对商务谈判合同的签订和履行相关知识的讲授和实训，使学生了解商务谈判合同的撰写相关知识；掌握商务谈判签约仪式的流程等。能运用相关理论进行简单谈判合同的撰写以及签约仪式的策划等。

本模块包含项目：

项目十一　签订与履行商务谈判合同

实训成果：

1. 案例分析。通过对商务谈判合同签订案例的分析，加深对基础知识的理解。
2. 实战演练。学生组建团队模拟完成谈判的签订仪式。

项目十一　签订与履行商务谈判合同

学习目标

知识目标：
掌握商务谈判合同的内容结构和写作要求。
理解签订合同有效的条件。
掌握合同签订的程序与礼仪。
了解谈判合同履行的原则。
了解合同变更或解除方式。
熟悉处理合同纠纷的途径。

能力目标：
能做好签订合同的准备工作。
能撰写合格的商务谈判合同。
能完成隆重的商务谈判签约仪式。
能区分完成不同商务谈判合同履行。
能运用所学知识解决经济合同纠纷。

素质目标：
培养精益求精、工匠精神。
培养洞察力和随机应变能力。
培养团队合作能力。

重点和难点

重点：
本项目中的重点是商务谈判合同的撰写以及谈判签约仪式的流程。
难点：
本项目的难点是商务谈判合同的履行。

项目引例

"以左为上"还是"以右为上"

经过长期洽谈之后，南方某市的一家公司终于同美国的一家跨国公司谈妥了一笔大生意。双方在达成合约之后，决定为此正式举行一个签字仪式。

因为当时双方的洽谈在我国举行，故此签字仪式便由中方负责。在仪式正式举行的那天，让中方出乎意料的是，美方差一点要在正式签字之前"临场变卦"。

原来，中方的工作人员在签字上摆放中美两国国旗时，误以中国的传统做法"左为上"代替了目前所通行的国际惯例"以右为上",将中方国旗摆到了签字来的右侧,而将美方国旗摆到了签字桌的左侧。结果让美方人员恼火不已,他们甚至因此而拒绝进入签字厅。

问题:这场风波的起因是什么?商务谈判中签约的礼仪主要有哪些?

实训任务清单

任务情境	长春博雅会议会展服务有限公司的王天一经过一段时间的努力后逐渐适应了岗位的各项工作。 他所在的团队经多次谈判,与大华公司达成年服务费1 000万元的合作意向,大华公司将成为博雅公司的大客户。经双方协商,决定隆重举办一次签约仪式。 今天,主管把王天一叫到办公室,分配给他一项任务,让他做好签约仪式的筹备工作,完成签约仪式				
任务要求	王天一所在团队完成签约仪式的会场布置、签约礼仪人员培训,并组织人员进行一次模拟演练				
任务实施步骤					
步骤1	王天一传达工作任务,对成员进行任务分工				
步骤2	完成签约仪式的会场布置				
步骤3	对签约礼仪人员进行培训				
步骤4	拟定合同文本				
步骤5	组织人员进行一次签约仪式模拟演练				
任务评价和成绩评定					
任务评价考核内容	考核要求及评分标准	分值	成绩评定(分制)		
			自评(%)	互评(%)	师评(%)
会场布置	会所氛围营造合理	10			
	座位牌摆放正确	10			
合同文本质量	语言精练	10			
	内容完整	10			
	表达准确	10			
	排版工整	10			

续表

任务评价考核内容	考核要求及评分标准	分值	成绩评定（分制）		
			自评 （ %）	互评 （ %）	师评 （ %）
签约演练	礼仪人员： 仪表整洁端庄 举止动作得体	10			
	参会人员： 着装庄重 行为得体	10			
	签约流程严谨、正确	10			
团队协作	团队分工明确、合作完成	10			

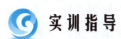实训指导

任务 11.1　合同文本签订与复核

微课：合同文本签订

商务谈判签约就是谈判双方或者多方就相关条款的议定情况达成协议的法律行为，其结果就是商务谈判合同的订立。

11.1.1　合同签订前的准备工作

（1）审核合同条款。

合同条款直接反映了谈判双方谈判的成果。虽然在谈判过程中，双方都会对达成的交易做记录，但难免存在前后不一致或出现纰漏的情况。因此在拟订合同条款后，双方务必要对最终的条款进行细致的审核。若在审核中发现问题，应及时互相通告，调整签约时间，双方互相谅解，不至于因此而造成不必要的误会。

对于合同条款，谈判双方多从以下几个方面进行审核：商品的品质规格条款；货物的数量条款；货物的包装条款；货物的价格条款；货物的装运条款；货物的支付条款及其他相关条款，如货物的检验条款、不可抗力条款、仲裁条款、法律适用条款等。

（2）确认签字人。

在商务谈判中，主谈人不一定是合同的签字人，所以要注意确定比较合适的签字人。在商务谈判中合同一般应由企业法人签字，政府部门代表不宜签字，若合同需由企业所在国政府承诺时，其外贸合同同时加拟一份"协议"或"协定书""备忘录"，由双方政府部门代表签字，该文件是合同不可分割的一部分。国内商务谈判中如有涉及政府部门的担保或其他关系时，也可以参照此法。

签字人的选择主要出于对合同履行的保证。复杂的合同涉及面广，有了上级有关政府部门的参与后，执行中若产生问题容易协调，对合同的顺利执行有所保证。另外，有的地区和国家的厂商习惯在签约前，让签约人出示授权书，授权书由其所属企业的最高领导人

签发，若签字人就是企业的最高领导，可以不要授权书，但是要以某种方式证实其身份。

（3）安排签字仪式。

签字仪式的规模应根据其合同的分量和影响来安排。普通合同的签订，仪式相对简单，只需要谈判负责人或主谈人与对方签字即可，地点可选在谈判处或举行宴会的饭店。重大合同的签订，则多由领导出面签字，仪式相对隆重，主办方应安排好签字仪式。

11.1.2 合同的形式与审核

（1）合同的形式。

一般来说，我国的各类公司和个人的商务谈判合同必须采用书面形式，其作用在于，可以在双方发生争议时起到证明作用。因此，参加谈判的业务人员必须具备起草合同的知识和技能。

常见的书面合同，通常采用以下几种形式，其中以前两种为主。

①正式合同。

正式合同也称全式合同，一般有一定的具体格式。正式合同条款较多，内容全面、完整，并且对交易双方的权利、义务以及出现争议后的解决方案都有明确的规定，买卖双方只要按谈好的交易条件逐项填写，经双方签署后即可。卖方制作的称为销售合同，买方制作的称为购货合同。书面合同的正本通常为一式两份，签署后双方各保留一份，作为履约和处理争议的依据有时需要三份正本。

②成交确认书。

成交确认书也称简式合同，如销售确认书或订单，内容比较简单。通过往来函电或口头谈判的交易成交后，一方可寄给对方成交确认书，列明达成交易的条件，作为书面证明。卖方制作的称为销售确认书，买方制作的称为购货确认书或订单。正本一式两份（或三份），发出的一方填制并盖章（签字）后寄给对方，经对方签字确认后保存一份，并将另一份（或两份）寄回，实际操作中可以用传真传过去，签字（盖章）后再传回来。

③协议。

协议在法律上是合同的同义词。如果合同冠以协议或协议书的名称，只要它的内容对买卖双方的权利和义务已做了明确、具体的规定，它就与合同一样对买卖双方都有约束力。

④备忘录。

备忘录是进行交易磋商时用来记录磋商内容、以备今后核查的文件，它也是书面合同的形式之一。如果双方当事人经过磋商，对某些事项达成一致或一定程度的理解，并冠以备忘录的名称记录下来，它在法律上不具有约束力。如果双方当事人把磋商的交易条件完备、明确、具体地记入备忘录，并经双方签字，那么这种备忘录的性质和作用就与合同无异，在法律上具有约束力。

链接资料卡

购销合同范本

购货单位：_____以下简称甲方；

供货单位：_____以下简称乙方。

经甲乙双方充分协商，订立本合同，以便共同遵守。

第一条　产品的名称、品种、规格和质量

1. 产品的名称、品种、规格：_____。（应注明产品的牌号或商标）
2. 产品的技术标准（包括质量要求），按下列第（　）项执行：
(1) 按国家标准执行；(2) 按部颁标准执行；(3) 接甲乙双方商定技术要求执行。

第二条　产品的数量和计量单位、计量方法

1. 产品的数量：_____。
2. 计量单位、计量方法：_____。
3. 产品交货数量的正负尾差、合理差和在途自然减（增）量规定及计算方法_____。

第三条　产品的包装标准和包装物的供应与回收方法：_____。

第四条　产品的交货单位、交货方法、运输方式、到货地点（包括专用线、码头）

1. 产品的交货单位_____
2. 交货方法，按下列第（　）项执行：
(1) 乙方送货；(2) 乙方代运（乙方代办运输，应充分考虑甲方的要求，商定合理的运输路线和运输工具）；(3) 甲方自提自运。
3. 运输方式：_____。
4. 到货地点和接货单位（或接货人）_____。

第五条　产品的交（提）货期限

第六条　产品的价格与货款的结算

1. 产品的价格，接下列第（　）项执行：
(1) 按甲乙双方的商定价格；(2) 按照订立时履行地的市场价格；(3) 按照国家定价履行。
2. 产品货款的结算：产品的货款、实际支付的运杂费和其他费用的结算，按中国人民银行结算办法的规定办理。

第七条　验收方法

1. 验收时间：_____。
2. 验收手段：_____。
3. 验收标准：_____。
4. 由谁负责验收和试验：_____。
5. 纠纷处理方式：_____。

第八条　对产品提出异议的时间和办法

1. 甲方在验收中，如果发现产品的品种、型号、规格、花色和质量不合规定，应一面妥为保管，一面在30天内向乙方提出书面异议；在托收承付期内，甲方有权拒付不符合合同规定部分的货款。甲方怠于通知或者自标的物收到之日起两年内未通知乙方的，视为产品合乎规定。
2. 甲方因使用、保管、保养不善等造成产品质量下降的，不得提出异议。
3. 乙方在接到需方书面异议后，应在10天内（另有规定或当事人另行商定期限者除外）负责处理，否则，即视为默认甲方提出的异议和处理意见。

第九条 乙方的违约责任

1. 乙方不能交货的，应向甲方偿付不能交货部分货款的____%的违约金。

2. 乙方所交产品品种、型号、规格、花色、质量不符合规定的，如果甲方同意利用，应当按质论价；如果甲方不能利用的，应根据产品的具体情况，由乙方负责包换或包修，并承担修理、调换或退货而支付的实际费用。

3. 乙方因产品包装不符合合同规定，必须返修或重新包装的，乙方应负责返修或重新包装，并承担支付的费用。甲方不要求返修或重新包装而要求赔偿损失的，乙方应当偿付甲方该不合格包装物低于合格包装物的价值部分。因包装不符合规定造成货物损坏或灭失的，乙方应当负责赔偿。

4. 乙方逾期交货的，应比照中国人民银行有关延期付款的规定，按逾期交货部分货款计算，向甲方偿付逾期的违约金，并承担甲方因此所受的损失费用。

5. 乙方提前交货的产品、多交的产品的品种、型号、规格、花色、质量不符合规定的产品，甲方在代保管期内实际支付的保管、保养等费用以及非因甲方保管不善而发生的损失，应当由乙方承担。

6. 产品错发到货地点或接货人的，乙方除应负责运交合同规定的到货地点或接货人外，还应承担甲方因此多支付的一切实际费用和逾期交货的违约金。

7. 乙方提前交货的，甲方接货后，仍可按合同规定的交货时间付款；合同规定自提的，甲方可拒绝提货。乙方逾期交货的，乙方应在发货前与甲方协商，甲方仍需要的，乙方应照数补交，并负逾期交货责任；甲方不再需要的，应当在接到乙方通知后15天内通知乙方，办理解除合同手续。逾期不答复的，视为同意发货。

第十条 甲方的违约责任

1. 甲方中途退货，应向乙方偿付退货部分货款____%的违约金。

2. 甲方未按合同规定的时间和要求提供应交的技术资料或包装物的，除交货日期得顺延外，应比照中国人民银行有关延期付款的规定，按顺延交货部分货款计算，向乙方偿付顺延交货的违约金；如果不能提供的，按中途退货处理。

3. 甲方自提产品未按供方通知的日期或合同规定的日期提货的，应比照中国人民银行有关延期付款的规定，按逾期提货部分货款总值计算，向乙方偿付逾期提货的违约金，并承担乙方实际支付的代为保管、保养的费用。

4. 甲方逾期付款的，应按中国人民银行有关延期付款的规定向乙方偿付逾期付款的违约金。

5. 甲方违反合同规定拒绝接货的，应当承担由此造成的损失和运输部门的罚款。

6. 甲方如错填到货地点或接货人，或对乙方提出错误异议，应承担乙方因此所受的损失。

第十一条 不可抗力

甲乙双方的任何一方由于不可抗力的原因不能履行合同时，应及时向对方通报不能履行或不能完全履行的理由，以减轻可能给对方造成的损失。在取得有关机构证明以后，允许延期履行、部分履行或者不履行合同，并根据情况可部分或全部免于承担违约责任。

第十二条 其他

按本合同规定应该偿付的违约金、赔偿金、保管保养费和各种经济损失的，应当在明确责任后10天内，按银行规定的结算办法付清，否则按逾期付款处理。但任何方不得自行扣发货物或扣付货款来冲抵。

  本合同如发生纠纷，当事人双方应当及时协商解决，协商不成时，任何一方均可请业务主管机关调解或者向仲裁委员会申请仲裁，也可以直接向人民法院起诉。

  本合同自____年____月____日起生效，合同执行期内，甲乙双方均不得随意变更或解除合同。合同如有未尽事宜，须经双方共同协商，做出补充规定，补充规定与合同具有同等效力。本合同正本一式两份，甲乙双方各执一份；合同副本一式一份，分送甲乙双方的主管部门、银行（如经公证或签证，应送公证或签证机关）等单位各留存一份。

  购货单位（甲方）：_____（公章） 供货单位（乙方）：_____（公章）
  法定代表人：_____（公章） 法定代表人：_____（盖章）
  地址：_____ 地址：_____
  开户银行：_____ 开户银行：_____
  账号：_____ 账号：_____
  电话：_____ 电话：_____
  ____年____月____日   ____年____月____日

  （2）合同的审核。
  合同的审核主要包括以下两方面内容。
  ①审核合同的内容。
  一般来讲，谈判合同是以法律效力的形式对谈判结果的记录和确认，它们之间应该完全一致。但却常常有人有意或无意地在起草合同时更改谈判结果，在数字、日期、关键性概念上做手脚，甚至推翻谈判中达成的共识。因此，谈判人员必须特别警惕，谨慎小心地对待最后的签约，仔细认真地核对合同，以免疏漏而影响合同的实际履行，甚至造成无法挽回的经济损失。

  在签订合同时，应注意合同条款的一致性，各个条款之间必须协调一致、相互对应。此外，还要审核签约当事人的签约资格，审查能证明其合法资格的法律文件，如经营许可证、委托书或授权书等；审核合同条款是否完备细致，内容是否合法具体，责任是否明确；审核合同文字、概念的准确性，中文与外文的一致性；审核各种批件，如进口许可证、项目批件、从业资格证、设备分交文件、用汇证明、合同内容与批件内容是否相符等。

  实践证明，文本与所谈内容不一致的情况屡屡发生。审核文本，必须对照原稿件，不能凭记忆"阅读式"审核，必须做到一字不漏。对于在谈判中谈过而在文字中故意歪曲的内容，可明确指出。对仗势欺人并以不签约相威胁的谈判者，绝对不可退却，否则对方会得寸进尺，以获得更多的利益或优惠条件。对在谈判中没有明确或虽然经过谈判但没有得出结论的地方，还必须耐心再谈。对不能统一又属于非原则性的问题可以删除，不记录在文本中。总之，对审核中发现的问题要及时互相通告，态度要好，通过再谈判达成谅解和共识，并相应推迟签约时间。

  ②审核合同有效成立的要件。
  合同必须建立在有效成立的基础上，如果合同违反法律法规和有关惯例或缺少有效成立的要件，就得不到法律的保护。

第一，合同必须合法。合法是首要条件，谈判合同必须合法和不得损害社会公共利益及社会公共道德，这是合同有效成立的两大原则，任何违背这两项原则的合同均无效。比如，买卖毒品的进出口合同、为赌博融资的国际贷款合同等均不受法律保护。

第二，合同必须体现平等互利、等价有偿。首先，谈判合同对双方权利义务的规定必须公平合理，谈判任何一方不得将本方的意志强加于人，任何第三方也不得非法干预，不得存在胁迫或欺诈行为。胁迫是指谈判一方利用本方在财力、物力、技术和管理经验等方面的优势，给另一方施加精神上、心理上的压力或威胁，以达到自己的目的。欺诈是谈判方为达到签约目的，对重要的事实进行隐瞒或歪曲。因胁迫、欺诈而签订的协议是无效的，受害一方可要求赔偿。其次，合同要体现等价有偿。等价有偿就是要以对价为依据。对价是英美合同法中的一个重要概念，指在合同中应明确表示当事人一方所享受的权利与其承担的义务相对应且价值相等。双方应互有权利和义务，并且相互对应。

第三，合同必须具备主要条款。在谈判合同中，必须将双方达成的各种贸易条件用合同条款的方式明确下来，以免在执行过程中出现争议和法律问题。作为一项合同最主要的条款，如标的、数量、价款等，绝对不可缺少。在中国市场经济不完善的情况下，对条款的约定要更准确、详细、全面。

一个字也不能差

以色列一家公司与北京一家公司经过贸易洽谈后订立合同，北京公司谈判时使用的是中文名称，但订立合同时使用的是英文名称，而该英文名称没有在工商局登记。后来北京公司没能履约，以色列公司按照合同规定的仲裁条款到伦敦申请仲裁，并在取得胜诉裁决书后到北京法院申请承认合同和执行。法院审查后认为，虽然中文名称的北京公司存在，但是不能证明裁决书中载明的英文名称就指向了该中文名称公司，况且该中文名称公司不应诉。该案最后被法院驳回（虽然该案中的中文名称公司的领导人、经办人都私下承认该业务存在）。

无独有偶，中国某公司经过谈判与美国某客商签订了进口某货物的合同。合同规定在美国西部港口交货。中国公司开信用证时却写成了"美国港口交货"，漏掉了"西部"二字。美方接到信用证后，通知中方在美国东部某港口接货，中方只好通知船方到该港口，结果多承担了一笔运费支出。此案例中，由于中方签订合同后开证工作不细致，使得美方有了欺诈的机会，借此变更装运港，给中方造成了损失，美方却因此少支出一部分费用。

任务 11.2　谈判签约仪式安排

11.2.1　签约仪式的准备

商务签约仪式是合作双方或多方经过谈判或协商，就彼此间的政治、经济、文化、科技等领域内的某些重大问题达成协议后，由双方正式代表在有关的协议或合同上签字的一种庄严而又隆重的仪式。

签约仪式的举办，是对于签约结果的一种公开，更是签约各方对于自己愿意履行合同或协议所做出规定的一种相应承诺。

微课：谈判签约仪式的安排

（1）签字厅的准备。

由于签约种类的不同，以及各国风俗习惯、商务礼仪习惯的不同，签约仪式所安排的场地和场地安排要求也不尽相同。签字厅既可以是常设专用签字厅，也可以是临时的会客厅和会议厅。以我国为例，我国的签字厅内必须设置长方桌一张作为签字桌，签字桌选取深绿色台布，桌后摆放椅子作为签约人的座位，面对正门主左客右。

（2）座次排列。

签约仪式一定要郑重其事，其中，关于签约仪式时座位的排序方式问题尤为引人注目。签约仪式中，作为排序基本有三种方式：并列式、相对式、主席式。

①并列式：并列式排座，是举行双边签约仪式时最常见的形式。它的基本做法是：签字桌在室内面门横放。双方出席仪式的全体人员在签字桌之后并排排列，双方签字人居中面门而坐，客方居右，主方居左。

②相对式：相对式签约仪式的排座，与并列式签约仪式的排座基本相同。二者之间的主要差别，只是相对式排座将双边签约仪式的随员席移至签字人的对面。

③主席式：签字桌仍须在室内横放，签字席仍须设在桌后面对正门，但只设一个，并且不固定其就座者。举行仪式时，所有各方人员，包括签字人在内，皆应背对正门、面向签字席就座。签字时，各方签字人应以规定的先后顺序依次走上签字席就座签字，然后应立即退回原处就座。适用于多边签约仪式。

（3）签约文本的准备。

根据有关法律、法规和章程组织好相关文本，包括文本的定稿、翻译、印刷、校对、装订、盖章等，都要确保无误。条款要讲究规范性，要有法可依、有法必依，以法律为准绳。合同、协议一旦变成法律文本的话，是轻易不能变的，签约双方都要承担法律责任。所以，对文本要反复推敲、字斟句酌。要注意文本文件的文字校对、译文校对、印刷质量、外皮包装等。

签约之"约"事关重大，一旦签订即具有法律效力。所以，待签的文本以及各种批件、附件、证明等需完整准确、真实有效。

作为主办方，应为文本的准备过程提供周到的服务和方便的条件。签约文本应放置在美观的签约簿里装好。同时准备好签约使用的文具、座位牌、国旗等物品。

在我国，签字桌一般选择长方桌，桌面覆盖深绿色或红色台布，桌后放置两把椅子，作为双方签字人的座位，面对正门主左客右。座前摆放各自的文本，文本上端分别放置签字的工具。

如果是国内地区、单位之间的签约，也可在签字桌的两端摆上写有地区、单位名称的席位牌。

在国际签约仪式上，签字桌中央要摆放一个悬挂双方各自国家国旗的旗架，国旗悬挂遵行"以右为尊"的原则。

签字桌后应有一定空间供参加仪式的双方人员站立，背墙上方可挂上"××〈项目〉签字仪式"字样的条幅。签字桌的前方应开阔、敞亮，如请媒体记者应留有空间，配好灯光。

（4）签约仪式的程序。

①参加签约仪式的双方代表及特约嘉宾按时步入签约仪式现场。

②签约者在签约台前入座，其他人员分主、客各站一边，按其身份自里向外依次由高到低列队于各自签约者的座位之后。

③双方助签人员分别站立在自己签约者的外侧。

④签约仪式开始后，助签人员翻开文本，指明具体的签字处，由签字人签上自己的姓名并由助签人员将己方签了字的文本递交给对方助签人员，交换对方的文本再签字。

⑤双方保存的协议文本都签好字后，由双方签字人交换文本，相互握手，此时握手持续几秒钟，为拍照留下充足时间，其他参会人员同时鼓掌。

⑥协议文本交换后，服务人员用托盘端上香槟酒，双方签约人员举杯同庆，以增添合作愉快气氛；共饮香槟酒时，也不能大声喧哗叫喊。碰杯要轻，而后高举示意，浅抿一口即可，举止要文雅有风度。

⑦签约仪式结束后，双方可共同接受媒体采访。退场时，可安排客方人员先走，主方送客后自己再离开。

11.2.2 签约礼仪

签约现场是庄严肃穆的，在整个签约过程中，不能在仪式过程中进行交头接耳、高声喧哗，手机也必须关机或设置为静音模式。所有参与签约仪式的人着装也必须庄重严肃。

在出席签字仪式时，签字人应当穿着具有礼服性质的深色西装或西装套裙，应配以白色衬衫和深色皮鞋。在签字仪式上的礼仪人员，接待人员可以穿自己的工作制服或旗袍等类礼仪性服装。

签约过程中，应当着对方主谈人的上司或其同事的面称赞其才干。这样能减少对方因为收获少而导致的心理失衡，使对方逐渐由不满意转为满意。

竖起大拇指的故事

让我们看一下一个英国商人在伊朗的遭遇：一个月来他事事顺利，同伊朗同事建立了良好的关系，在谈判中尊重伊斯兰教的民族习俗，避免了任何潜在的爆炸性的政治闲谈。最后，执行官兴高采烈地与他签署了一项合同。他签完字后，对着他的伊朗同事竖起了大拇指。几乎是同时，出现了紧张空气，一位伊朗官员离开了房间。这位英国商人摸不着头脑，不知发生了什么，他的伊朗主人也觉得很越尴尬，不知如何向他解释。在英国，竖起大拇指是赞成的标志，它的意思是"很好"。然而在伊朗，它是否定的意思，表示不满，近似于令人厌恶的意思，是一种无礼的动作。

任务 11.3　谈判合同履行

11.3.1 合同履行处理

（1）履行合同的条件。

合同的履行需要具备一定的法律条件，主要包括以下几点。

①合法。合同的内容应符合、遵从国家法律法规和政策的规范与要求。我国《合同法》第 126 条规定："涉外合同的当事人可以选择处理合同争议所适用的法律，但法律另有规定的除外。涉外合同的当事人没有选择的，

微课：商务合同的履行

适用与合同有最密切联系的国家的法律。"这是合同有效的法律依据，也是其有效性的法律保证。同时，其合法性还体现在合同不得侵害社会公共利益，不得违反社会公德，否则将被视为无效合同。

②当事人应具有相应的缔约行为能力。合同签字者必须具有完全的缔约权利与能力，即合同签字者必须为企业及组织的法人代表，或为企业及组织的法人代表充分授权的代理人，或自然人（若谈判一方为个人的话）。未取得主体资格的组织不能参与经济法律活动，不能从中享有权利和承担义务，不受法律保护。对于自然人，有限制行为能力人与完全行为能力人之分，具有不同行为能力的人只能从事与其行为能力相适应的经济活动。例如，代理人超越代理权限签订的合同或以被代理人的名义同自己或者同自己所代理的其他人签订的合同就属于无效合同。

③合同当事人的法律地位平等。合同一方不得将自己的意志强加给另一方，根据我国《合同法》的相关规定，当事人依法享有自愿订立合同的权利，任何单位和个人不得非法干预。

④确认成立。双方当事人就合同的主要条款，经过要约和承诺达成书面协议，并由双方当事人签字即成立。凡是通过信件、电报或电传等形式达成协议的，一方当事人要求签订确认书的，签订确认书后合同才能成立。口头形式虽然具有方便快捷的特点，但如果发生纠纷则无据可查，责任不易分清，因而除标的金额较少、双方熟悉、交易频繁、履约时间不长、经济关系简单的经济关系，可以采用即时清结的经济合同形式以外，其他经济合同最好采用书面形式。

（2）履行合同的基本原则。

合同履行的原则，是指双方当事人在履行合同的过程中必须遵守的基本原则，一般认为履行合同应当遵循以下三个原则。

①标的履行原则。标的履行原则是指当事人必须按照合同约定的标的履行，不能以其他标的代替。凡是标的为物的，应履行合同约定的标的物；标的为行为的，应履行合同约定的行为，不能以其他标的物或货币代替，而应按照实际标的履行。因此，这一原则往往也称为实际履行原则或实物履行原则。该原则包含了两层含义：一是要求当事人履行合同义务，而不是以货币或其他等价物代替；二是要求当事人继续按照合同的规定在客观可能的条件和限度内全面、适当地履行。

②协作履行原则。协作履行原则是指当事人不仅要按标的、按照约定履行义务，还要遵循诚实信用的原则。根据合同的性质、目的和交易习惯，履行通知、协助、保密等义务，即附随义务。具体包括：义务人履行义务时，权利人应当适当创造必要条件，提供必要的方便；履行中发生不能履行或不能完全履行的情况时，权利人应积极采取措施，避免或减少损失；一旦发生纠纷，应各自主动承担责任，不得推诿拖延；从订立合同开始，就应注意通知相关事项，为对方保密等。

③适约履行原则。适约履行原则是指当事人除按合同约定的标的履行外，还必须严格按照合同约定的主要条款履行。即按合同约定的数量和质量，估价和结算办法，履行的期限、地点和方式等履行。适约履行原则是衡量合同履行程度，落实违约责任的依据。

（3）约定不明的履行。

合同生效后，当事人就质量、价格或报酬、履行地点等内容没有约定或者约定不明确的，当事人双方可以协议补充；不能达成协议补充的，可以遵循以下规定。

①质量要求不明确的，按照国家标准、行业标准履行；没有国家标准、行业标准的，按照通常标准或者符合合同目的的特定标准履行。

②履行期限不明确的，债务人可以随时履行，债权人可以随时要求履行，但应当给对方必要的准备时间。

③履行地点不明确的，给付货币的，在接受货币一方所在地履行；交付不动产的，在不动产所在地履行；其他标的，在履行义务一方所在地履行。

④价款或者报酬不明确的，按照订立合同时的市场价格履行；依法应当执行政府定价或者政府指导价的，按照规定履行。

11.3.2 合同变更处理

商务谈判合同的变更既是商业行为又是法律行为。在合同签订以后，谈判双方尚未完全履行之前，即在合同履行的过程中，由于双方当事人常常需要对合同的内容进行协商，做出某些修改和补充，就产生了合同的变更。

从法律角度看，谈判合同的变更指的是因一定的法律事实而改变合同的内容和标的的法律行为。合同的变更需要在合同当事人协商一致的基础上进行，主要形式表现为对原合同的条款修改。与合同的订立一样，必须采取书面形式，其法律后果是产生了新的合同关系。

11.3.3 合同解除处理

合同签订以后，未完全履行之前，因为某些原因导致合同的履行已经成为不可能或不必要时，要进行解除合同的谈判。如果一方当事人对另一方当事人违反合同的行为证据确凿，或者在合同约定的期限内一方没有履行合同，在被允许推迟履行的合理期限内仍未履行，或者合同约定的解除合同的条件已经出现，当事人一方有权通知另一方解除合同。谈判合同的解除是消灭既存合同的法律效力，同样也需要在当事人协商一致的基础上进行。谈判合同变更或解除必须具备以下条件之一：

（1）合同双方当事人一致同意。

（2）外界因素的变化使合同的履行成为不可能。

（3）合同一方无法履行。

（4）合同一方严重违约。

（5）不可抗力事件发生。

（6）合同约定的解除条件出现导致合同无法继续履行。

谈判合同变更或解除要遵循以下程序：

（1）当一方需要变更或解除合同时，应以书面形式及时向对方发出变更或解除的建议。

（2）一方变更或解除合同的建议需征求另一方的同意，当对方表示同意后，有关合同的变更或解除即发生效力。

（3）变更或解除合同的建议、答复，须在双方合同期限内或有关业务主管部门规定的期限内提出和做出。

（4）因变更或解除合同发生纠纷的，要依据法定的解决程序处理。

11.3.4 合同纠纷处理

（1）纠纷产生的原因。

商务合同在履约过程中，很有可能会产生合同纠纷。合同纠纷的原因是多种多样的，既可能是由于不可抗力因素导致的，也有可能是因为合同签署方对于合同条款及词句的不同争议所导致的。

①主观原因。

合同是谈判双方协商一致的结果，既然谈判双方在自愿、平等的基础上签订了合同，那么按照合同履行义务应当是毫无疑问的。然而，合同签订后，合同一方可能会因为种种原因而主观上不想履行或不想完全履行合同。例如，买卖双方签了购销服装的合同之后，合同中所确定的服装品种价格上涨，卖方认为，如果仍按合同规定的价格交给买方，就会损失一大笔钱。于是，卖方就想提价、毁约或以支付违约金的方式不履行合同。对此买方则不同意，坚持按事先规定的价格购买，双方遂起纠纷。一般而言，纯粹主观上的原因较为少见，主观原因背后往往存在着客观原因。

②客观原因。

一项合同，从订立到履行完毕，除了即时清结的情况之外，往往经过一个漫长的过程。在此过程中往往会出现一些客观上的原因，导致合同无法按约履行，由此而引起纠纷。这里所指的客观方面的原因，指非由合同当事人主观意志所导致的、不得已而为之的、因合同履行过程中的变化而引起纠纷的原因。例如，在合同履行过程中发生了不可抗力，致使合同不能全部或部分履行。双方当事人对不可抗力的范围，遭受不可抗力的一方是否采取了措施防止损失扩大，不可抗力是否已导致合同不能履行等问题在看法上不一致，因此而起纠纷。

一项合同纠纷，有时由单纯的主观原因或客观原因而引起，有时则既有主观原因，又有客观原因。但归根结底，发生纠纷是与谈判双方订立合同的意图相违背的，除非是一方有意欺骗另一方，借纠纷而企图获利的情况。合同在履行，甚至终止时发生纠纷是在所难免的。重要的是发生纠纷之后如何能行之有效地去解决纠纷。

（2）处理纠纷的方法。

一般而言处理合同纠纷的途径主要有：协商处理、调解处理、仲裁及诉讼处理。

①协商处理。

所谓协商处理，是指当争议发生之后，产生争议的双方自行进行协商，协商双方都愿意做出一定让步，在双方都可以接受的基础之上，彼此达成谅解，以求问题最终得到圆满的解决。这种方式的最大优点就是可以不经仲裁或司法诉讼，省时省钱省力，完全不用借助于第三方。

②调解处理。

调解处理则是当合同纠纷发生后，当协商处理无效时，经由第三方从中协调，促使双方和解的一种方式。

③仲裁。

所谓仲裁，又被称为公断，一旦合同纠纷出现，合同当事人中的任何一方均可以向仲裁机构提出仲裁请求，以期得到公正的处理。这种仲裁的形式，同时具有行政和司法的双重性质。

④诉讼处理。

诉讼处理是指通过司法手段解决争端的一种方式。当出现合同纠纷时,合同当事人中的任一方均可以向法院提出诉讼请求。

在办理诉讼手续时,我们需要注意以下3个方面内容。

第一,起诉地要求。

诉讼请求被受理的前提就是诉讼必须是合同履行地或合同签约地向管辖范围内的法院提出的。

第二,起诉书草拟要求及相关文件的准备。起诉书应写明原告和被告单位的名称、所在地、法定代表人姓名和委托代理人的姓名等。

法定代表人除可委托律师外,一般还可以委托经法院允许的其他人担任起诉代理人,但须写委托书说明委托事项。此外,还要写明是诉讼双方直接签订的合同,还是委托单位签订的合同。

起诉的前提是,必须有明确的被告和具体的诉讼请求以及事实根据,被告必须有不履行合同或不完全履行合同的行为。在提出书面诉状的同时,还要提供有关材料和证件、单据等,比如,合同正本、来往函电、进出口单据及其他原始凭证等。

第三,应诉答辩要求。应诉一方在接到法院送达的起诉书副本后,要在规定的期限内草拟答辩书并提交法院。在受理诉讼过程中,法院应本着调解原则,进行司法调解。在无法进行调解的情况下,法院就以事实为依据,以法律为准绳做出判决。任何一方对一审判决不服,可以在规定期限内向上级法院上诉。经上一级法院判决或驳回上诉的,就必须坚决执行,不能再行上诉。

项目小结

商务谈判合同签订前的准备工作包括审核合同条款、确认签字人、安排签字仪式。

合同的形式有正式合同、成交确认书、协议、备忘录。

合同的审核包括审核合同的内容、审核合同有效成立的要件。

履行合同的基本原则:标的履行原则、协作履行原则、适约履行原则。

商务谈判合同的变更指在合同签订以后,谈判双方尚未完全履行之前,经过双方当事人协商做出某些修改和补充,就产生了合同的变更。合同的变更需要在合同当事人协商一致的基础上进行,主要形式表现为对原合同的条款修改,采取书面形式,其法律后果是产生了新的合同关系。

合同解除处理是指合同签订以后,未完全履行之前,因为某些原因导致合同的履行已经成为不可能或不必要时,要进行解除合同的谈判。合同纠纷处理方法:协商处理、调解处理、仲裁、诉讼处理。

同步综合实训

一、知识夯实闯关考验

1. 多选题

1) 常见的书面合同，通常采用以下几种形式（　　）。
   A. 正式合同　　B. 成交确认书　　C. 协议　　　　D. 备忘录

2) 合同签订前的准备工作包括（　　）。
   A. 审核合同条款　　　　　　B. 确认签字人
   C. 安排签字仪式　　　　　　D. 处理合同纠纷

3) 一般而言处理合同纠纷的方式有（　　）。
   A. 协商处理　　B. 调节处理　　C. 仲裁　　　　D. 诉讼处理

4) 合同履行的原则有（　　）。
   A. 标的履行原则　　　　　　B. 协作履行原则
   C. 适约履行原则　　　　　　D. 不适约履行原则

5) 签约仪式上座次的排列方式有（　　）。
   A. 并列式　　　B. 相对式　　　C. 主席式

2. 判断题

1) 在商务谈判中，主谈人一定是合同的签字人。　　　　　　　　　　（　　）

2) 备忘录是交易磋商时用来记录磋商内容，以备今后核查的文件，也是书面合同的形式之一。　　　　　　　　　　　　　　　　　　　　　　　　　（　　）

3) 合同签订以后，未完全履行之前，因为某些原因导致合同的履行已经成为不可能或不必要时，要进行解除合同的谈判。　　　　　　　　　　　　　（　　）

二、技能提升综合实训

1. 案例分析

谁该承担责任

某电子管厂与一农场签订了一份加工锡铜线联营合同。合同规定：联营厂的主要机械设备技术由电子管厂负责提供，联营厂的场地、厂房以及生产人员由农场负责解决，合同有效期为10年。此外，合同还对利润分成的比例和违约责任等做了明确规定。合同签订后，农场按合同规定，进行了场地清理、技术工人培训及厂房建造。但由于市场对电子管的需求情况发生变化，电子管厂的上级机关决定由该厂自己生产锡铜线。据此，电子管厂单方终止联营，造成农场直接损失5万元。对此，农场多次要求电子管厂赔偿，而电子管厂则强调自己违约的原因在于上级机关的决定，故不愿承担赔偿责任。虽然有关部门多次调解，均不见效，农场提起诉讼，要求电子管厂赔偿损失。

在处理此案时，有两种不同意见。第一种意见认为，电子管厂不应赔偿农场的损失。第二种意见认为，农场所受到的经济损失是由电子管厂违约造成的，因此，提出要对方赔偿5万元的直接损失是合理的。电子管厂认为自己不履行合同是执行上级的决定，不愿承担违约责任，这是错误的。

问题：

(1) 你认为该案例中哪种意见是正确的，为什么？

（2）你还能举出生活中常见的违约纠纷的例子吗？

2. 课下实战训练

举行签约仪式

【实训目标】

通过模拟签约仪式举办，加深对合同文本的准备、签约仪式的安排等内容的理解，从而锻炼和提升学生的综合素质与能力。

【实训内容】

以小组为单位，模拟举行签约仪式。

【实训步骤】

（1）小组讨论确定合同文本的内容。

（2）做好签约仪式的各项准备工作。

（3）盘点总结应注意的签约礼仪。

（4）布置签约仪式会场。

（5）正式进行签约。

（6）完成600~800字的总结。

（7）课堂交流，教师点评。

【成果形式】

（1）签约仪式过程记录影像。

（2）×××签约总结报告。

【实训考核】

小组实训成绩评分表

实训小组：_____　　　　　　　　　　　　实训名称：_____

实训评价考核内容	考核标准	分项评分	得分
实训准备	签约前准备 签约仪式现场布置	20	
签约仪式表现	态度自如 动作得体 随机应变 协调配合 表达清晰	25	
总结报告质量	语言流畅 内容完整 观点正确 条理清晰 制作精美	25	

续表

实训评价考核内容	考核标准		分项评分	得分
交流讨论表现	代言人	仪表整洁端庄 举止动作得体 阳光自信 声音洪亮 表达流利 富有吸引力	15	
	团队	组员相互协作配合 积极主动回答提问	15	
总成绩				
教师评语			签名： 年　月　日	
学生意见			签名： 年　月　日	

 自我领悟微语录

_____

_____

_____

参 考 文 献

[1] 宠岳红．商务谈判［M］．北京：清华大学出版社，2014．
[2] 胡海．商务谈判实务［M］．北京：北京邮电大学出版社，2016．
[3] 王雪琳．商务谈判［M］．成都：西南财经大学出版社，2017．
[4] 徐文，谷泓．商务谈判［M］．北京：中国人民大学出版社，2008．
[5] 刘文广，张晓明．商务谈判［M］．北京：高等教育出版社，2009．
[6] 钱光新，范娜娜．商务谈判实务［M］．北京：北京交通大学出版社，2016．
[7] 陈文汉，徐海．商务谈判实务［M］．北京：清华大学出版社，2014．
[8] 毛国涛．商务谈判［M］．北京：北京理工大学出版社，2008．
[9] 孙兆臣，易吉林．谈判训练［M］．武汉：武汉大学出版社，2003．
[10] 张翠英．商务谈判理论与实训［M］．北京：首都经济贸易大学出版社，2008．
[11] 范银萍，刘青．商务谈判［M］．北京：北京大学出版社、中国林业出版社，2007．
[12] 乔淑英，王爱晶．商务谈判［M］．北京：北京师范大学出版社，2007．
[13] 顾晓鸣，黎瑞刚．阿拉伯商人［M］．南昌：江西人民出版社，1995．
[14] 王爱国，高中玖．商务判与沟通［M］．北京：中国经济出版社，2008．
[15] 马克态．商务谈判理论与实务［M］．北京：中国国际广播出版社，2004．
[16] 樊建廷，干勤．商务谈判［M］．大连：东北财经大学出版社，2015．
[17] 吕晨钟．学谈判必读的95个中外案例［M］．北京：北京工业大学出版社，2005．
[18] 杨晶．商务谈判［M］．北京：清华大学出版社，2005．
[19] 孙绍年．商务谈判理论与实务［M］．北京：清华大学出版社，北京交通大学出版社，2007．